Sabine Reber & Pascal Stern

Berner Oberland

Wandern für die Seele

20 Wohlfühlwege

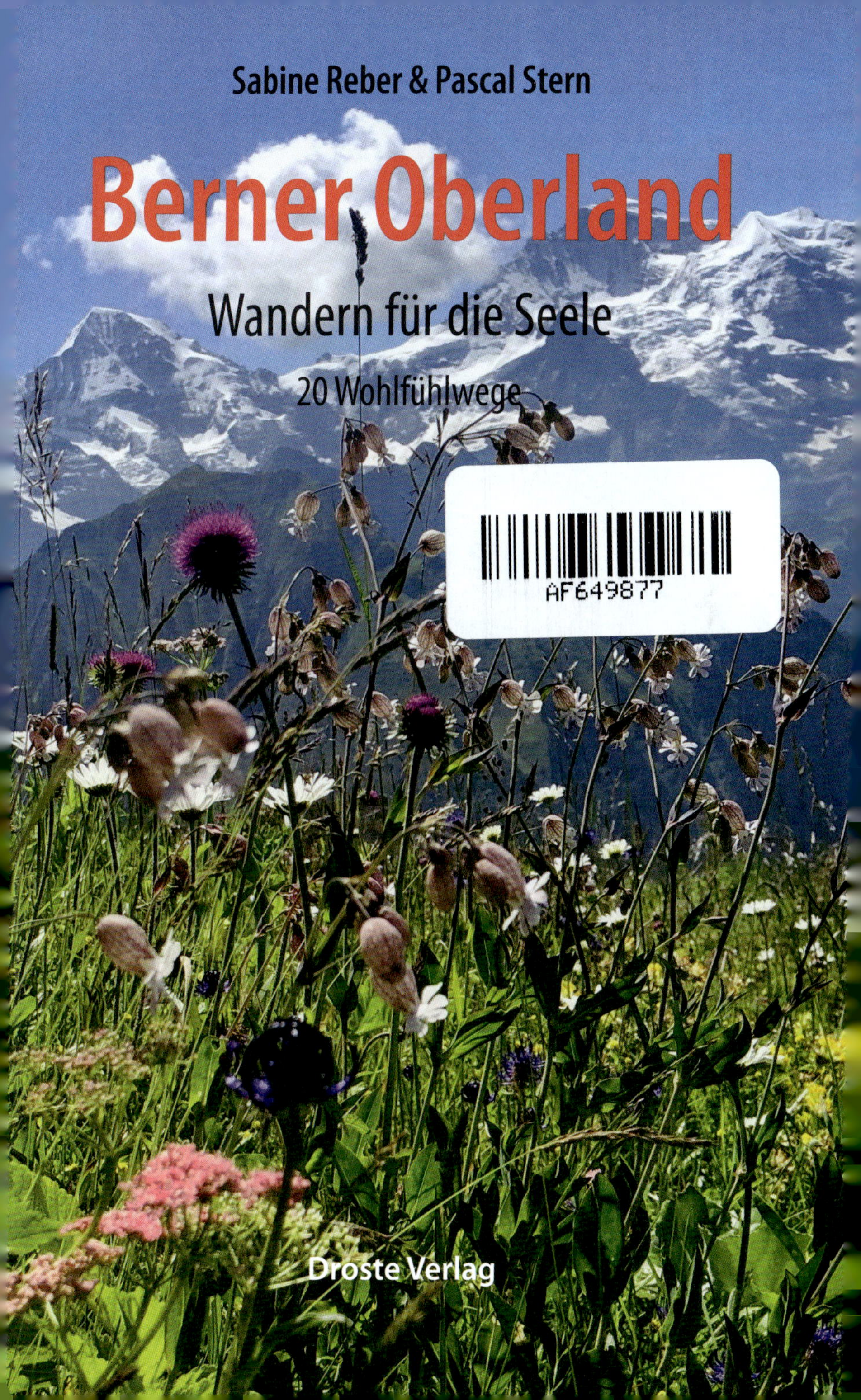

Droste Verlag

ALLE WANDERUNGEN AUF EINEN BLICK

TOUR 1: BERGWALDBADEN 9
Schweibenalp, Botchen & Giessbach
9,2 km | 522 Hm | 4,5 Std. | Rundweg

TOUR 2: TAL DER BLUMEN 19
An der Kander durchs Gasterntal
8,4 km | 593 Hm | 2,5 Stunden | Strecke

TOUR 3: IN LUFTIGER HÖHE 29
Sunnige Trift und Windegghütte
5,8 km | 588 Hm | 3,5 Std. | Rundweg

TOUR 4: WELTNATURERBE 39
Im Hinteren Lauterbrunnental
17,5 km | 1240 Hm | 12 Std. | Rundweg

TOUR 5: UNBERÜHRTES TAL 51
Vom Färmeltal auf die Furggi
19 km | 1150 Hm | 6,5 Std. | Rundweg

TOUR 6: ÜBER DEN HORNBERG 59
Von Gstaad nach Turbach
19,3 km | 900 Hm | 8 Std. | Rundweg

TOUR 7: ÜBERS FAULHORN 67
Gegenüber Eiger, Mönch, Jungfrau
15,5 km | 714 Hm | 6 Std. | Strecke

TOUR 8: FRÜH AUF! 75
Übers Morgenberghorn nach Saxeten
13,7 km | 1450 Hm | 7,5 Std. | Strecke

TOUR 9: GRATWANDERUNG 85
Niederhorn und Gemmenalphorn
16,4 km | 480 Hm | 5 Std. | Rundweg

TOUR 10: SAU-LECKER 93
Über den Hundsrügg
16,5 km | 805 Hm | 6,5 Stunden | Rundweg

TOUR 11: FELSIGER GENUSS 103
Von Nessental zur Tällihütte
8,5 km | 755 Hm | 6 Std. | Strecke

TOUR 12: AHORNE VORM EIGER 111
Von Grindelwald zur Blauen Glunte
6,7 km | 518 Hm | 3,5 Std. | Rundweg

TOUR 13: BARFUSS-ERLEBNIS 125
Vom Urbachtal zur Loibalp
9,1 km | 620 Hm | 3,5 Std. | Rundweg

TOUR 14: FLECHTEN & WASSER 133
Von der Handegg zum Gelmersee
7,5 km | 287 Hm | 3,5 Std. | Strecke

TOUR 15: KRAFT FINDEN 141
Von Gorneren zur Bundalp
9,4 km | 610 Hm | 4 Std. | Rundweg

TOUR 16: SIEBEN BRÜCKEN 151
Von Gsteig zu den Burgfällen
7,1 km | 440 Hm | 3 Std. | Rundweg

TOUR 17: KÜHLER KATARAKT 159
Durchs Suldtal zum Pochtenfall
5,7 km | 285 Hm | 3,5 Std. | Rundweg

TOUR 18: KALTER JUNGBRUNNEN 167
Durch die Cholerenschlucht
3,6 km | 158 Hm | 1,5 Std. | Rundweg

TOUR 19: MÄRCHENSCHLOSS 175
Zu den Giessbachfällen
14,2 km | 680 Hm | 4,5 Std. | Rundweg

TOUR 20: BLUMIGER KRAFTORT 185
Vom Lauenensee zur Geltenhütte
8,2 km | 680 Hm | 4,5 Std. | Rundweg

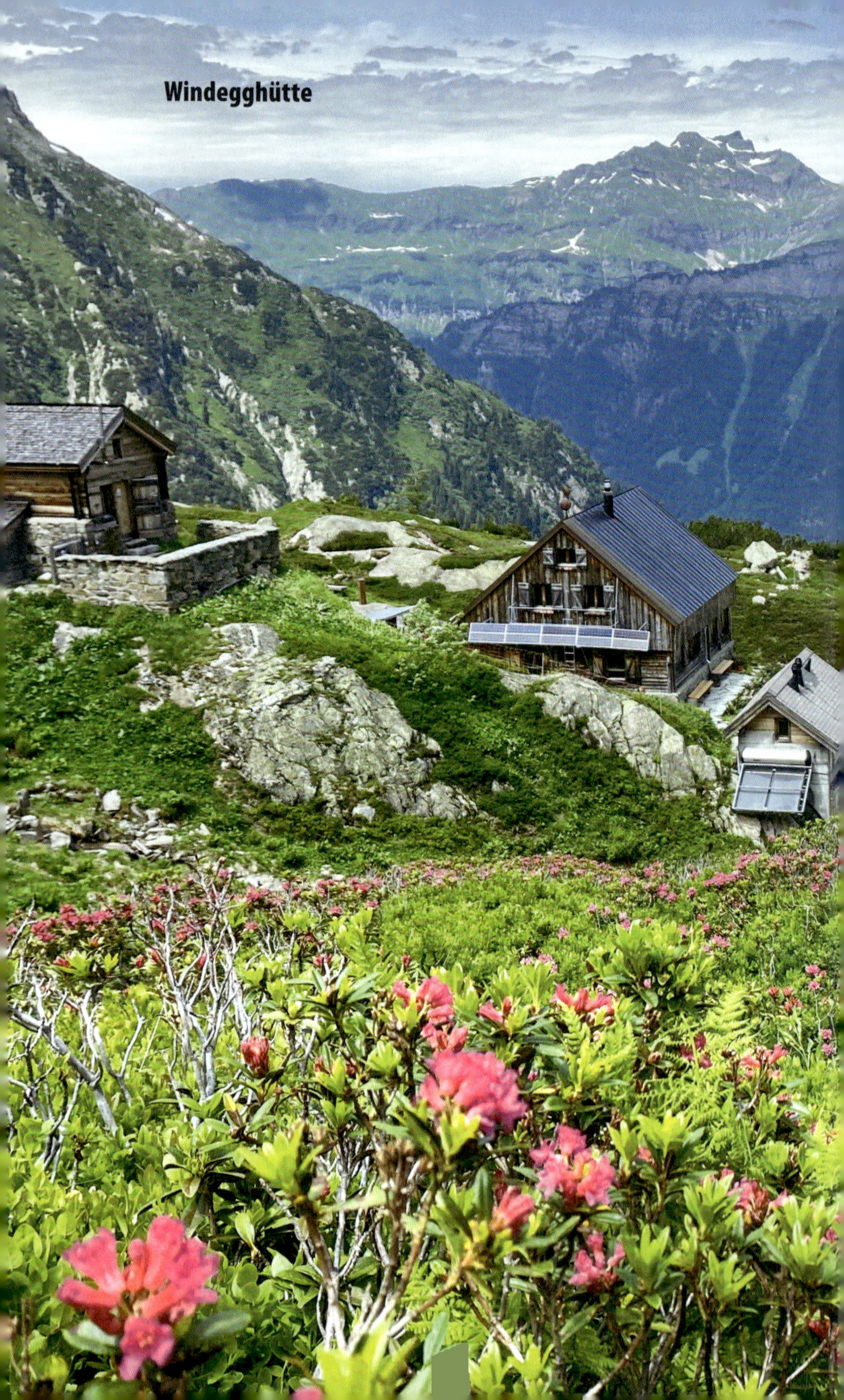
Windegghütte

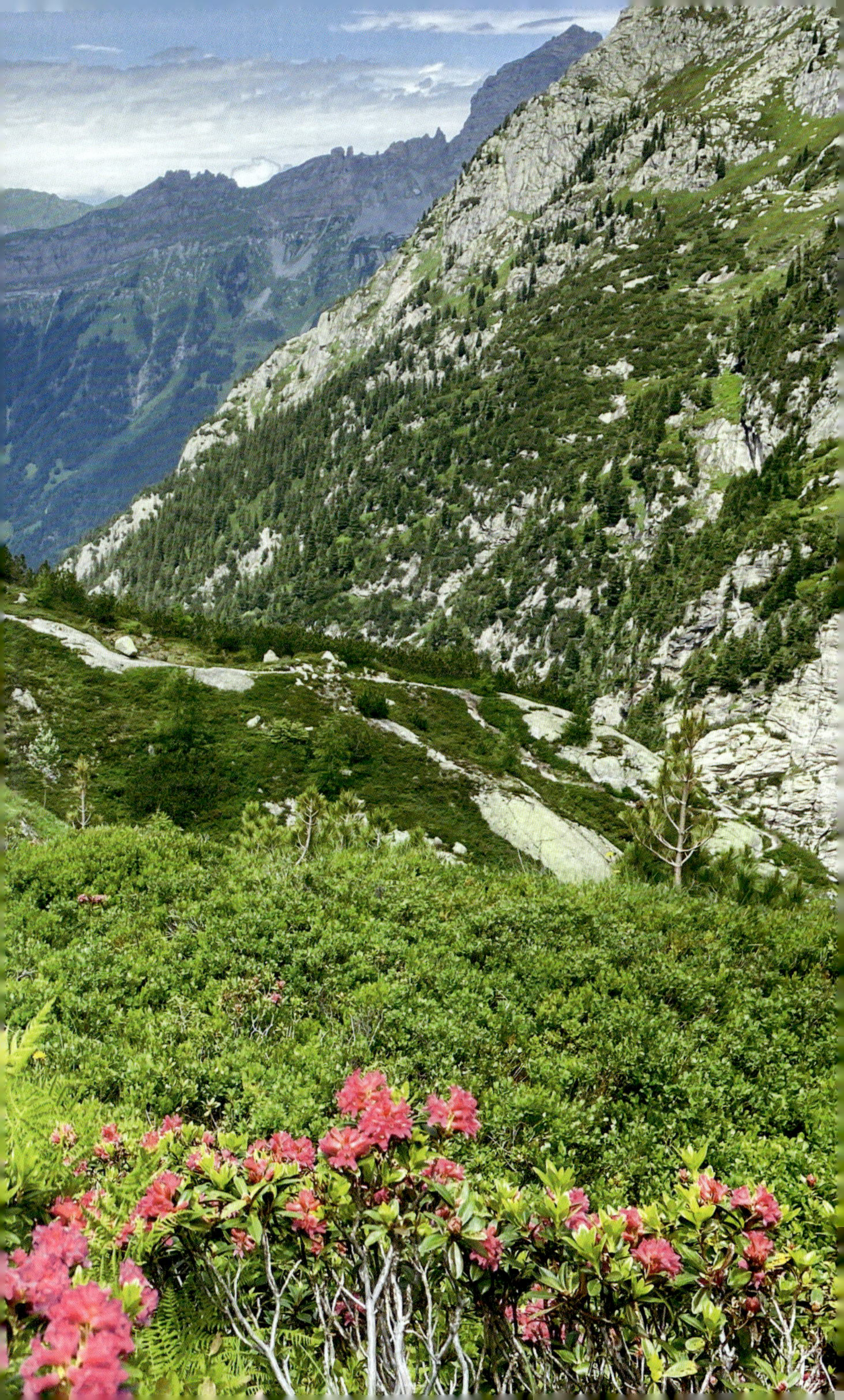

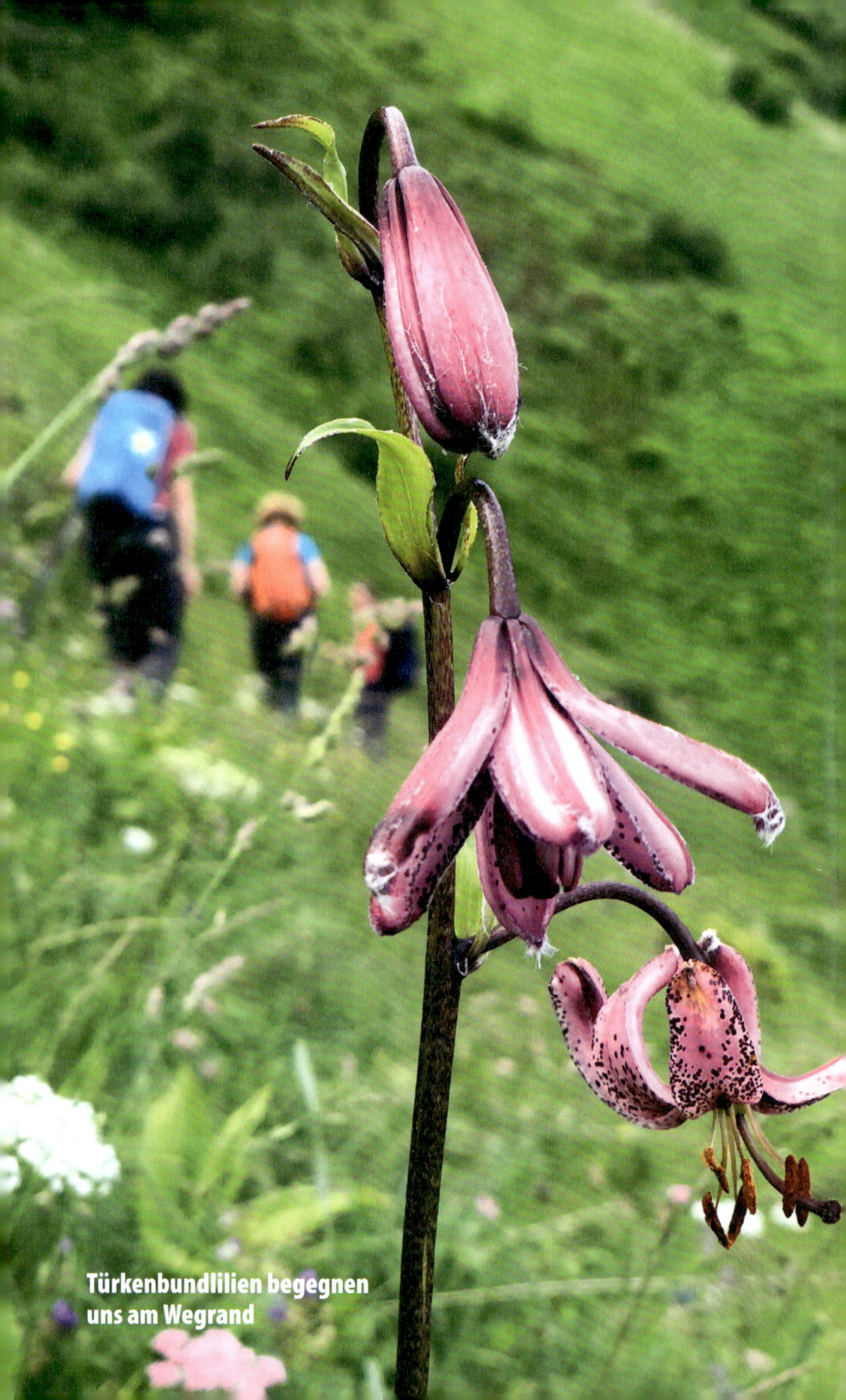

Türkenbundlilien begegnen uns am Wegrand

Liebe Berg- und Wanderfreunde,

das Berner Oberland ist ein einziger Kraftort! Auf unseren „Seelenwanderungen“ nehmen wir Sie mit an die spektakulärsten Aussichtspunkte und zeigen Ihnen die schönsten Wege mit Blick auf die atemberaubenden Viertausender. Wir verraten, wo Edelweiß, Enzian und Frauenschuh-Orchideen blühen, führen Sie zu kristallklaren Bergseen, erfrischenden Bächen und mächtigen Wasserfällen, streifen durch wildromantische Bergwälder, kehren in gemütlichen Berghütten ein und wandern über stille Waldweglein und zu einsamen Alpen. Von leichten Genusstouren bis zu anspruchsvolleren Bergwanderungen ist für alle etwas dabei. Wer möchte, folgt uns auf größeren Touren höher hinauf, wo wir für ganze Tage oder auch mal zweitägig intensiv eintauchen in die faszinierende Bergwelt. Wo Adler ihre Kreise ziehen und Steinböcke am Horizont äsen, schütteln wir alle Sorgen des Alltags ab und entdecken unsere innere Kraft neu. Und wo wäre das besser möglich als im Angesicht von Eiger, Mönch und Jungfrau oder an der Seite der Blüemlisalp?

Wir bieten in diesem Buch eine Mischung aus klassischen Routen, die man einfach gesehen haben muss, und Geheimtipps, die zum Teil nicht einmal die Einheimischen kennen.

Viel Freude beim Entdecken wünschen

Sabine Reber und
Pascal Stern

NATUR-INFO

KULTUR-INFO

TOUREN-/EVENT-INFO

GENUSS-INFO

Damit Sie einschätzen können, ob die jeweilige Tour für Sie geeignet ist, geben wir teilweise den ***Schwierigkeitsgrad*** *gemäß der Berg- und Alpinwanderskala des Schweizer Alpen-Club (SAC) an: www.sac-cas.ch; Suchen nach „Wanderskala SAC“.*

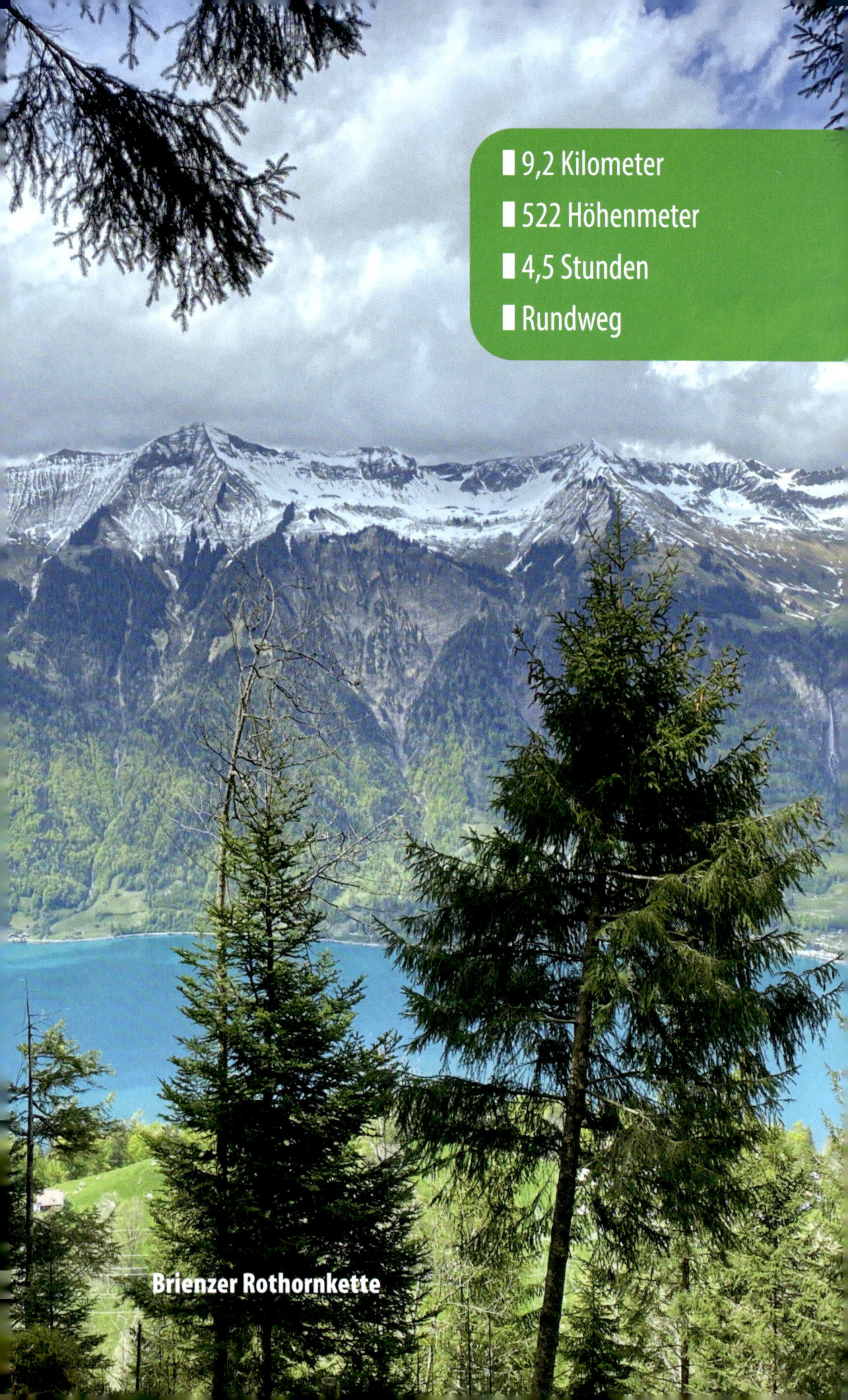

- 9,2 Kilometer
- 522 Höhenmeter
- 4,5 Stunden
- Rundweg

Brienzer Rothornkette

Bergwaldbaden

Schweibenalp, Botchen & Giessbach

Auf dieser längeren Bergwanderung möchten wir uns tiefenentspannen, mit allen Sinnen in die Stille der kraftgeladenen Landschaft mit ihren urtümlichen Wäldern eintauchen und unsere Naturverbundenheit pflegen. Ein Höhepunkt auf unserem Weg sind drei uralte, von Pilzen bewachsene Bergahorne.

Als Ausgangspunkt wählen wir den Tempel der Einheit auf der **Schweibenalp 1.** Diesen Ort teilen sich buddhistische, tibetische und Zenlehrer mit Schamanen von Urvölkern und christlichen Priestern. Hier ist außerdem das weitherum bekannte **alpine Permakul-**

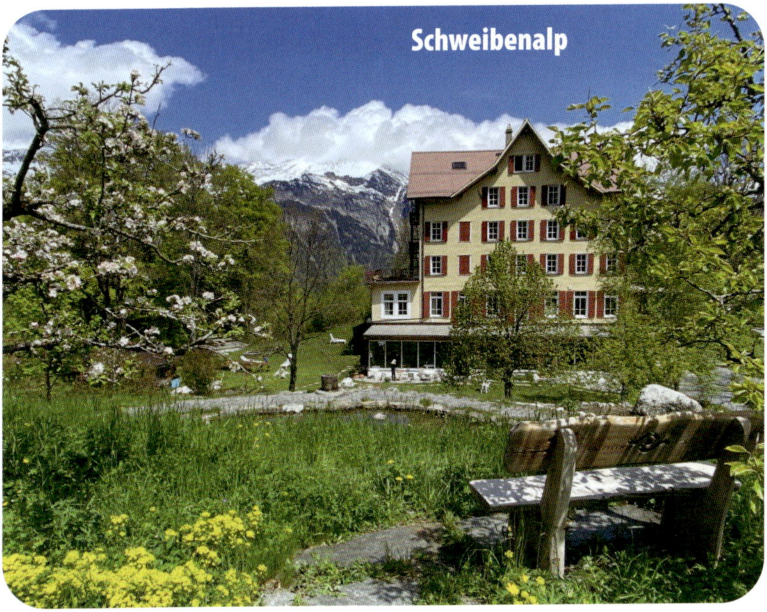
Schweibenalp

*Die **Schweibenalp** gilt seit keltischen Zeiten als Kraftort. Einer der Pilgerwege nach Santiago de Compostela (St-Jakobs-Weg) führt dort vorbei. Im Tempel der Einheit finden jeden Morgen und Abend Meditationen statt, die für alle zugänglich sind.*

turzentrum angesiedelt. Auf der Schweibenalp kann man sich zum Start mit veganem und vegetarischem Essen, Bio-Kaffee oder hausgemachtem Sirup stärken.

Von hier aus schlagen wir links den Wanderweg Richtung **Giessbachtal/Axalp** ein. Alsbald eröffnet sich ein Einblick in die Schlucht des Giessbachs, den wir aus der Tiefe rauschen hören. Seine bewegende Energie wird uns durch den Tag begleiten.

Vom **Aussichtspunkt** ❷ führt der Pfad über Stock und Stein recht steil den Wald hinauf bis zum Wegpunkt **Uuti** (1110 m). Alsbald werfen wir durch den lichten Wald hindurch einen Blick auf die Ende Mai noch verschneite Brienzer Rothornkette, die uns mit ihrem weiß in den Himmel leuchtenden Gipfel von der gegenüberliegenden Seeseite immer wieder zuzwinkern wird.

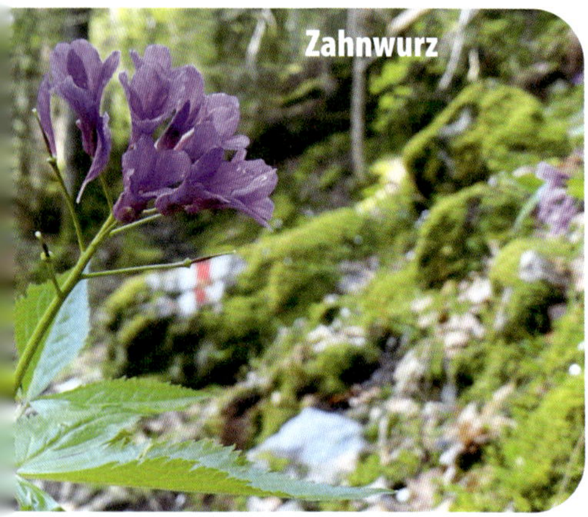
Zahnwurz

Nun nehmen wir den Bergweg Richtung **Bauwald/Bättenalp.** Wir fokussieren unsere Aufmerksamkeit auf die Füße und auf den Weg – dieses präsente Gehen im Gelände wirkt auf den Geist äußerst entspannend, alle Alltagssorgen liegen weit hinter uns. So passieren wir sicher den schroffen Abbruch zur Schlucht, mit Körper und Geist hundert Prozent im Hier und Jetzt. Schritt für Schritt bewegen wir uns in den immer wilder und urtümlicher anmutenden Bergwald. Ab und zu fliegt ein Eichelhäher auf, wir finden haufenweise von den Eichhörnchen abgefressene Tannzapfen und Spuren von Hirschen und Gämsen. Ansonsten sind wir völlig allein, obwohl wir die Wanderung an einem schönen Pfingsttag unternehmen. Dankbar taucht unser Blick in das leuchtend frische Grün der Buchenblätter. Wir saugen den Duft der feuchten Moospolster auf, bewundern die Blüten des fingerblättrigen Zahnwurzes

Für die Seele

Hoch über dem türkisblauen Brienzersee tauchen wir in die moosigen Tiefen des Bergwalds ein und gönnen unserer Seele eine Auszeit weitab der Zivilisation.

und den Sauerklee, dessen Blütchen feengleich im lauen Wind tanzen.

Wir gelangen auf eine **Lichtung** mit einer Feuerstelle und prächtigem Blick aufs Brienzer Rothorn. Von hier führt ein unmarkierter schmaler Trampelpfad durch Heidelbeergebüsch steil hinauf. Der Weg wird auf beiden Seiten von einem zwei bis drei Meter hohen, eingewachsenen **Felsband** ❸ gesäumt und führt uns über mehrere Hundert Meter hinauf. Ein Teil stammt gewiss von einem Felssturz, aber der Weg muss in alten Zeiten auch durch vom Menschen gebaute Mauern

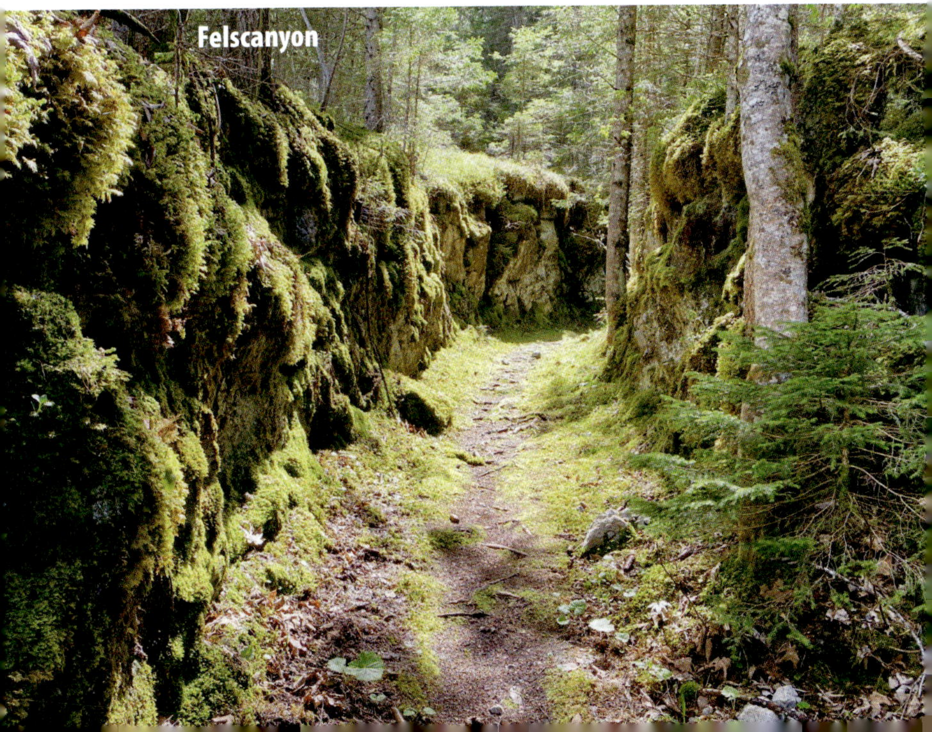

Felscanyon

verstärkt worden sein. So genau weiß das niemand mehr, und die Spuren der Zeit sind unter den dicken Moospolstern kaum mehr zu erkennen. Sobald wir aus diesem Felsgebiet heraustreten, leuchtet unter uns in intensivster Türkisfarbe der Brienzersee. Die Schweibenalp liegt jetzt direkt unter uns.

Von hier aus gehen wir ein Stück weit über eine gut ausgebaute Forststraße zum **Wegpunkt Schwärmli** (1410 m), wo ein **Gedenkstein an Sturm Vivian** ❹ erinnert, der Ende Februar 1990 große Teile Europas heimsuchte. Auf dem Stein steht, dass Bundesrat Arnold Koller damals die Zivildienstleistenden besuchte, die die gröbsten Sturmschäden aufräumen halfen.

Wir verlassen die Forststraße und schlagen einen kleinen Pfad Richtung **Plangäugraben** ein (Wegpunkt 1460 m, **Abzweigung**). Hier sind auch nach 30 Jahren die **Sturmschäden** ❺ noch gut zu sehen. Wir tasten uns auf einem schmalen Pfad durch den mit halb verrotte-

*Der **Orkan Vivian** kostete 64 Menschen das Leben und verursachte europaweit Schäden in Höhe von 4 Milliarden Dollar. In der Schweiz wurde nach mehreren großen Stürmen teilweise mit extensivem Waldmanagement gearbeitet, um die natürliche Erneuerung der Wälder zu fördern.*

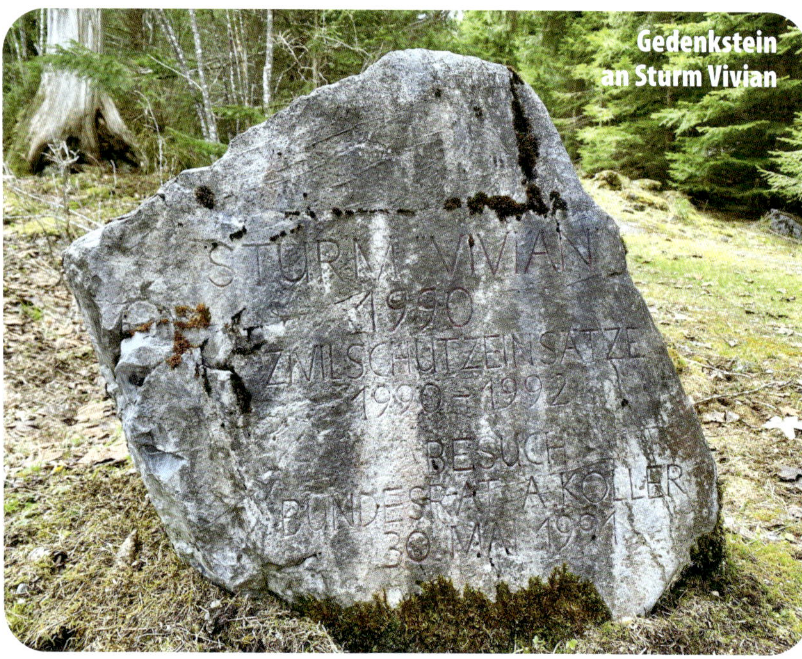

Gedenkstein an Sturm Vivian

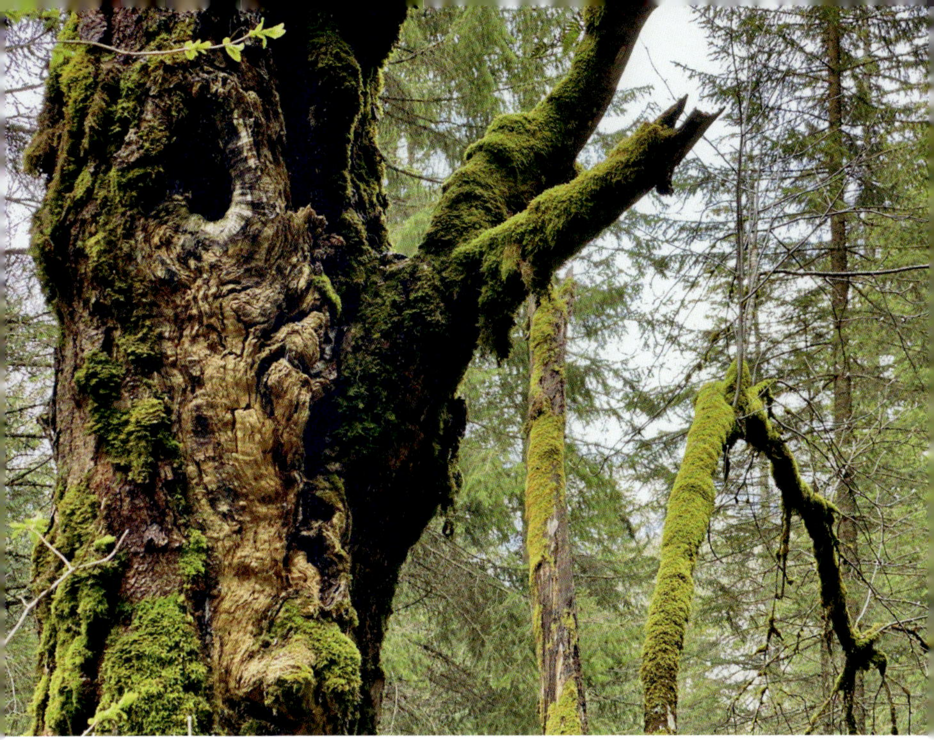

ten Stämmen übersäten Waldbereich. In diesem Gebiet wurde das minderwertige Sturmholz liegen gelassen, man setzte bewusst auf die natürliche Verjüngung des Waldes. Dieses entspannte Waldmanagement befruchtet die Biodiversität und lehrt uns, dass Ordnung eben doch nicht alles ist im Leben. Wir baden nun regelrecht in der Wildheit des Waldes. Freudig kraxeln wir über morsche Stämme, bewundern Pilze und Farne und Spechtlöcher. Auf einer kleinen Lichtung finden wir ein weißes Blütenmeer. Hier ist der Schnee eben erst geschmolzen, und die Wiese ist über und über mit Krokussen bedeckt. Der Wechsel von urtümlichem Wald und gepflegtem Kulturland ist auf dieser Wanderung besonders eindrücklich zu erleben. Das von der Schneeschmelze noch etwas rutschige Steilgras hinauf gelangen wir ein wenig weiter oben wieder

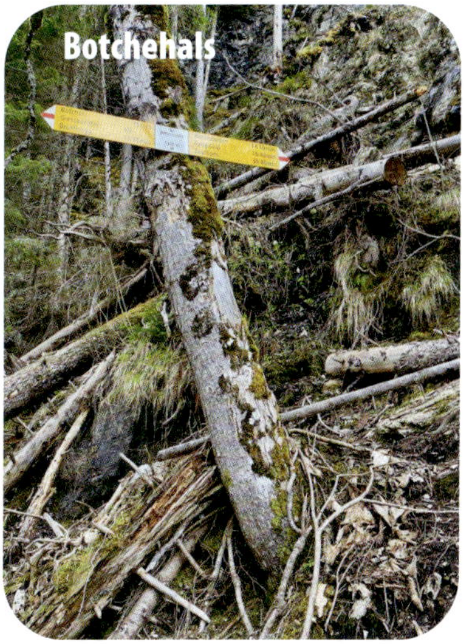

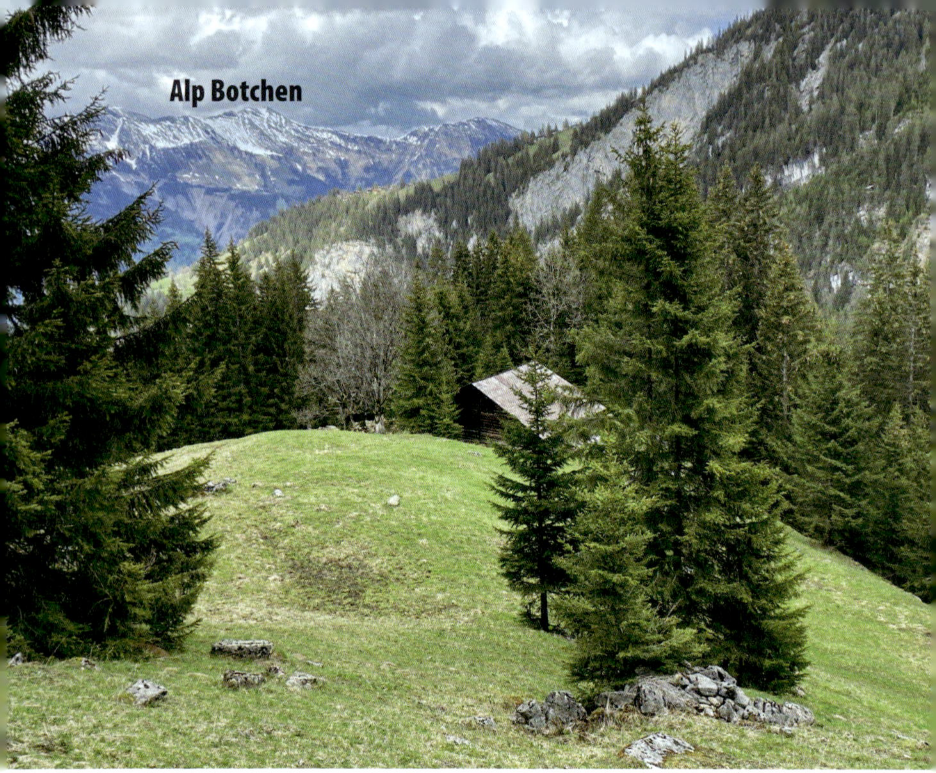

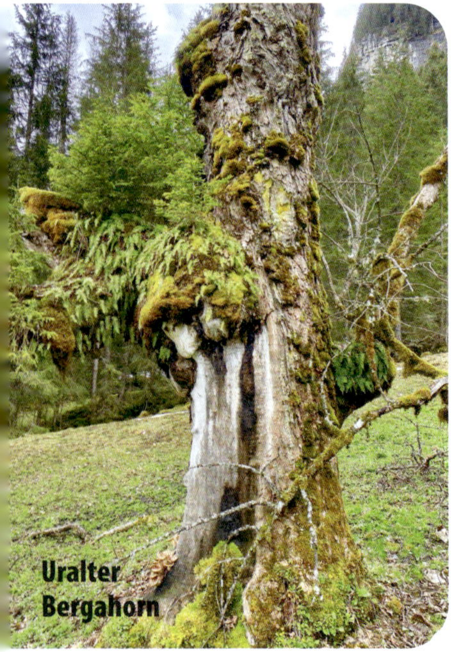

in den Wald, wo uns der Bergweg durch ein spektakuläres Felssturzgelände zum **Botchehals** ❻ (1500 m) hinaufführt. Auf der gegenüberliegenden Talseite sehen wir die Axalp. Wir steigen einen stark ausgewaschenen Bergweg über eine Alpweide und ein weiteres recht wildes Waldstück ab bis zur **Alp Botchen** ❼ (1330 m). Diese liegt geborgen in einem eindrucksvollen Felskessel inmitten sanftgrüner Wiesen. Durch sie hindurch windet sich friedlich der Giessbach, der hier oben als beschaulicher Bergbach dahinplätschert. Dieses stille Fleckchen Erde ist so kraftgeladen, dass es im Jahr 2014 mit dem Kulturlandschaftspreis der Region Oberland-Ost ausgezeichnet wurde. Hier wachsen die sonderlichsten alten Bäume, die man sich vorstellen kann: drei uralte Ahorne, deren abgestorbene Seitenäste von diversen Tännchen und Farnen besiedelt werden. Hier scheint die Reinkarnation bereits stattzufinden, obwohl die Ahorne noch leben. Aber ihre verrotteten Seitenstümpfe ernähren bereits eine ganze Gemeinschaft von neuen Gewächsen. An einem der Stämme finden wir Gruppen des Schuppigen Porlings, die in ihrer schieren Größe so skurril aussehen, als entstammten sie einer wunderlichen Paradieswelt. Obwohl diese Pilze essbar sind, lassen wir sie stehen – der Anblick wirkt so magisch, dass es uns leidtut, uns dieser zauberhaften Märchenwesen ratzfatz mit dem Sackmesser zu bemächtigen.

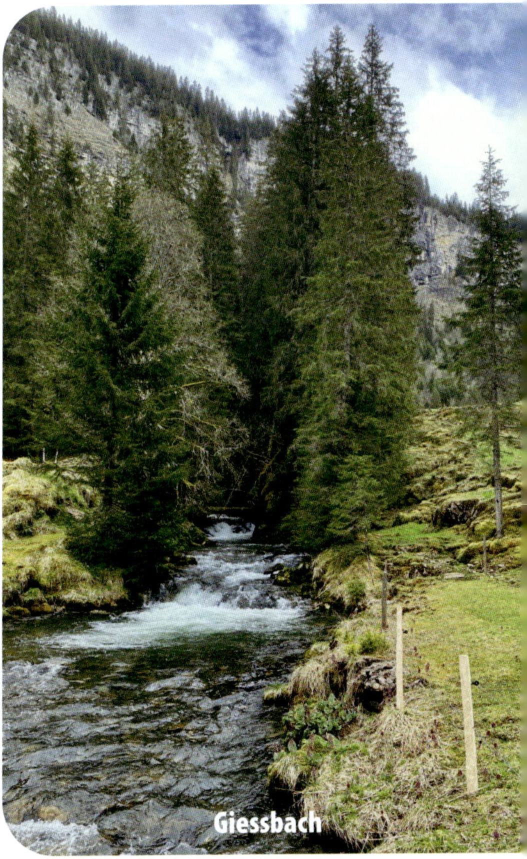
Giessbach

Guten Mutes und reinen Gewissens machen wir uns an den Abstieg, über die mit Schnee-Enzian übersäten Matten hinüber zum oberen Bereich der **Giessbachschlucht** ⑧, wo uns ein gut ausgebauter Weg mit Treppen und Holzgeländern steil in die Schlucht hinabführt. Alsbald schwillt das Tosen des Giessbaches an, und mit jedem Meter, den wir hinabsteigen, wird sein Rauschen lauter. Auf der anderen Seite der Schlucht tauchen wir ein letztes Mal tief in die Welt der moosigen Bergwälder und gehen über den uns schon bekannten Wegpunkt **Uuti** beschwingten Schrittes unter den frisch ergrünten Buchen hindurch zur **Schweiben-**

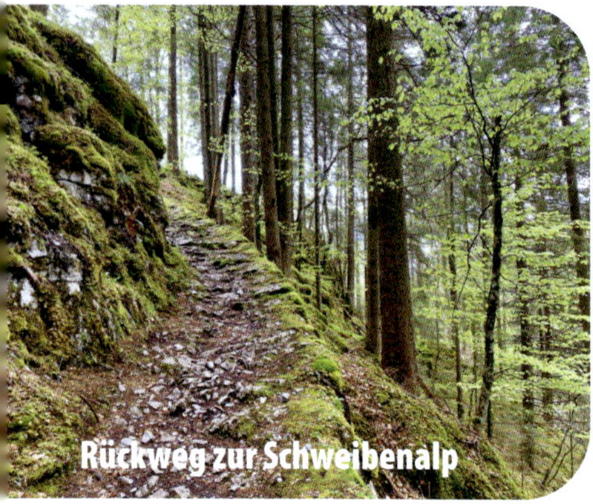
Rückweg zur Schweibenalp

alp zurück, wo wir uns im Garten der Gastwirtschaft einen feinen Rhabarbersirup und hausgemachten Apfelkuchen gönnen.

Wer lieber traditionell und währschaft isst, kann das einige Hundert Meter weiter unten im Restaurant **Bramisegg** **9** tun. Die Aussicht dort ist phänomenal, Angebot und Ambiente fallen jedoch reichlich rustikal aus.

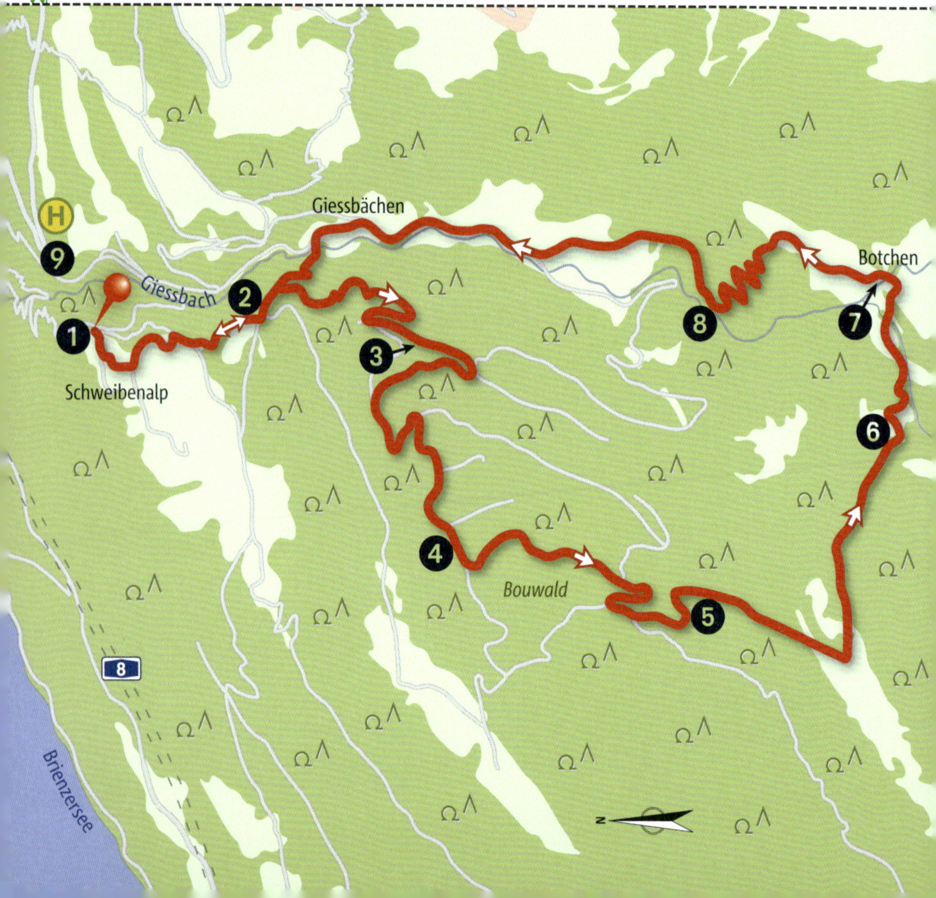

Alles auf einen Blick

Entspannung ★★★★☆
Genuss ★★★☆☆
Romantik ★★★★☆

WIE & WANN:
Natur- und Alpsträßchen (3 km), Waldpfad, durchwegs Naturbelag (6,2 km); Schwierigkeit: T2; durchwegs im Wald; bei Plangäugraben muss zum Teil über Baumstämme gestiegen werden; besser mit Wanderschuhen; beste Zeit Anfang Mai bis Ende Oktober

HIN & WEG:
Auto: Parkplatz Schweibenalp (GPS 46.72935, 8.02281)
ÖPNV: Postauto Axalp bis Haltestelle Bramisegg; zu Fuß auf einer Waldstraße zum Ausgangspunkt (ca. 15 Min.)

ESSEN & ENTSPANNEN:
Schweibenalp ❶ 3855 Brienz, Tel. +41 (33) 9 52 20 00, www.schweibenalp.ch
Bramisegg ❾ Tel. +41 (33) 9 51 17 40

ENTDECKEN & ERLEBEN:
Schweibenalp ❶ siehe ESSEN & ENTSPANNEN
Aussichtspunkt ❷
Felsband ❸
Gedenkstein an Sturm Vivian ❹
Sturmschäden vom Sturm Vivian ❺
Botchehals ❻
Alp Botchen ❼
Giessbachschlucht ❽

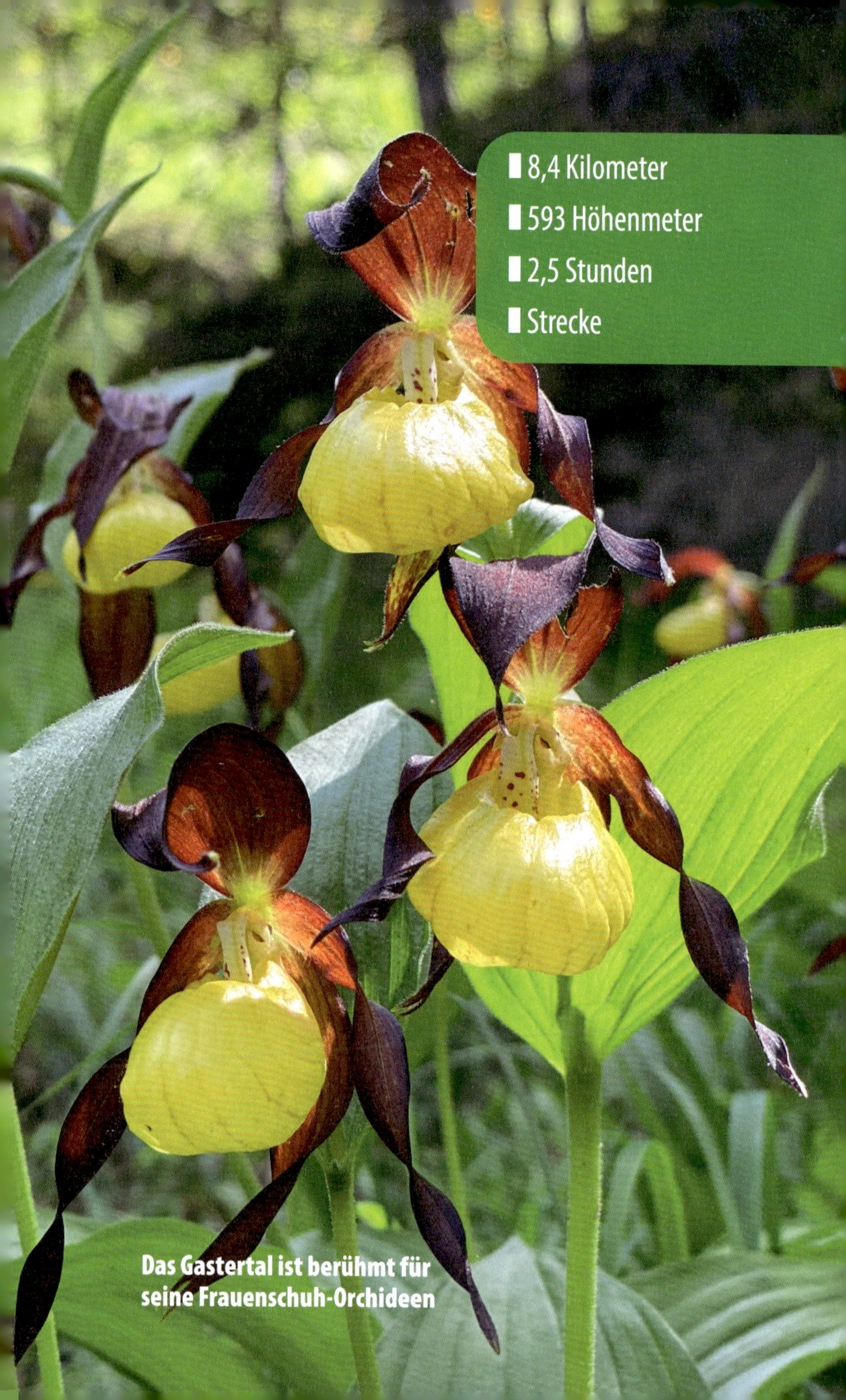

- 8,4 Kilometer
- 593 Höhenmeter
- 2,5 Stunden
- Strecke

Das Gastertal ist berühmt für seine Frauenschuh-Orchideen

Tal der Blumen

An der Kander durchs Gasterntal

Das wilde Gasterntal ist eines der ursprünglichsten Täler im Berner Oberland. Es gibt keine Bergbahnen oder Skilifte, und die abgelegenen Weiler sind nur im Sommer bewohnt. Die Wanderung, die wir uns heute vorgenommen haben, verspricht ein besonderer Leckerbissen für Blumen- und Orchideenliebhaber zu werden.

Von der Bushaltestelle bei der Talstation der Luftseilbahn Sunnbüel gehen wir die Straße entlang der tosenden Kander hinauf und tauchen alsbald in ein botanisches Paradies ein. Nach 200 Metern sehen wir schon die ersten Türkenbundlilien, direkt am Wegesrand. Mitte Juni sind die Knospen noch geschlossen. Dafür blühen Wald-Storchschnabel und wilde Hundsrosen in großer Zahl.

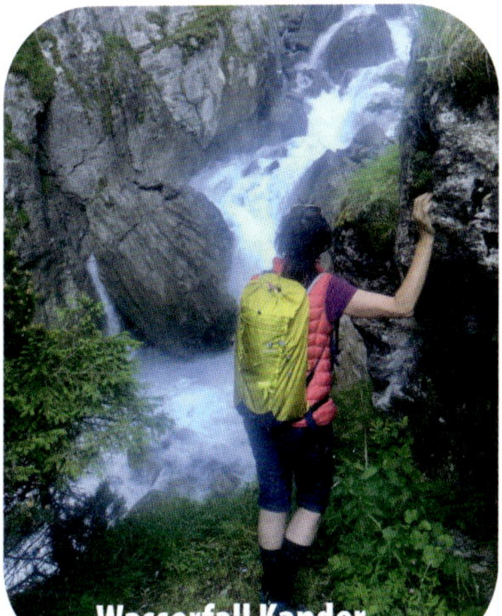
Wasserfall Kander

Der Weg führt ein kleines Stück recht steil den Wald hinauf, die Passage ist gut ausgebaut und an den exponierten Stellen mit Seilen gesichert. Nun gelangen wir in die **Klus** oder **Chluse** ①, wo sich die Kander wild schäumend über Felsen und Stromschnellen in das enge Tal hinunterstürzt. Linker Hand erhebt sich senkrecht die Felswand der Jegertosse. Wir folgen dem Weg die Schlucht hinauf, gehen über eine schöne alte Steinbrücke und vorbei an mächtigen Befestigungen, die die Straße stützen.

Oftmals wird diese Tour andersherum empfohlen – und die meisten Wandergäste fahren mit dem

Bus nach Selden hinauf und gehen dann zu Fuß hinunter. Aber von unten hochsteigend wirken die Brücken und Viadukte entlang der Kanderschlucht viel dramatischer, das tosende Wasser noch eindrucksvoller – und wir sehen auch die Blumen besser, wenn unser Blick von unten nach oben schweift. Beim Hinabgehen ist man oftmals zu schnell vorbei und übersieht vielleicht die wilden Maiglöckchen oder die zahlreichen Arten des Knabenkrauts, die weißen Waldhyazinthen, die Weiße Höswurz und viele weitere blühende Kostbarkeiten. Auf einer so vielseitigen, landschaftlich wie botanisch reizvollen Strecke den Bus zu nehmen, wäre wirklich schade.

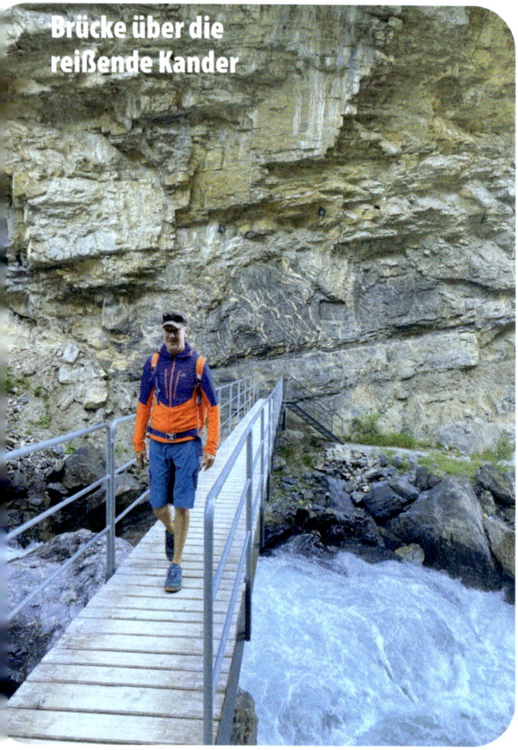
Brücke über die reißende Kander

Frühmorgens schlendern wir also vergnügt die Kander entlang durch die Auenlandschaft, genießen den Schatten und die von der Gischt gekühlte Luft. Das Flüsschen mäandert in glitzernden Bändern durch die Schwemmlandebene. Schon bald finden wir, wieder direkt am Wegesrand, die ersten blühenden **Frauenschuh-Orchideen.** Sie fühlen sich wohl in dem lichten Wald mit dem feuchten, humosen Boden. Zum Teil blühen sie nahe am Wasser, wo sie die zusätzliche Feuchtigkeit richtiggehend aufzusaugen scheinen. Es ist ein bisschen wie Weihnachten und Ostern und Geburtstag gleichzeitig. Im Gasterntal gibt es in der Tat so viel Frauenschuh, dass wir praktisch über die blühenden Staudenhorste stolpern. Unter Botanikfreunden gilt die Regel, dass die genauen Fundorte nicht verraten werden sollten, damit niemand auf die

Für die Seele

Das urtümliche Gasterntal ist der perfekte Ort für zivilisationsmüde Seelen. Hier können sich Körper und Geist erholen.

Idee kommt, die Kostbarkeiten auszugraben. Das Gasterntal allerdings ist berühmt für die vielen Frauenschuhorchideen, die hier blühen, und so wahnsinnig geheim sind die Standorte inzwischen sowieso nicht mehr. Wer mit offenen Augen wandert, wird sie nicht übersehen.

Stundenlang schlendern wir durch den lichten Wald, bewundern die botanischen Schätze und finden wunderbar romantische Plätzchen, die zum Verweilen einladen. Das Gasterntal gehört zum UNESCO-Welterbe. Es ist eines der schönsten Hochgebirgstäler der Alpen, umgeben von dramatischen, steilen Felswänden und mit lauschigen, botanisch wertvollen Auenlandschaften.

*Wilde **Orchideen** auszugraben ist nicht nur verboten, es ist auch sinnlos, da die Pflanzen dabei meist eingehen. Orchideen wachsen in komplizierten Symbiosen mit Pilzen und Baumwurzeln und können kaum verpflanzt werden.*

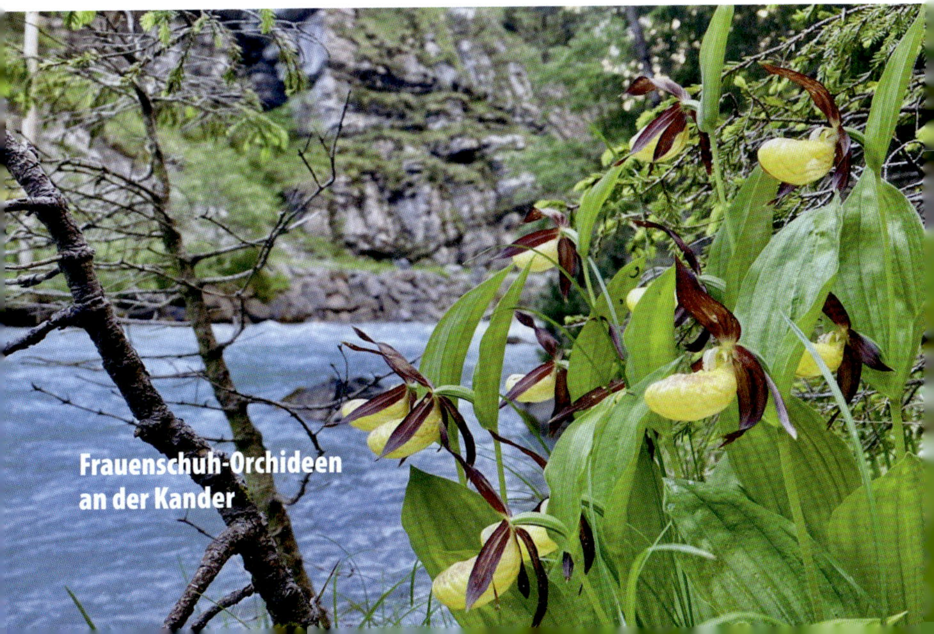

Frauenschuh-Orchideen an der Kander

Auszeittour 2

Beim **Berghotel Waldhaus** **2** angekommen, haben wir schon so viel erlebt, dass wir uns erst einmal zufrieden auf die Terrasse setzen, uns einen Kaffee gönnen und die botanischen und landschaftlichen Eindrücke auf uns wirken lassen. Das Haus ist ein beliebter Ort bei Romantikern und Nostalgikern. Es gibt hier nämlich weder Elektrizität noch fließendes Wasser. Dafür wird am Abend ein Raclette vom Cheminée im Licht von Kerzen und Petroleumlampen serviert.

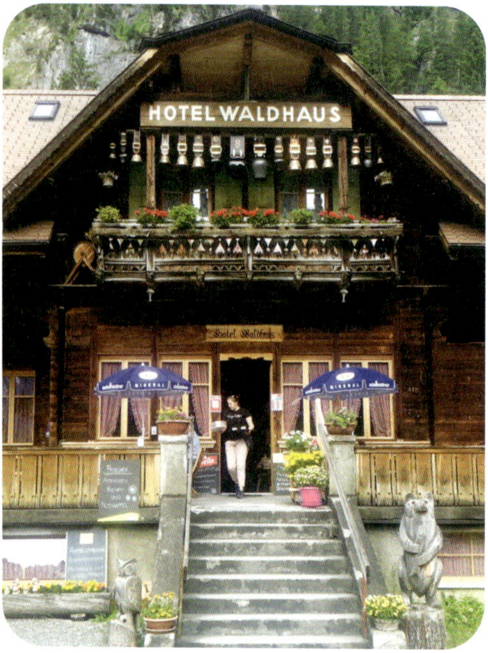

Das Hotel Waldhaus liegt idyllisch in der breiten Schwemmlandebene des Gasternholzes. Von der Terrasse des Hotels blicken wir zum Hockenhorn hinüber, Richtung Lötschental, von wo ausdauernde Bergwanderer gern ins Berner Oberland herüberkommen – das ist eine anspruchsvolle, aber lohnende Tour. Vom Hockenhorn schweift unser Blick über die nahen Felsen vom Jegertosse – als wir etwas länger in die schroffe Felswand schauen, zeichnen sich Gesichter ab. Ein König wird sichtbar, ein Burgfräulein gesellt sich zu ihm, andere Figuren treten je nach Lichteinfall hervor und verschwinden wieder. Auch im Fels des Unders Tatelishore tauchen alsbald Figuren auf und führen auf der Freilichtbühne dieser verwunschenen Auenlandschaft ein eigensinniges Theater auf. Die geologischen Formationen mit ihren gut sichtbaren Deckenverwerfungen erzählen ganze Märchen. Noch so gerne schauen wir in die wild gewundenen und zerrissenen Schichten und lassen die Fantasie schweifen.

Nach dem Kaffee gehen wir wieder der Kander entlang, wobei wir stets nach Orchideen Ausschau halten. In den lichten Waldstücken um das Hotel Waldhaus herum lohnt es sich, mit offenen Augen auf den Trampelpfaden zu wandeln. Schließlich folgen wir dem Fluss und gelangen durch die malerische Schwemmlandebene des **Gasternholzes** ❸ hinauf nach **Staldi.** Nun gilt es Ausschau zu halten nach einem kleinen, handgemalten Schild mit der Aufschrift **Gasterngesicht.** Hier führt ein Forstweg recht steil zur linken Seite hinauf. Diesem Weg gilt es nun zu folgen und dabei die Augen stets offen zu halten. Auf beiden Seiten des Weges blühen in diesem lichten Waldstück nämlich die Frauenschuh-Orchideen in großen Horsten. Der Wildhüter habe hier über 1000 von ihnen gezählt, vernehmen wir von einem Einheimischen, der das rege Treiben der Botanikfreunde sowohl mit Stolz wie mit Argwohn beobachtet – wehe, jemand möchte hier eine Orchidee stehlen! Das hätte garantiert eine saftige Strafe zur Folge.

Schon beim Hotel Waldhaus gibt es Gesichter im Fels, das auffälligste davon ist der König. Weiter oben zeigt sich ein äußerst prägnanter Kopf, das sogenannte ***Gasterngesicht.*** *Dieses wirkt, als wäre es von Menschenhand geschaffen. Aber es ist eine natürliche Felsformation.*

Schließlich gelangen wir zu der als **Gasterngesicht** ❹ bekannt gewordenen Figur in den Felsen auf der gegenüberliegenden Talseite. Sie ist erstaunlich gut zu erkennen. In den Wanderkarten ist sie teilweise noch nicht eingezeichnet, da sie erst vor einigen Jahren durch Zufall entdeckt wurde, als ein neuer Forstweg gebaut wurde.

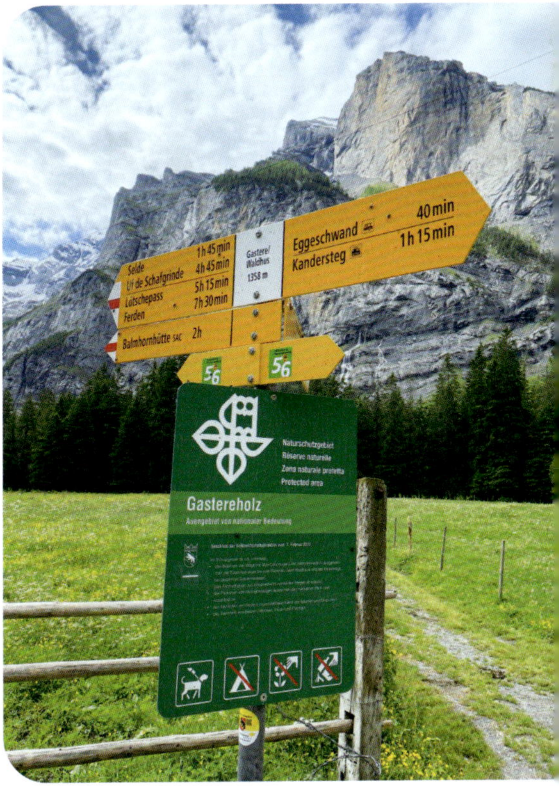

Wir verlassen das Gasterngesicht und den Frauenschuh-Wald und folgen dem Wanderweg zum **Brandhubel** und nach **Selden.** Hier oben blühen im Bergfrühling die Matten in einer Vielzahl an Formen und Farben, und wie wir versuchen, die verschiedenen Blumensorten zu zählen, müssen wir bald aufgeben – die Biodiversität ist zu reichhaltig. Auch die Insekten, die Schmetterlinge, Bienen und Hummeln wissen die Pracht zu schätzen und erfüllen die Frühsommerluft mit ihrem Summen.

Selden ist ein hübscher Weiler, jedoch wird die Ecke auch eifrig frequentiert. Wir gehen noch ein Stück weiter den lichten Bergwald hinauf Richtung **Heimritz.** An einer Abzweigung können wir uns links orientieren und durch den Wald gehen – dieser Weg ist etwa 5 Minuten länger als der rechte über die Schotterstraße, aber lohnend. Am **Berghotel Steinbock** ⑤ gibt es eine **Hängebrücke** und einen Wasserfall. Außerdem finden wir noch weitere gemütliche Landgasthö-

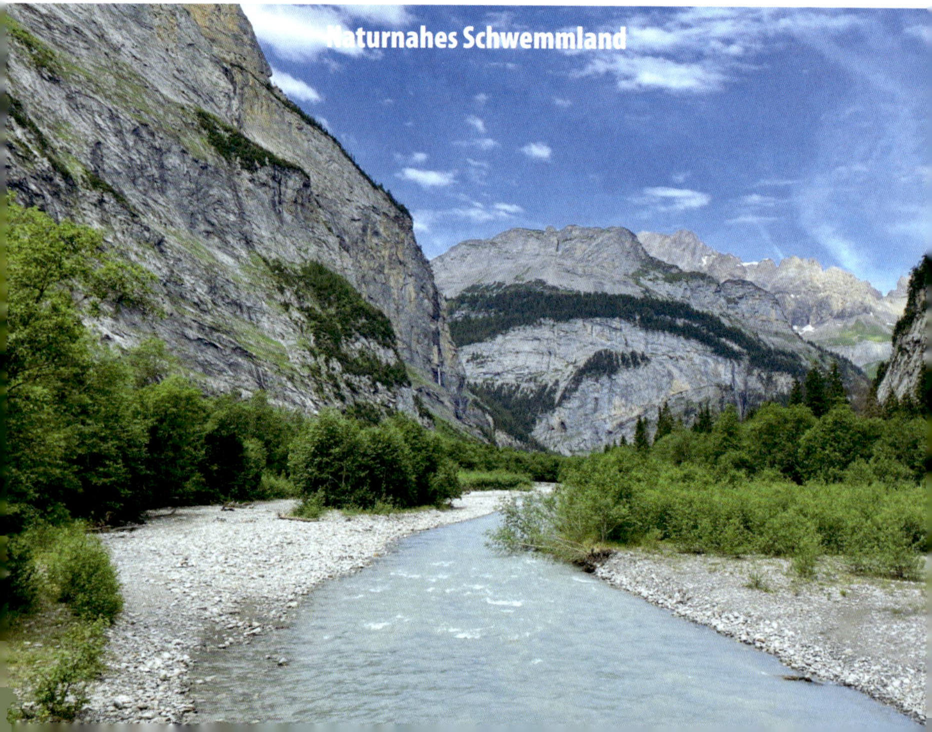
Naturnahes Schwemmland

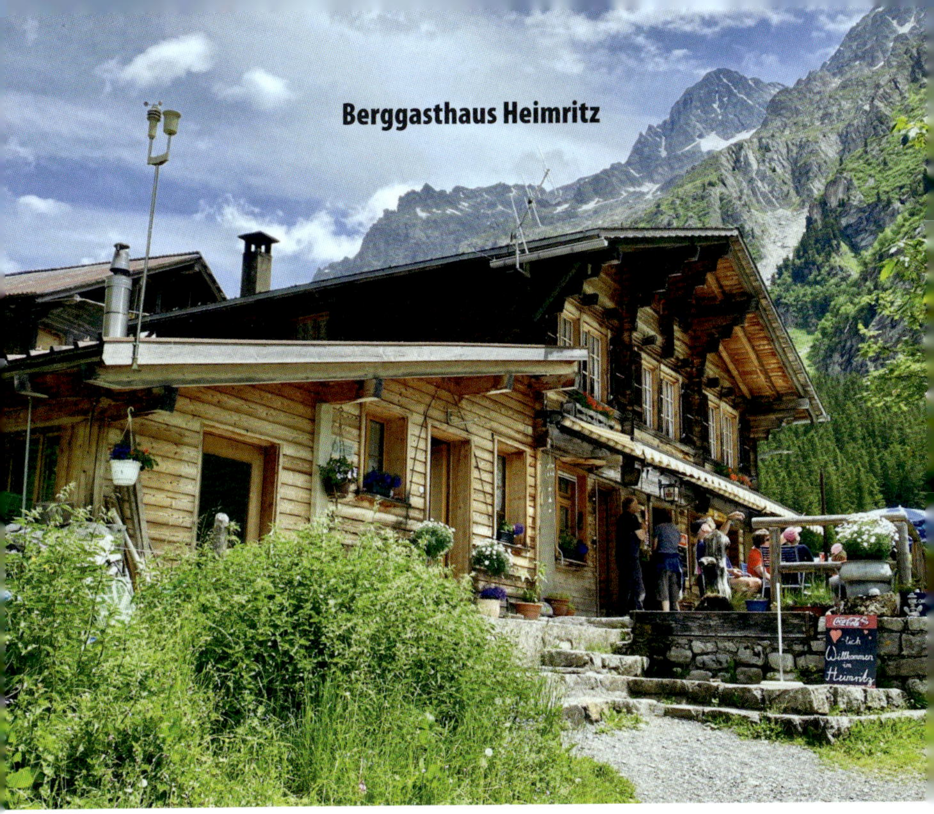
Berggasthaus Heimritz

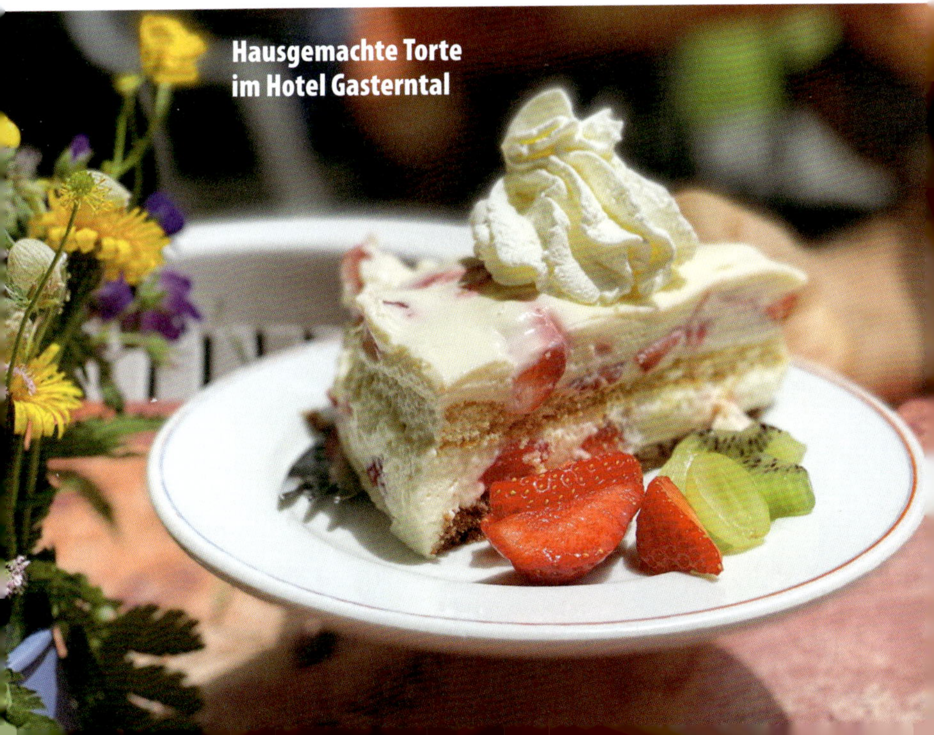
Hausgemachte Torte
im Hotel Gasterntal

fe, die auch Übernachtungsmöglichkeiten bieten. Das **Hotel Gasterntal-Selden** 6 mit besonders leckeren Kuchen und Desserts sowie das etwas weiter hinten gelegene **Berggasthaus Heimritz** 7 laden mit Speis und Trank zum Verweilen ein.

Wer noch weiter wandern möchte, könnte ab hier in etwa zwei Stunden zum Kanderfirn gelangen. Wir aber nehmen den Rundweg und gehen zurück durch weitere intensiv blühende Bergwiesen zurück zum Weiler Selden. Von dort fahren wir gemütlich mit dem Postauto zurück nach Kandersteg – wer Lust hat, noch länger zu gehen, kann selbstverständlich zu Fuß zurück ins Tal marschieren und die Orchideen noch einmal von der anderen Seite her anschauen.

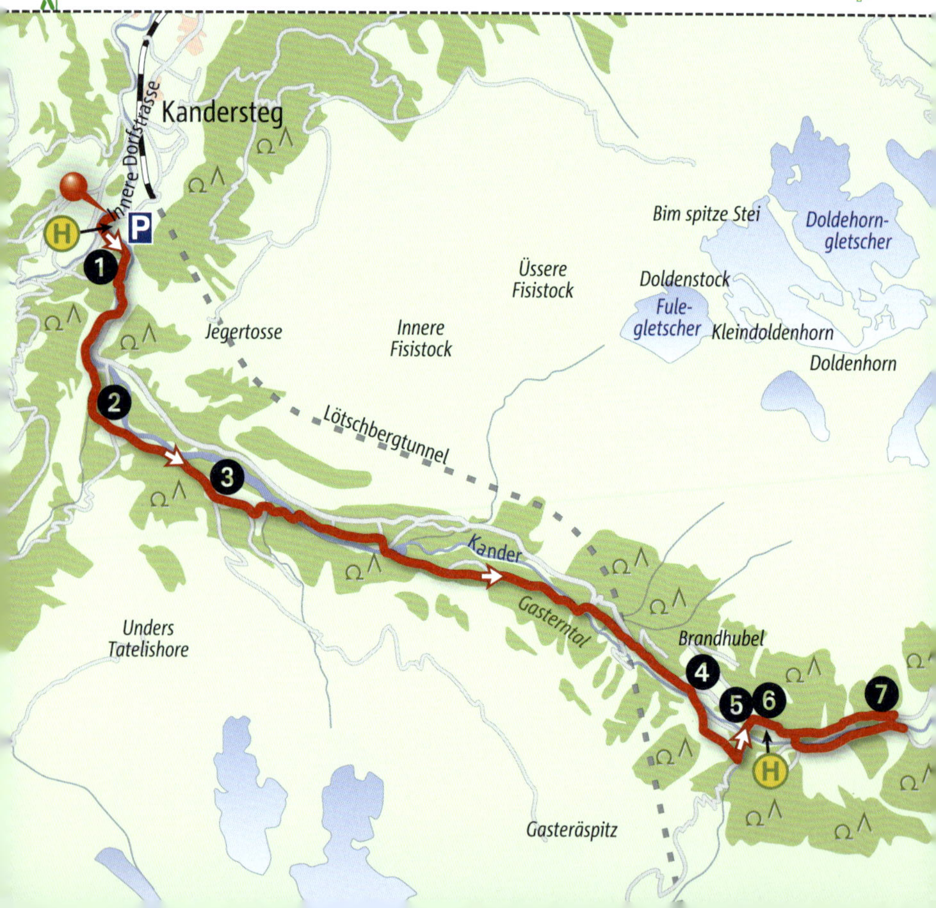

Entspannung ✱✱✱✱✱
Genuss ✱✱✱✱
Romantik ✱✱✱

WIE & WANN:
Schotterstraße (1,2 km), Naturweg (5,6 km), Pfad (1,6 km); trotz der wilden, usprünglichen Landschaft leicht zugänglich; beste Zeit Mai bis Oktober, der Frauenschuh blüht um Ende Juni; Tour kann mit dem Postauto abgekürzt werden

HIN & WEG:
Auto: Parkplatz Talstation Luftseilbahn Sunnbüel, gebührenpflichtig (GPS: 46.476905, 7.663342)
ÖPNV: Von Kandersteg Bf Postauto B 240 bis Kandersteg, Talstation Sunnbüel
Rückkehr zum Ausgangspunkt: Von Selden, Hotel Gasterntal, Postauto B 240 bis Kandersteg, Talstation Sunnbüel, bzw. Kandersteg Bf; oder Rufbus, Tel. +41 (33) 6 71 11 72 (Reservation erforderlich)

ESSEN & ENTSPANNEN:
Berghotel Waldhaus ❷ Gasterntal, 3718 Kandersteg, Tel. +41 (33) 6 75 12 73
Berghotel Steinbock ❺ Selden/Gasterntal, 3718 Kandersteg, Tel. +41 (33) 6 75 11 62, https://steinbock-gasterntal.ch
Hotel Gasterntal-Selden ❻ 3718 Kandersteg, Tel. +41 (33) 6 75 11 63, www.gasterntal.ch
Berggasthaus Heimritz ❼ Selden 73, 3718 Kandersteg, Tel. (+ 41) 33 675 14 34, www.heimritz.ch

ENTDECKEN & ERLEBEN:
Klus (Chluse) ❶
Gasternholz ❸
Gasterngesicht ❹

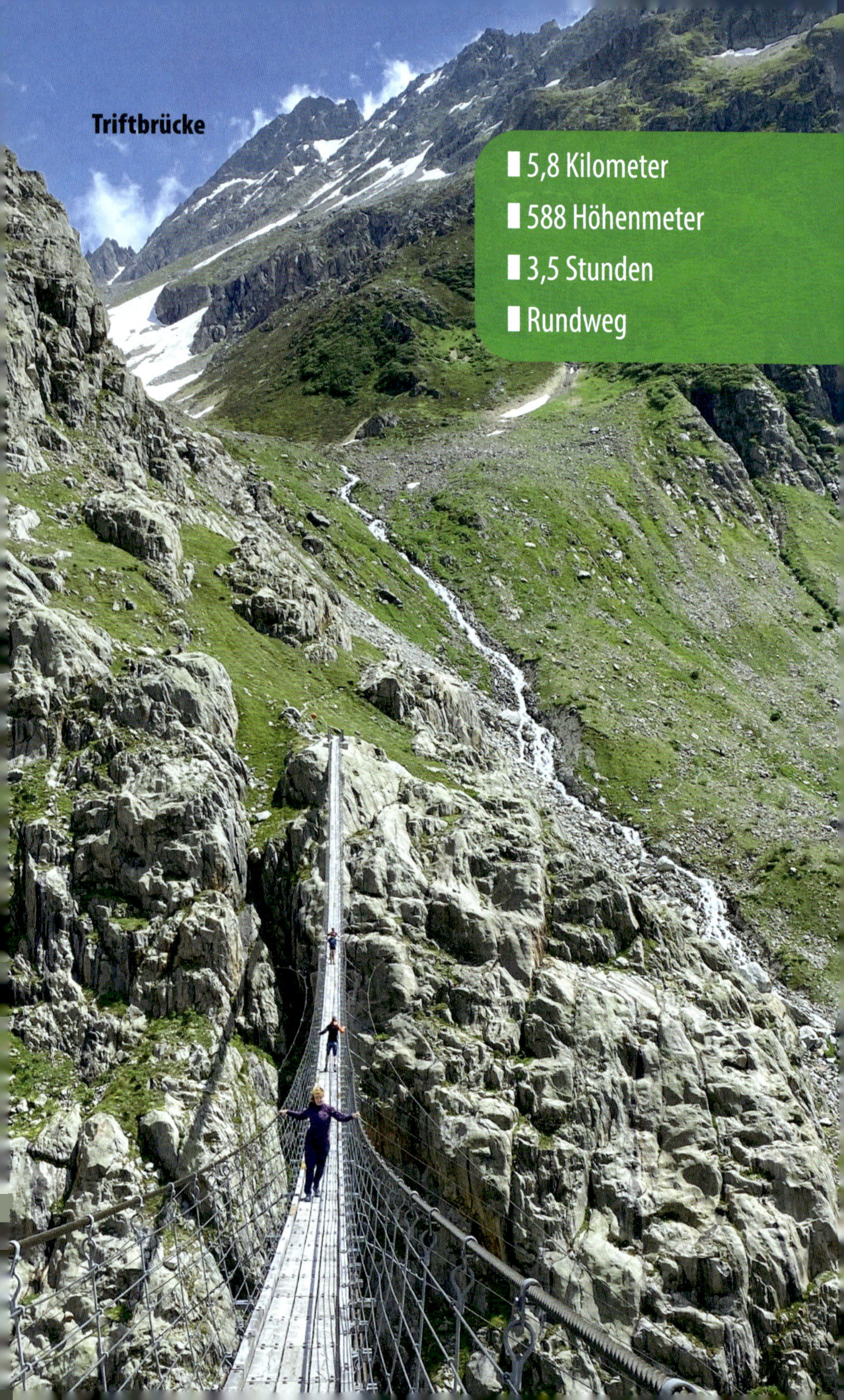
Triftbrücke
5,8 Kilometer
588 Höhenmeter
3,5 Stunden
Rundweg

In luftiger Höhe

Sunnige Trift und Windegghütte

Eine spannende Auszeittour mit alpinem Charakter, besonders attraktiv für Hängebrücken- und Hüttenliebhaber, steht uns heute bevor.

Bei der Postautohaltestelle **Triftbahn** im Gadmental besteigen wir die rote Achterkabine der Triftbahn. Das ursprünglich als Arbeitsbahn gebaute Transportmittel führt uns von der Talstation Schwendi in einer abenteuerlichen Fahrt über die Abgründe der Triftschlucht in das gleichnamige Gletschertal hinauf. Bei der **Bergstation Sunnige Trift** (1380 m) leuchtet türkisgrün ein Ausgleichssee, über dem sich eine lang gezogene Schneedecke wölbt. Wir gehen einen steilen, mit Treppenstufen sicher ausgebauten Bergweg hinunter, vorbei an dichten Polstern aus blühendem Thymian, und

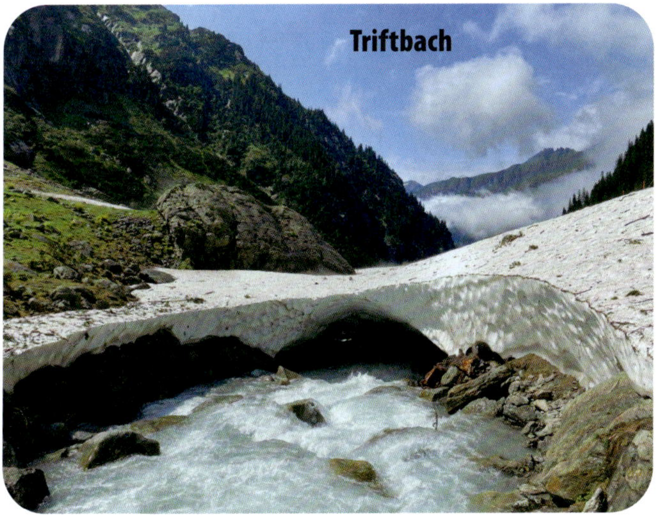
Triftbach

bewundern die gelben Fingerhüte (Digitalis grandiflora), die hier Anfang Juli zahlreich blühen. Der Weg führt uns über ein größeres Schneefeld, das gut gesichert ist – nicht dass noch ein Gast ins Triftwasser hinabrutscht! Jedenfalls ist es vernünftig, auf dieser Wanderung gescheite Schuhe zu tragen und Wanderstöcke mitzunehmen, die beim Ausbalancieren helfen. Eine gewisse Trittsicherheit ist auf den wilden, ursprünglichen Pfaden im Trifttal auch von Vorteil.

Munter kraxeln wir den gut ausgebauten Bergweg hinauf, gelangen recht steil über Platten und Treppen in die Höhe, wandern auf abwechslungsreicher Strecke durch das hochalpine Gelände, durch Matten von reich blühenden Alpenrosen. Hier oben grasen Schafe, die nicht bewacht werden. Wir erfahren, dass praktisch die Wanderer den Part der Hütehunde übernehmen – weil hier wegen der beliebten Triftbrücke immer recht viele Leute unterwegs sind, halten sich Wolf und Luchs vom Trifttal fern; sie lauern lieber an weni-

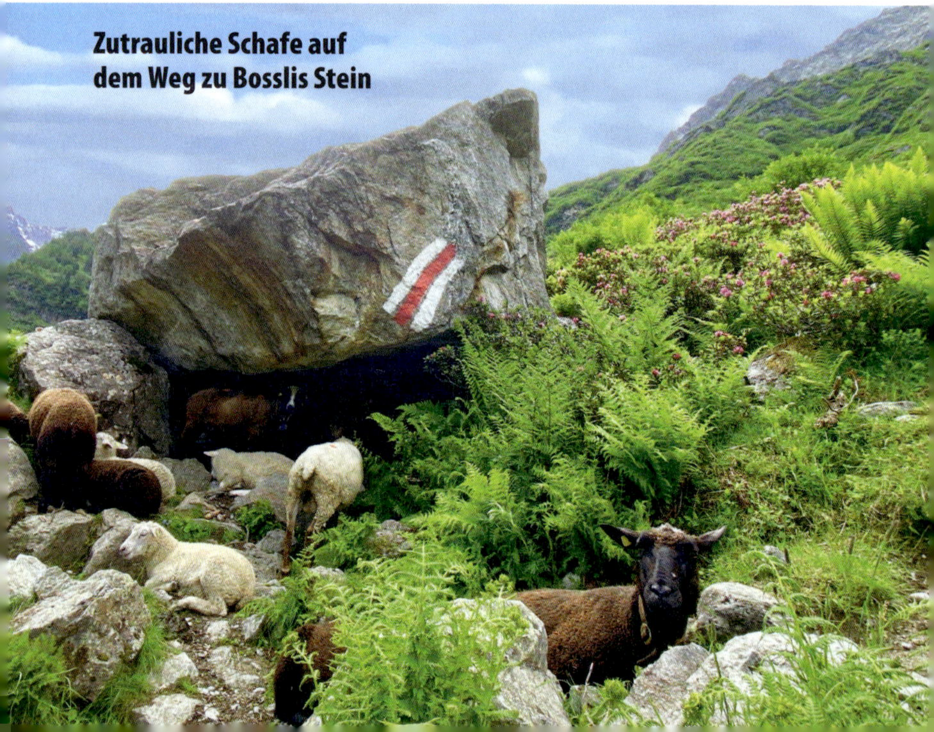

Zutrauliche Schafe auf dem Weg zu Bosslis Stein

Für die Seele

In luftiger Höhe weht uns ein frischer Wind um die Nase – und unser auf diese Weise durchlüfteter Kopf kommt auf ganz neue Gedanken.

ger begangenen Orten auf ihre Beute. So können die Schafe friedlich weiden, sie sind den Wanderern gegenüber recht zutraulich.

Alsbald erreichen wir **Bosslis Stein** ❶ (1625 m). Unter einer riesigen Felsplatte befindet sich ein Unterschlupf, wo der Wegbauer Bossli seinerzeit gehaust haben soll, während er an den Wanderwegen ins Trifttal hinauf arbeitete. Gleich nach dem Stein kommt die Abzweigung zur Windegghütte (1735 m), wo wir den Familienweg kreuzen.

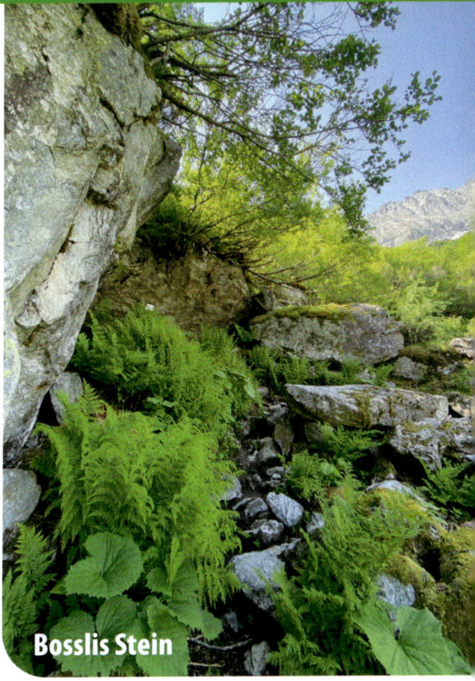
Bosslis Stein

Wer nicht trittsicher oder noch nicht bergerfahren ist, der biegt hier besser rechts ab und steigt über sichere Stufen und gut befestigte Wegtritte in einer halben Stunde zur SAC-Windegghütte hinauf. Er vermeidet damit den spektakulären alpinen – wenn auch gut ausgebauten und daher nicht wirklich schwierig zu begehenden – Ketteliweg (Schwierigkeitsgrad T3).

Alle anderen schlagen den Weg nach links ein, der eine atemberaubende **Aussicht auf die Schlucht des Graaggilamm** ❷ erlaubt. Das Triftwasser folgt den felsigen Gegebenheiten durch einen harschen Einschnitt in der Landschaft und wird etwas breiter. Tief unter uns leuchten die hellen Kiesbänke in der Sommersonne. Die Kiesbänke und die breiteren Wasserstellen sind

*Die **Triftbrücke** ist die längste und gewiss auch berühmteste Hängebrücke der Alpen. In luftiger Höhe überspannt sie die Triftschlucht, 100 Meter über dem Triftwasser. Bei Föhnwind schwingt sie recht heftig hin und her.*

*Die **Trifthütte** war die erste im Kanton Bern erbaute SAC-Berghütte, erstellt 1864, aber seither schon dreimal neu aufgebaut. Im Januar 2021 fegte eine riesige Lawine über die Hütte. Die Trümmer waren bis an den See hinunter zu finden. Abermals ist ein Neubau nötig.*

ein wertvolles Biotop für Vögel und viele andere Lebewesen.

Und schon bald sind wir bei der berühmten **Triftbrücke** ❸ (1757 m). Auf einer Länge von 170 Metern trägt sie uns sanft schwingend über den Abgrund. Wer nicht schwindelfrei ist, wird einige Überwindung brauchen, um den Weg hinüber auf die andere Seite der Schlucht zu wagen!

Auf unserer heutigen Wanderung ist das Betreten der Triftbrücke aber freiwillig – wir brauchten sie nur zu begehen, falls wir die anspruchsvolle alpine Route (T4) zur Trifthütte wählten. Also können Schwindlige sie auch nur anschauen und dann gemütlich den Weg hinauf zur Windegghütte fortsetzen.

Aber es wäre schade, die Brücke auszulassen. Eigentlich kann man ruhig über die Lärchendielen gehen – den Blick stur nach vorne gerichtet, passiert rein gar nichts. Seitliche Kanthölzer verhindern das Abrutschen bei einem Misstritt, und der schulterhohe Handlauf ist mit zusätzlichen Stabilisatoren gesichert.

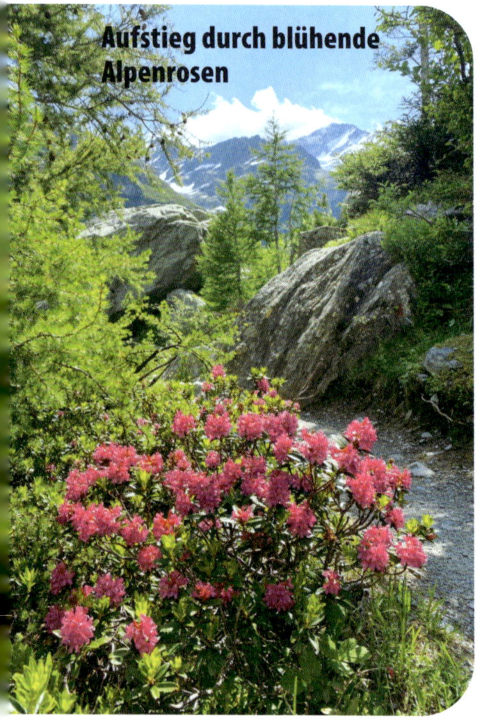

Die Triftbrücke ist eine moderne Zeugin von Klimakrise und Gletscherschwund. In den 1990er-Jahren lag hier noch eine 30 Meter dicke Eisschicht. Wer zur Trifthütte SAC hinaufsteigen wollte, ging bequem über den Gletscher. Nun ist da, wo früher Eis lag, der See, und ein riesiges Schwemmdelta erstreckt sich in der Ebene, die das Eis freigegeben hat. Wer trittsicher und schwindelfrei ist, kann auf der anderen Seite der Brücke den Bergweg mit der Leiter hinabsteigen und dieses frisch entstandene Naturreservat erkunden gehen – es ist spannend zu sehen, wie

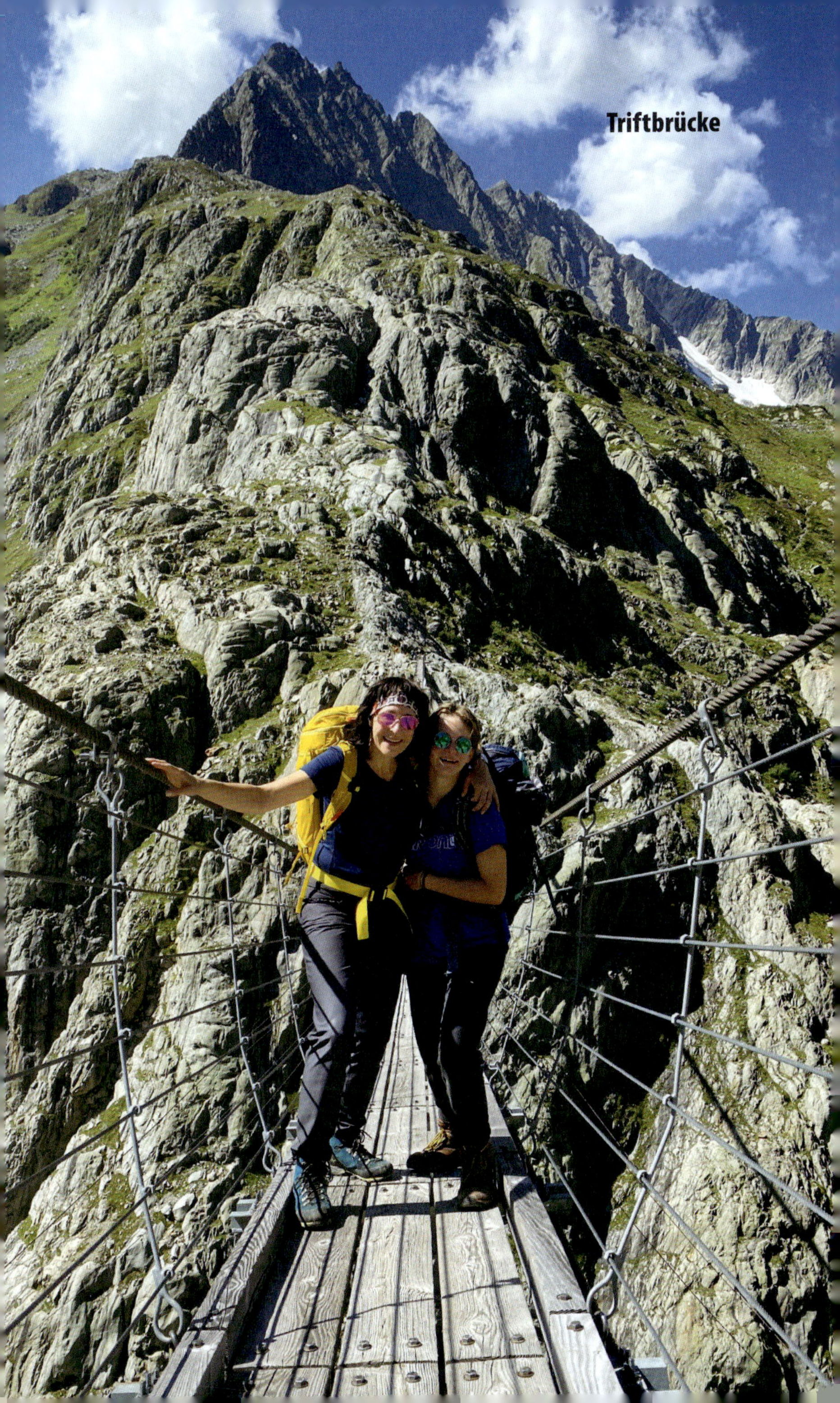
Triftbrücke

sich neues Leben regt und wie sich Pionierpflanzen, Pilze und Tiere in diesem kürzlich frei gewordenen Gletschervorfeld ausbreiten.

Leider weckt das frisch entstandene Niemandsland auch Begehrlichkeiten. Die Kraftwerke Oberhasli träumen von einem gigantischen Stausee. So viel wildes Land, das keine Rendite abwirft und niemandem einen direkten Nutzen bringt – das ist in der geschäftstüchtigen Schweiz für gewisse Leute fast nicht auszuhalten! Also her mit dem Beton? Doch es regt sich Widerstand gegen das Projekt, und die Biologen und Geomorphologen freuen sich, die Besiedelung des Schwemmdeltas beobachten und erforschen zu dürfen.

*Die **Trift** ist durch Planungen für ein neues Wasserkraftwerk mit einer 170 Meter hohen Talsperre akut bedroht. Das Triftkomitee, der Grimselverein und andere Umweltverbände wollen das Hochtal erhalten und setzen sich für eine dezentrale, nachhaltige Energiepolitik ein.*

Wir lassen die politischen Fragen für heute hinter uns, nehmen den **Ketteliweg** ❹ in Angriff und hangeln uns die Felsplatten und Stufen hinauf. Diese Route mutet hochalpin an, und es lassen sich spektakuläre Fotos machen. Schwierig ist sie hingegen nicht. Die Ketten sind so angelegt, dass man sich jederzeit sicher festhalten kann. So ist dieses Wegstück denn auch als **weiß-rot-weißer Bergwanderweg (T3)** markiert. Wir aber haben unseren Spaß auf dem Ketteliweg – besonders die Teenager lieben es, auf diesen von früheren Gletschern glatt geschliffenen Steinplatten herumzukraxeln und sich in den wohlbemessenen Stufen und Tritten im Fels hochzuarbeiten. Die Granitfelsen im Grimselgebiet sind so schön griffig und von der Sonne warm, da bekommt man gleich Lust, klettern zu gehen!

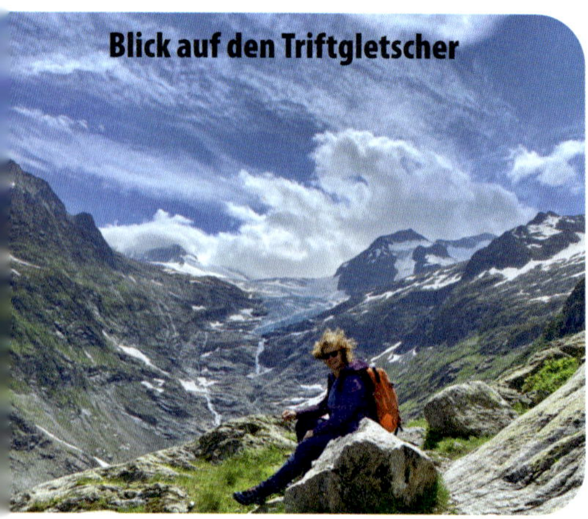
Blick auf den Triftgletscher

An der **Windegghütte** ❺ (1875 m) setzen wir uns auf die windgeschützte Terrasse. Der Name der Hütte ist jedenfalls Omen – auch für uns beim Aufstieg Anfang Juni – wir waren angesichts des starken Föhns ganz

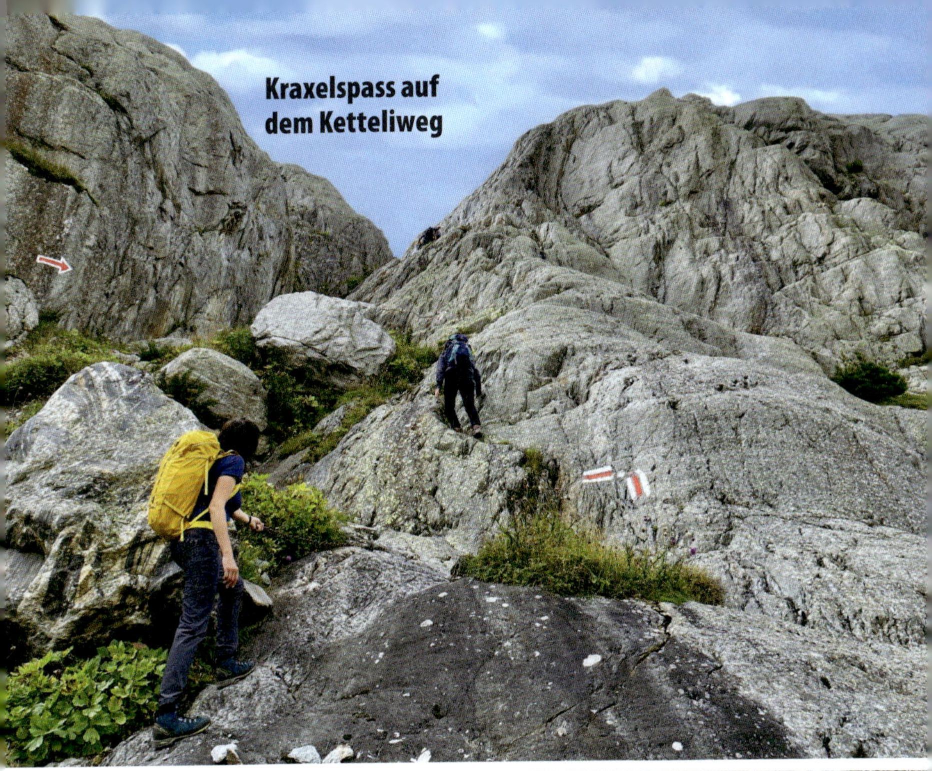

Kraxelspass auf dem Ketteliweg

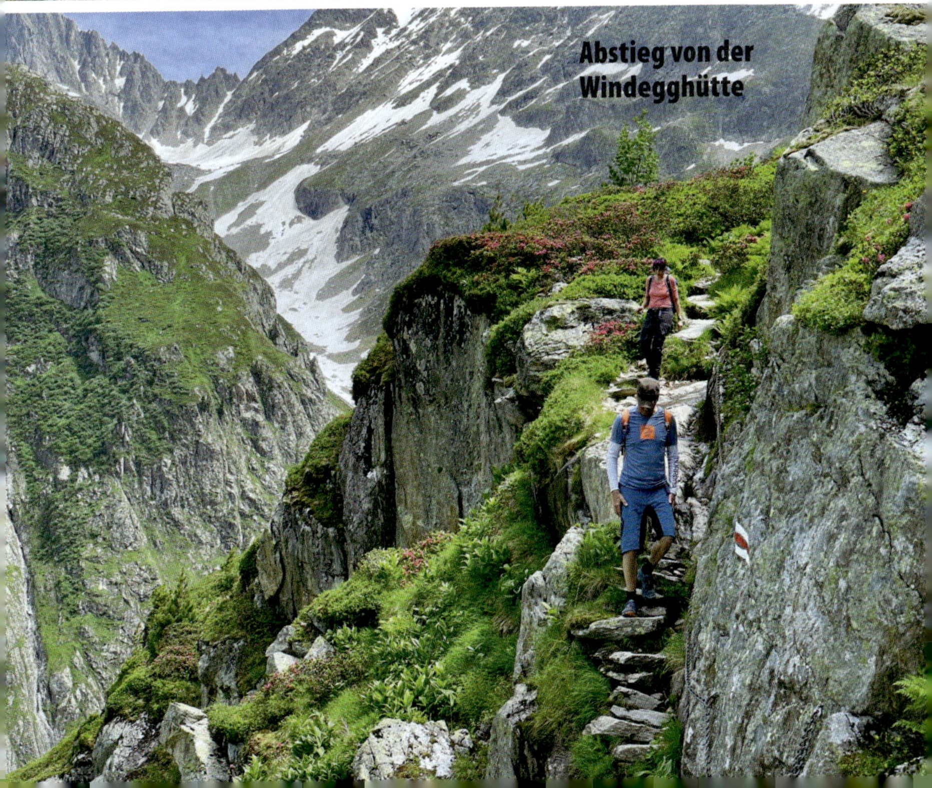

Abstieg von der Windegghütte

froh um die Ketten, sodass wir uns jederzeit festhalten konnten und nicht fortgeweht wurden. Umso mehr schätzen wir es, jetzt abseits des Windes auf der Terrasse einen Haslikuchen zu genießen.

Schließlich nehmen wir gemütlich den **Familienweg** hinunter zur Bergstation Sunnige Trift. Wir brauchen dafür gut eine Stunde. Bei der Triftbahn muss man etwas aufpassen, dass man einen Platz in der Kabine bekommt – an schönen Wochenenden kann sie ausgebucht sein. Daher sollte man unbedingt vorreservieren und auf dem Rückweg genug Zeit einplanen. Falls man zu früh bei der Bergstation ankommt, gibt es die Gelegenheit, Getränke oder ein Eis zu kaufen und sich gemütlich in die Sonne zu setzen.

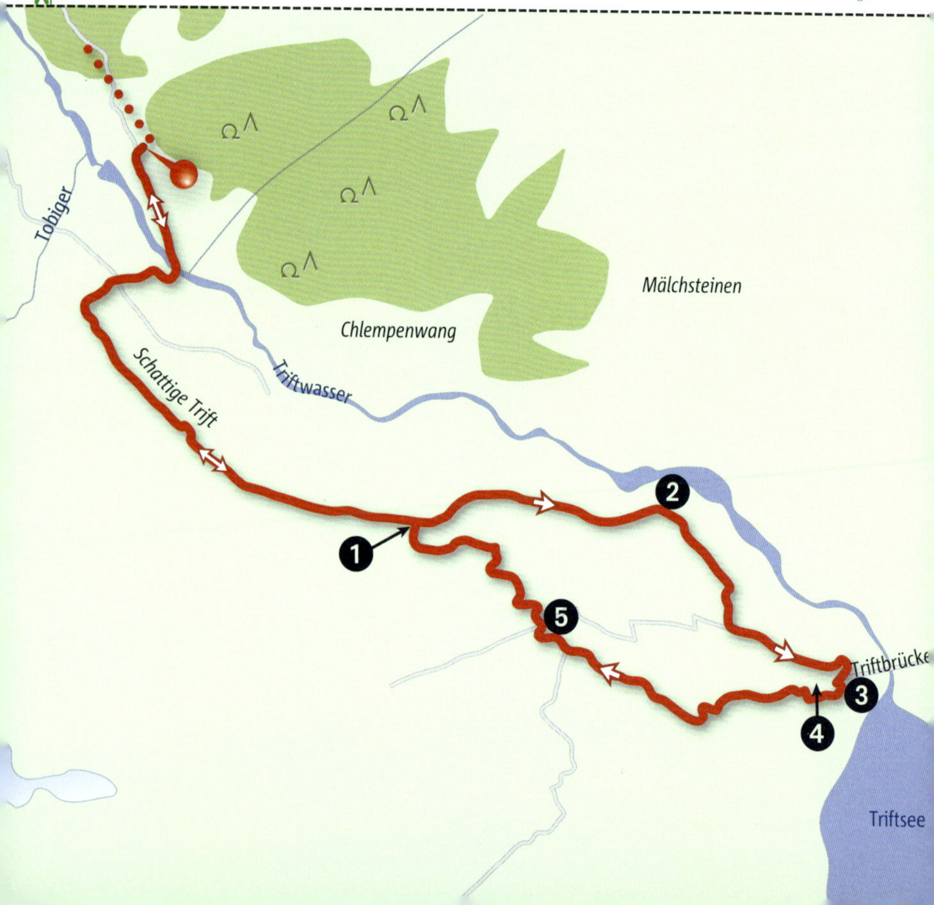

Entspannung ★★☆☆☆
Genuss ★★★★★
Romantik ★★★☆☆

WIE & WANN:
Die SAC Windegghütte kann entweder über den Ketteliweg (T3) über felsige Stufen mit Ketten gesichert oder gemütlich über den gut befestigten Familienweg (T2) erreicht werden; für den Ketteliweg sollte man Trittsicherheit und Freude am Kraxeln mitbringen; möglich Juni bis Oktober (Betriebszeit der Triftbahn); festes Schuhwerk, Bergstöcke empfehlenswert

HIN & WEG:
Auto: Auf der Sustenpassstraße bis zum Parkplatz an der Talstation der Triftbahn, 3863 Gadmen (GPS: 46.720858, 8.318059)
ÖPNV: Von Innertkirchen Grimseltor Postauto B 172 bis Nessental, Triftbahn
Anreise zum Startpunkt: Triftbahn (in Betrieb Juni bis Oktober; an Wochenenden und Schönwettertagen gut besucht; Tickets im Voraus online kaufen!), www.grimselwelt.ch

ESSEN & ENTSPANNEN:
Windegghütte SAC ❺ Adrienne Thommen (Hüttenwartin),
Tel. +41 (33) 9 75 11 10 oder +41 (79) 6 11 32 18, www.windegghuette.ch

ENTDECKEN & ERLEBEN:
Bosslis Stein ❶
Aussicht auf die Schlucht des Graaggilamm ❷
Triftbrücke ❸
Ketteliweg ❹

Oberhornsee

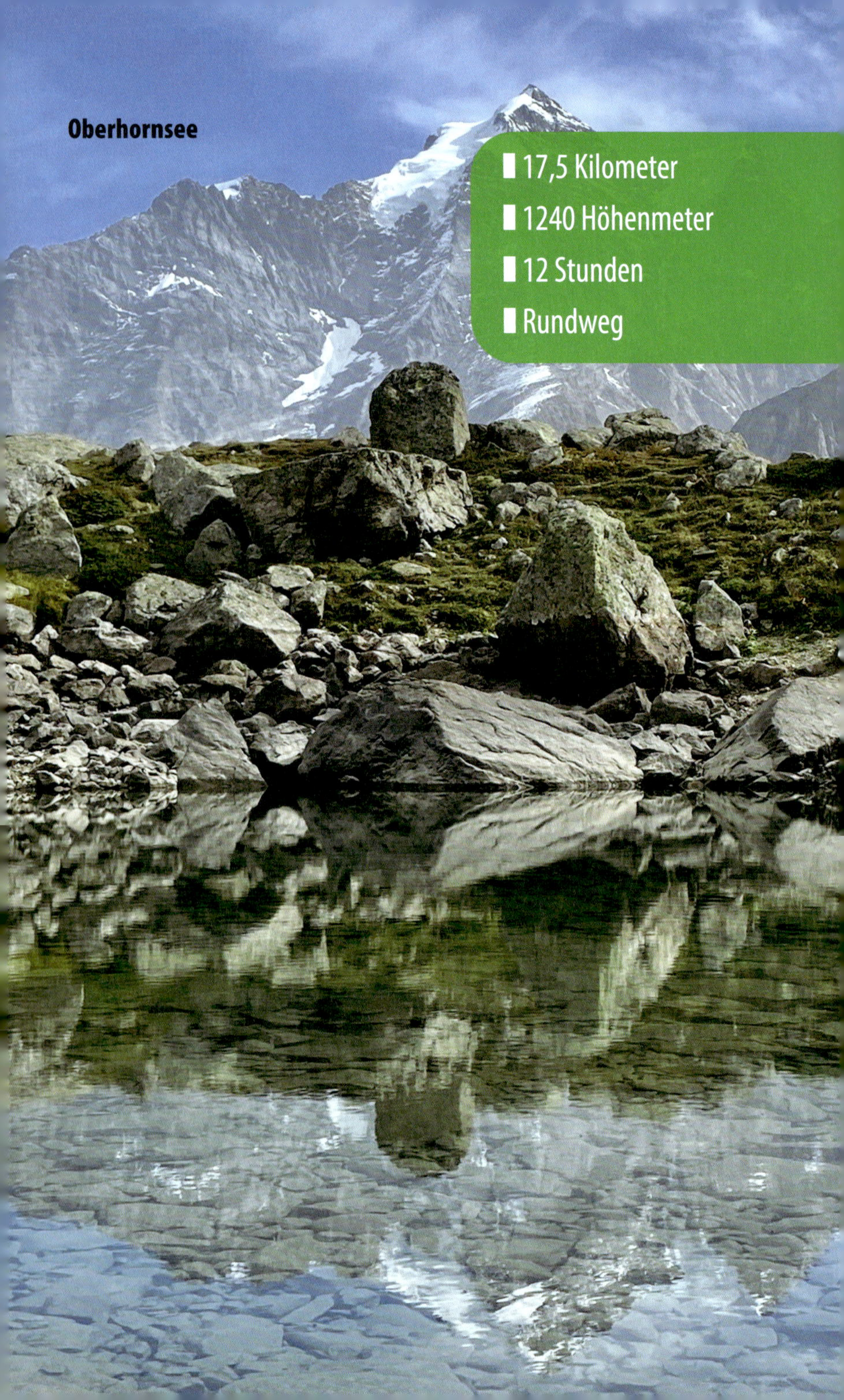

- 17,5 Kilometer
- 1240 Höhenmeter
- 12 Stunden
- Rundweg

Weltnaturerbe

Im Hinteren Lauterbrunnental

Unsere heutige Wanderung führt uns mitten ins Herz des UNESCO-Weltnaturerbes Jungfrau-Aletsch. Wir gehen im Hinteren Lauterbrunnental auf Tuchfühlung mit Gletschern und mächtigen Moränen, tosenden Bächen, einem eiskalten Bergsee und den 72 Wasserfällen des steilsten und wohl auch wildesten Trogtales im Berner Oberland. Auf einsamen Bergwegen kommen wir den Überresten einst mächtiger Gletscher nahe. Im hinteren Lauterbrunnental ist die Natur noch ursprünglich, weder Seilbahnen noch Straßen oder andere Bauwerke verstellen das Panorama. Die wenigen Alp- und Berggasthäuser auf dieser Tour sind in ihrer urtümlichen Zeitlosigkeit erhalten. Wir passieren einige kuriose Orte wie den Busenbrand und das legendäre Tanzbödeli und gönnen uns auf dieser langen, intensiven Auszeittour sogar eine Übernachtung im Kerzenhotel Obersteinberg. Dort fließen weder elektrischer Strom noch Wasser in den Zimmern, und wir tauchen tief in die Nostalgie vergangener Zeiten ein. Wer fit ist und genug Ausdauer hat, kann diese ausgedehnte Wanderung auch in einem einzigen Tag schaffen, aber es wäre jammerschade, die Übernachtung auf dem wirklich außerordentlich zauberhaften Obersteinberg zu missen!

Wir starten an einem sonnigen, aber schon recht kühlen Morgen Anfang Oktober und stärken uns zu Beginn bei Nussgipfel und Kaffee im urchigen familiengeführten **Hotel Restaurant Stechelberg** ① – übrigens ein guter Ausgangspunkt, falls man direkt im Tal übernachten möchte. Von **Stechelberg Rütti** aus gelan-

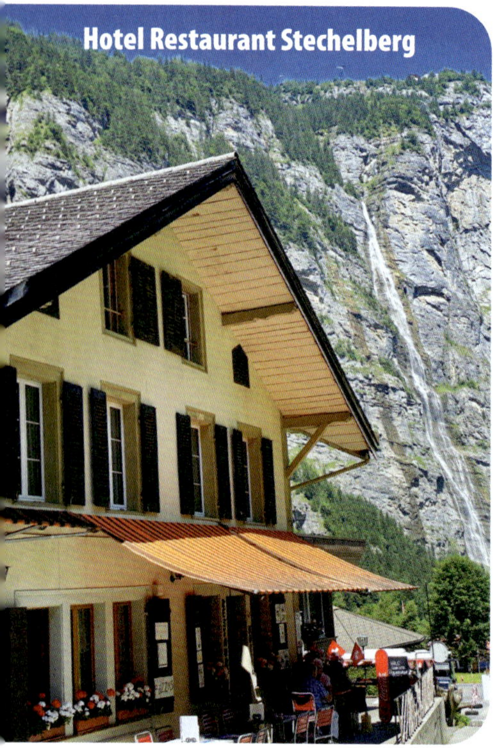

gen wir über eine Brücke zum **Bergweg**, der uns über steile, gut ausgebaute Stufen am Bach Sefi-Litschena entlang aufwärts führt. Zu unserer Rechten liegt das Tal noch im tiefen Schatten. Die Felswände befinden sich bereits an der Sonne, ebenso die Fallschirmspringer, von denen es nur so wimmelt in Stechelberg. Mitunter kann man ihnen fast nicht zusehen, so gefährlich wirkt (und ist!) das alles.

Wir überlassen die wagemutigen Springer ihrem Schicksal und steigen steil den Bergwald hinauf. Zwischen den Bäumen erhaschen wir einen Blick nach Gimmelwald hinüber, das auf derselben Sonnenterrasse wie Mürren liegt. Weiter talauswärts erblicken wir Wengen und dahinter den Männlichen mit seinen markanten Lawinenverbauungen. Wir freuen uns, die berühmten Touristenmagnete so aus der Ferne und ganz ohne Rummel zu sehen. Nur die wenigsten Wanderer verirren sich auf diesen Weg. Ideal also für eine lange Auszeittour – wir wollen gründlich eintauchen in die Natur des UNESCO-Weltnaturerbes Jungfrau-Aletsch, wir wollen die Zivilisation und den Massentourismus und alle Sorgen für zwei Tage und viele Höhenmeter hinter uns lassen. Und so tauchen wir frohen Herzens ein in die Einsamkeit, lassen uns vom Panorama und von der Stille berauschen, die nur durch das Rauschen der Wasserfälle unterbrochen wird.

*Das **Lauterbrunnental** ist ein Dorado für Fallschirmspringer beziehungsweise Wingsuit-Flieger – wo findet man steilere und dramatischere Felswände? Auch die Aufwinde sind günstig. Allerdings sorgt dieser Sport auch immer wieder für schwere Unfälle mit tödlicher Folge.*

Wir kommen an der **Alten Sägerei Gimmelwald** 2 vorbei, wo wir auf Schautafeln einiges über die Geschichte der Holzwirtschaft im Berggebiet erfahren. Wir folgen dem Weg taleinwärts. Nach rund 600 Me-

Für die Seele

72 rauschende Wasserfälle, imposante Gletscher und ein zauberhaftes Kerzenhotel verleihen frische Energie.

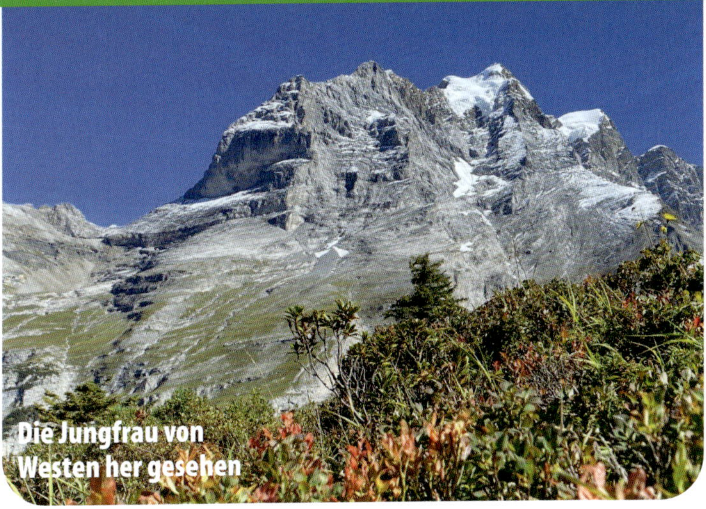

Die Jungfrau von Westen her gesehen

tern geht es links weg zum Fluss, den wir auf einer kleinen Brücke überqueren. Dann tauchen wir in den tiefen, schattigen Bergwald ein. Auf einem Felsband unterhalb vom Busenwald finden wir unzählige Schwalbenwurz-Enziane, die die schattigen Waldhänge bewuchern und in der ersten Oktoberhälfte prächtigst blühen. Ab da lichtet sich der Wald. Wir sehen gegenüber auf der anderen Talseite die Birg-Bergstation und erkennen im Hintergrund das Schilthorn, wo die berühmten James-Bond-Filmszenen gedreht wurden. Noch ein Stück weiter steigen wir hinauf, und alsbald taucht mächtig und imposant direkt vor unseren Augen die Jungfrau auf. Ein atemberaubender Anblick! Wir bleiben stehen, reiben uns die Augen. Wow. Die Jungfrau von hinten. Wir sind es ja gewohnt, die-

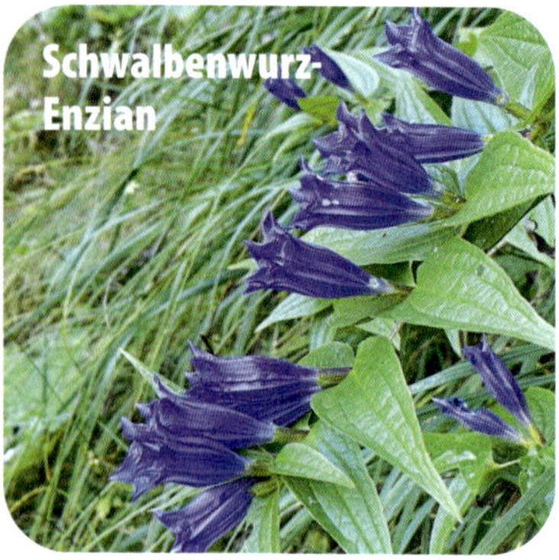

Schwalbenwurz-Enzian

ses Wahrzeichen des Berner Oberlandes von vorne, von Bern oder Interlaken aus zu sehen. Nun erhebt sie sich frisch verschneit über dem rot lodernden Heidelbeergebüsch und wirkt noch viel größer, als wir sie je gesehen haben.

Die Jungfrau scheint im Hinteren Lauterbrunnental sogar die Flurnamen zu prägen – einige davon sind merkwürdig sexuell aufgeladen, und wir fragen uns, wer auch bloß auf die Idee mit dem Busenwald kam und was wohl das Wegstück zum Tanzbödeli hinauf bedeuten soll, das auf der Karte mit „Busenbrand“ gekennzeichnet ist. Entsprechende Nachfragen bei den Einheimischen haben allerdings außer Schulterzucken und einem Schmunzeln nichts ergeben.

Hagere Rottannen und gedrungene Bergföhren säumen unseren Weg. Bald gelangen wir mit einem kleinen Umweg von 130 Höhenmetern zum **Tanzbödeli** ❸ (2120 m), einer flachen Graskanzel mit prächtigster Aussicht. Ob hier früher wilde Feste gefeiert

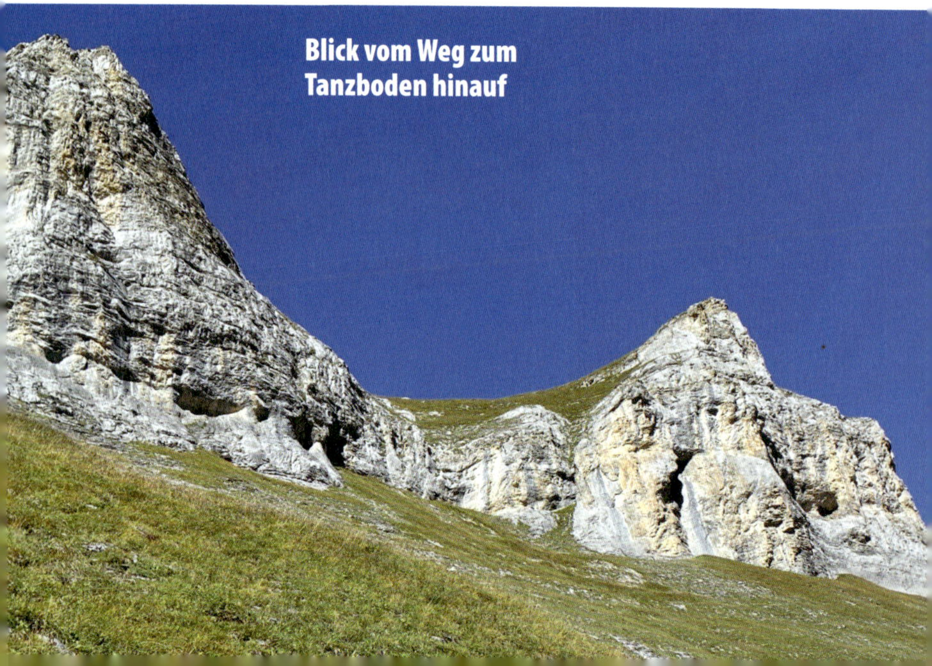

Blick vom Weg zum Tanzboden hinauf

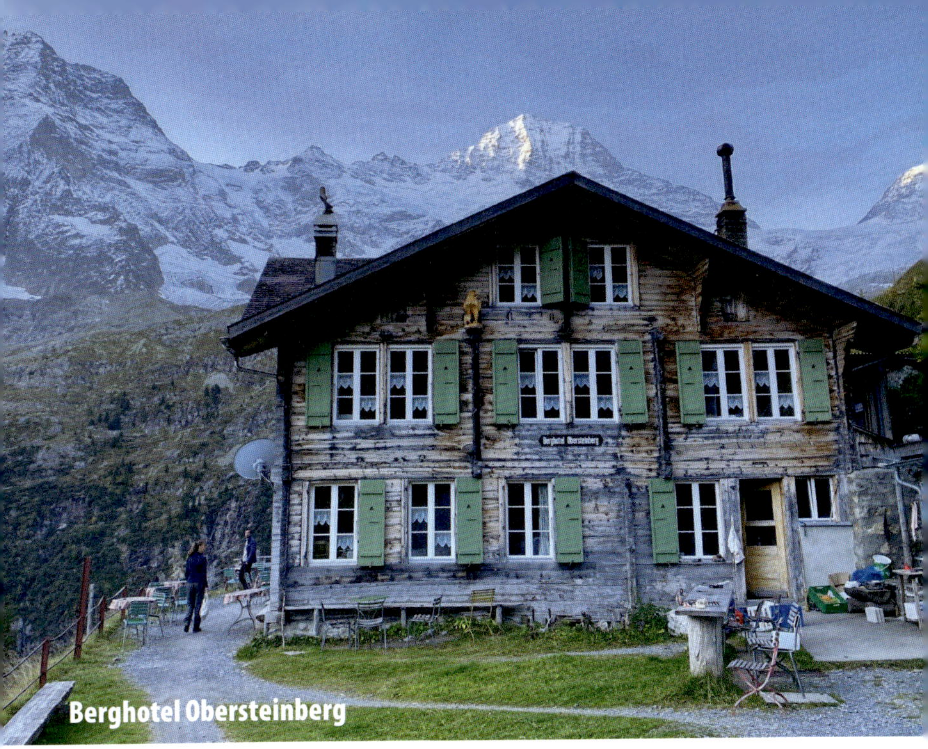

wurden? Auch auf diese Frage haben wir großes Augenbrauenheben geerntet.

Und wie wir weiter ins Tal hineinwandern, schiebt sich langsam das Berner Breithorn in unser Gesichtsfeld, der Breithorngletscher, das Tschingelhorn und der Tschingelgletscher, der in der Nachmittagssonne gleißt. Das Breithorn wird uns auf dem weiteren Weg begleiten – bis hinab nach Trachsellauenen, wo es mit seinen imposanten Felsmassen den ganzen Horizont einnimmt. Aber zuerst einmal kehren wir ein im **Berghotel Obersteinberg** ❹ (1778 m). Hier wird tatsächlich noch bei Kerzenlicht gekocht, wie wir uns bei einem Blick in die museumswürdige Küche überzeugen dürfen.

Die Familie von Allmen führt das Haus bereits in der vierten Generation. Nebst Mutter, Sohn und Onkel lernen wir auch das Familien-Maultier Fiona kennen. Das stattliche Huftier ist nun in Pension, nachdem es viele Jahre als Lastenesel das Essen den Bergweg heraufgetragen hat. Inzwischen übernimmt

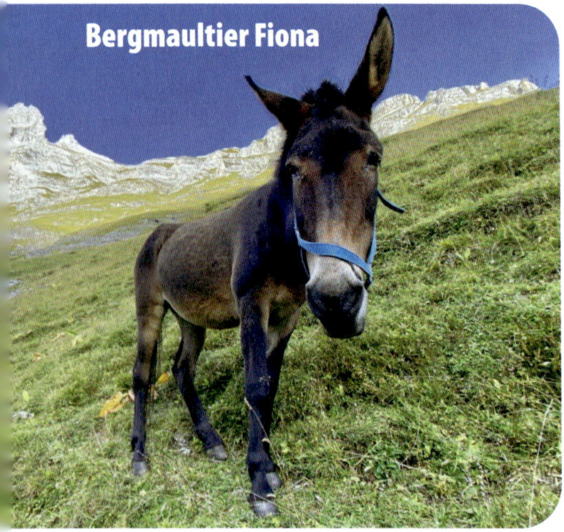
Bergmaultier Fiona

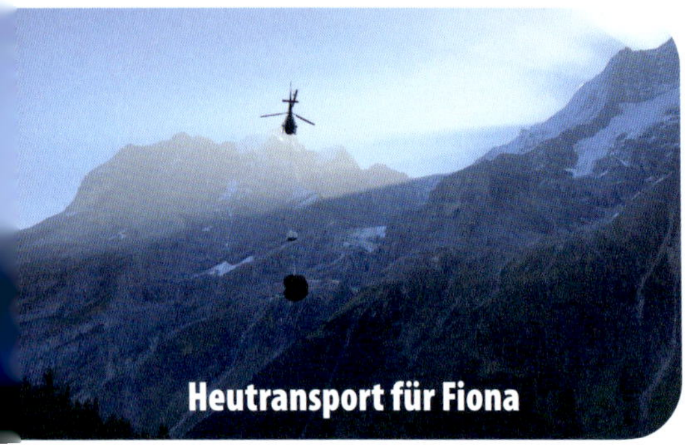
Heutransport für Fiona

ein Helikopter die Transporte. Am nächsten Morgen nach dem Frühstück werden wir Zeugen, wie er ein großes Fuder Heu anhängt und ins Tal fliegt – dem Bergmaultier Fiona bekomme das fette Heu vom Talboden nämlich nicht so gut, weswegen extra getrocknetes Gras von den sonnigen Berghängen als Wintervorrat für das verehrte Tier nach Stechelberg hinabgeflogen wird.

Aber erst einmal genießen wir ein hervorragendes gutbürgerliches Abendmahl und betrachten später noch lange den Sternenhimmel. Viel finsterer als auf dem Obersteinberg oben ist es selten irgendwo. Und so sahen wir die Milchstraße in einer kaum je erlebten Intensität.

Am nächsten Morgen machen wir uns auf den Weg zum **Oberhornsee.** Der Wegweiser gibt eine Gehzeit von 1 Stunde 10 Minuten an. Wir wandern durch ein Land, das von der letzten Eiszeit stark geprägt wurde. Die Glazialperiode hat Granit geschliffen und geformt, riesige Blöcke verschoben und haushohe Seitenmoränen aufgetürmt. Später – und bis heute – spielt dagegen das Wasser eine große Rolle im Formungsprozess der alpinen Landschaft. Dies lässt sich hier auf Schritt und Tritt erkennen und erleben. Der Weg verläuft bergauf durch eine jähe Flanke, die Tschingel-Lütschine überquerend, zum Schafläger. Die Moränen kommen immer näher, wir sehen die Spuren der Gletscher und ein steiniges Meer aus Verwitterung und Erosion. Kälte,

Hitze und Eis haben über die Jahrtausende die härtesten Felsen modelliert.

Alsbald gehen wir durch üppige Bergblumenmatten voller Silberwurz und Orchideen. Auch verblühten Frauenschuh entdecken wir. Es ist ein stilles, wildes Tal, das in seiner unberührten Ursprünglichkeit seinesgleichen sucht.

Vom **Schafläger** ❺ (1798 m) aus sehen wir schön auf den Wetterlückengletscher. Die Striemung der Felsen lässt deutlich die ehemalige Fließrichtung des Gletschers erkennen.

Im Moränenschutt finden wir zahlreiche Flechten und Moose, aber auch Pionierpflanzen, die mit breit verzweigten Wurzeln und dichten Polstern das von den Gletschern freigegebene Gebiet frisch besiedeln. Beim **Oberhornsee** ❻ (2065 m) ist die Blütenpracht besonders intensiv, und wir begegnen sogar Seidelbast am Wegesrand. Der See selbst jedoch präsentiert sich im Herbst bloß als kleine Wasserfläche. Er verdurstet regelrecht, da sich das Gletschereis zurückzieht und

Durch den Schutt, den Gletscher mit dem fließenden Eis transportieren und der auf den Boden gedrückt wird, entstehen gut erkennbare Kratzspuren im Fels, die ***Gletscherschliff*** *genannt werden.*

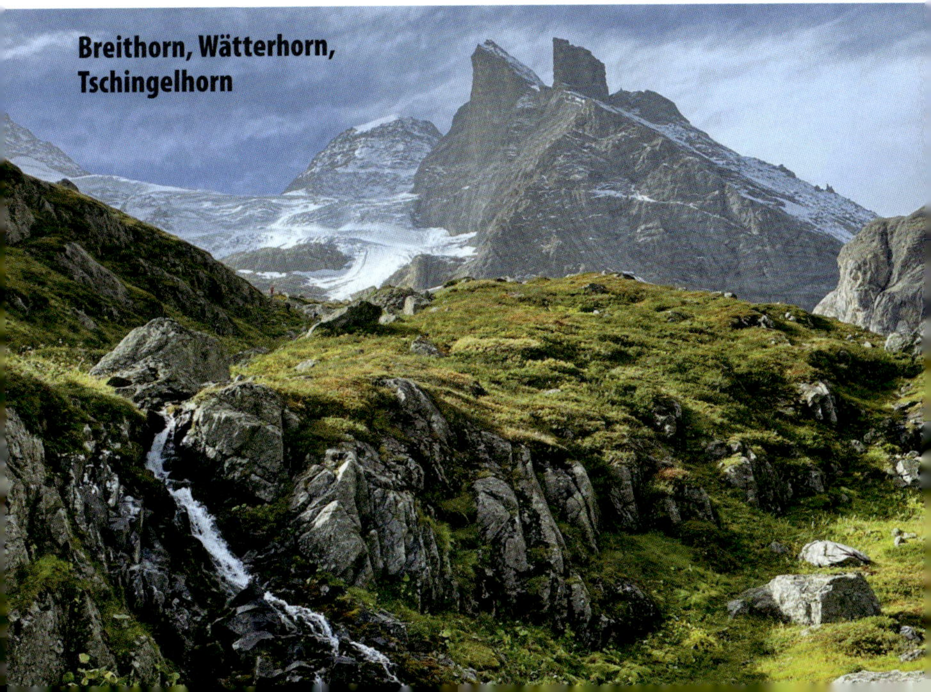

Breithorn, Wätterhorn, Tschingelhorn

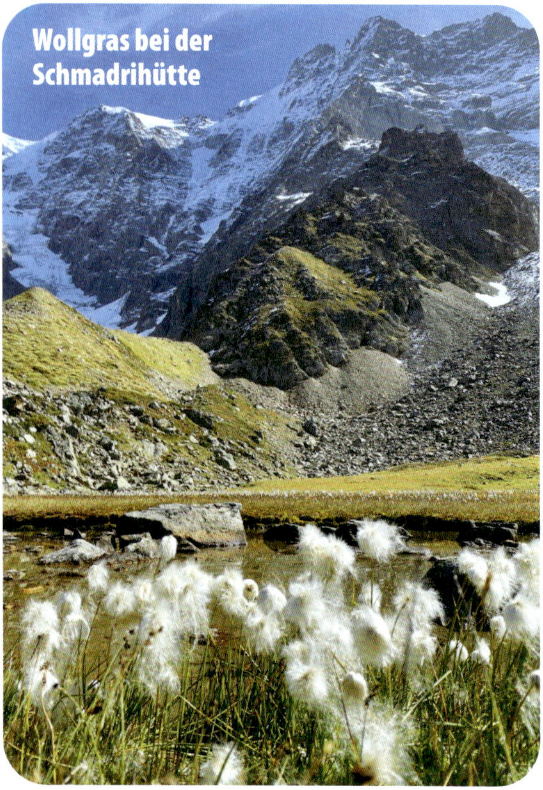

im Sommer kein Wasser mehr nachfließt. Während der Schneeschmelze oder nach starken Regenfällen ist er dagegen randvoll mit Wasser. Aber unabhängig vom Wasserstand spiegeln sich das Spitzhorn und die Jungfrau hübsch auf seiner Oberfläche. Hier ist der ideale Platz für ein Picknick mit grandioser Aussicht. Wir können uns kaum sattsehen ob dieser erhabenen Landschaft.

Frisch gestärkt treten wir den Abstieg an, der zuerst sanft mäandrierend wie der Chrummbach durch kleine Flachmoore verläuft, um alsbald steil wie der Schmadribachfall Richtung Schiirboden abzufallen. Die hübsche Moorlandschaft voller Heidelbeeren zwischen den Felsbuckeln am Oberhorn ist 10.000 Jahre alt. Da die Moospolster äußerst empfindlich sind, sollten hier die Wege nicht verlassen werden, denn beim Betreten können die zarten Gewächse Schaden nehmen.

Bei der **Wegabzweigung „Bir Schmadrihitten"** (2112 m) machen wir aber vorerst einen **Abstecher zur Schmadrihütte,** wo wir hinter dem hübschen Steinhäuschen mit Holzschindelfassade einen kleinen Tümpel voller Wollgras entdecken. Für diesen Anblick mit herrlicher Fern- und Rundsicht haben sich die 150 zusätzlichen Höhenmeter und die etwa eine Stunde längere Gehzeit echt gelohnt.

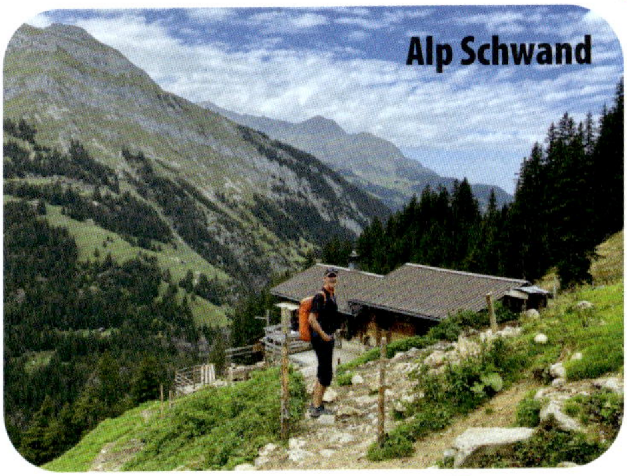

Zurück auf dem Hauptweg, passieren wir im Abstieg den **Tanzhubel** 7 (1828 m), wo wir eine Ruine finden.

Hier sieht man Überreste von historischen Alpwirtschaftsgebäuden. Heutzutage werden nur noch Galtkühe geweidet, die nicht gemolken werden. An vielen Stellen beobachten wir auch, wie der Wald langsam mehr Raum einnimmt, weil die Weiden nicht mehr alle gepflegt werden können.

Wir befinden uns nun direkt gegenüber vom Berggasthaus Obersteinberg auf der anderen Talseite auf 1800 Meter Höhe. Von hier an geht es steil in Richtung **Alp Schwand** hinunter. Dabei überqueren wir mehrere Bergbäche, den Inner Schwandbach mittels einer Brücke. Wir schauen nochmals zurück und erblicken den imposanten Schmadribachfall, der hinter uns tosend in die Tiefe stürzt. Beim **Schwand,** der Ziegenalp Breit-

*Im 14. Jahrhundert wanderten Walser aus dem Lötschental im Hinteren Lauterbrunnental ein und gründeten Dörfer, die heute nicht mehr bestehen. Im 18. Jahrhundert suchten Bergleute ihr Glück im Abbau von **Eisenerz.***

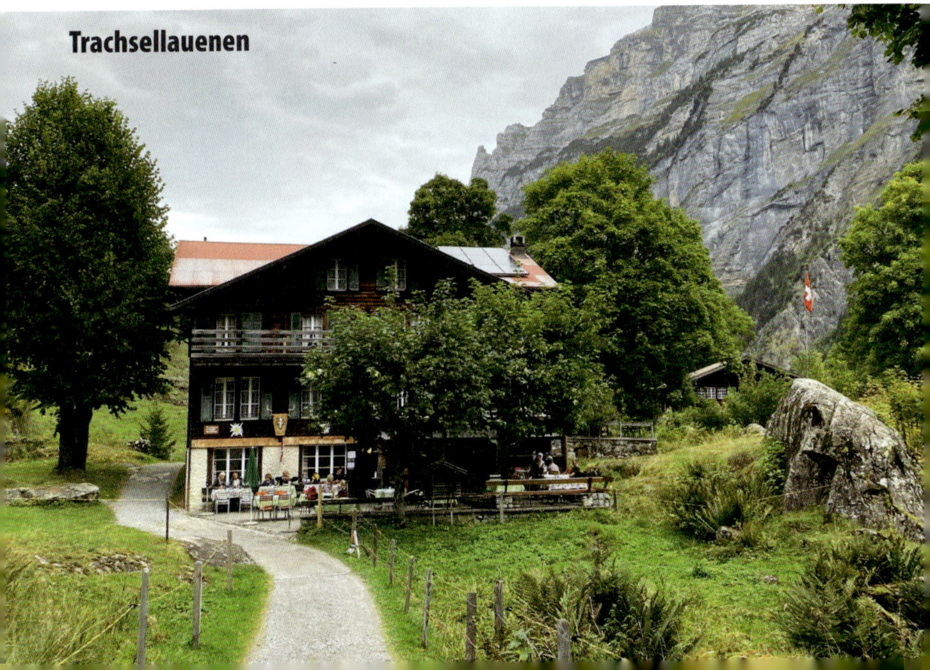

Auszeittour 4

*Im 17. und 18. Jahrhundert wurde in Trachsellauenen im bescheidenen industriellen Rahmen **Erz** abgebaut und zu Metall verarbeitet, vor allem Blei und Silber. 1993/94 wurden die Stollen renoviert, ein Teil davon kann auf eigene Gefahr besichtigt werden.*

lauenen (1650 m), angelangt, entschließen wir uns für den direkten Abstieg über einen Serpentinenweg zur weißen Lütschine, die wir, unten angelangt, überqueren. Wir folgen ihr auf der linken Seite und kommen am **Bergwerk Trachsellauenen** ❽ (1201 m) vorbei.

Vom Bergwerk („Bergwärch") sind es nur noch wenige Gehminuten zum traditionellen **Berggasthaus Trachsellauenen ❾,** wo wir uns eine verdiente Verwöhnpause gönnen. Von der Terrasse aus genießen wir nochmals einen intensiven Blick auf das mächtige Berner Breithorn.

Von hier führt uns ein Sträßchen bequem hinab nach **Sichellauenen** (1001 m) und von dort zurück nach **Stechelberg.**

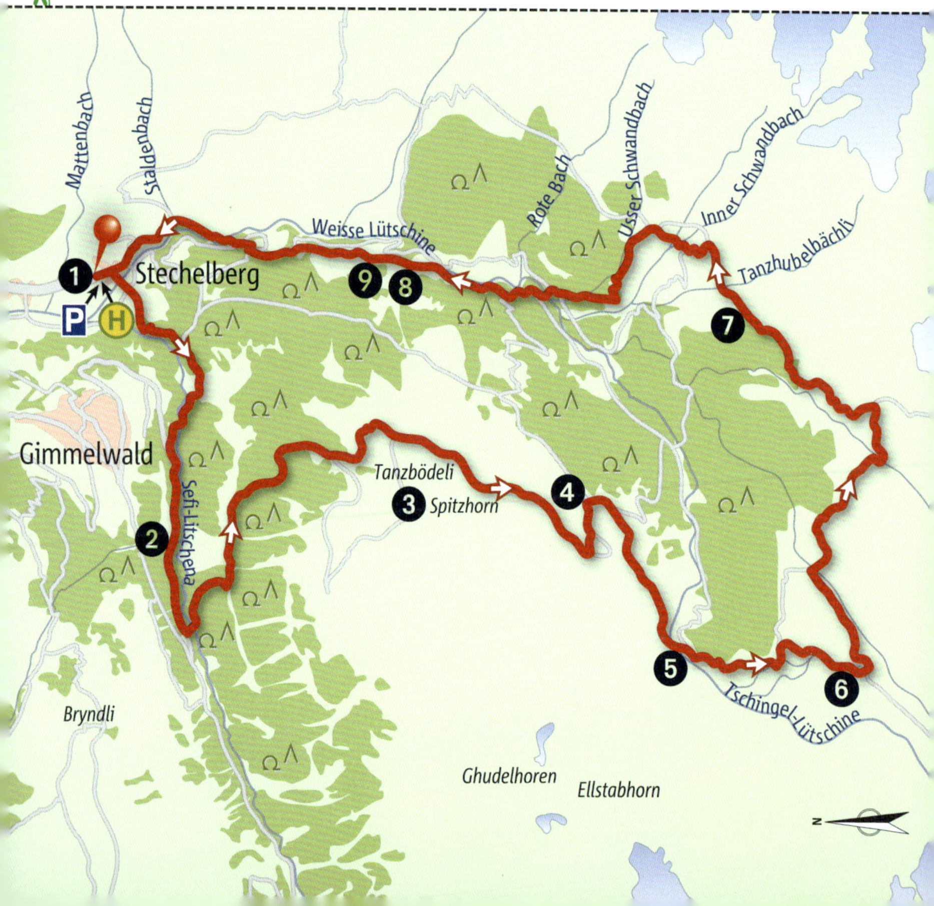

Entspannung ✱✱✱✱✱
Genuss ✱✱✱✱✱
Romantik ✱✱✱✱✱

WIE & WANN:
Asphaltierte Nebenstraße (0,6 km), gut markierte Wander- und Bergwege (14,7 km), Rückweg auf Naturstraße (2,2 km); beste Zeit Juni bis September; wer eine Tagestour machen will, geht bis zum Berghotel Obersteinberg und zurück (11 km, 869 Hm, 6 Std.), evtl. mit Abstecher zum Oberhornsee

HIN & WEG:
Auto: Gebührenpflichtiger Parkplatz (nur Barzahlung) beim Hotel & Restaurant Stechelberg, Rütti, 3824 Lauterbrunnen (GPS 46.54539, 7.90255)
ÖPNV: Ab Lauterbrunnen Bf Postauto B 141 bis Stechelberg, Hotel (Haltestelle neben dem Campingplatz)

ESSEN & ENTSPANNEN:
Hotel Restaurant Stechelberg ❶ Otto & Marianne Gertsch-Koller, Rütti, 3824 Stechelberg, Tel. +41 (33) 8 55 29 21, www.hotel-stechelberg.ch
Berghotel Obersteinberg ❹ Fam. von Allmen, 3824 Stechelberg, Tel. +41 (33) 8 55 20 33, www.alp-bnb.ch/listing/berghotel-obersteinberg (eigene Alpkäserei)
Berggasthaus Trachsellauenen ❾ Ursula & Jürg Abegglen, 3824 Stechelberg, Tel. +41 (33) 8 55 12 35, www.alp-bnb.ch/listing/berggasthaus-Trachsellauenen
Außerdem interessant:
Dorflade Wengen, Dorfstraße, 3823 Lauterbrunnen, Tel. +41 (33) 8 55 14 51, www.dorflade-wengen.ch (hervorragende Adresse für Käse und Fondue)

ENTDECKEN & ERLEBEN:
Alte Sägerei Gimmelwald ❷ www.gimmelwald.ch
Tanzbödeli ❸
Schafläger ❺
Oberhornsee ❻
Tanzhubel ❼
Bergwerk Trachsellauenen ❽

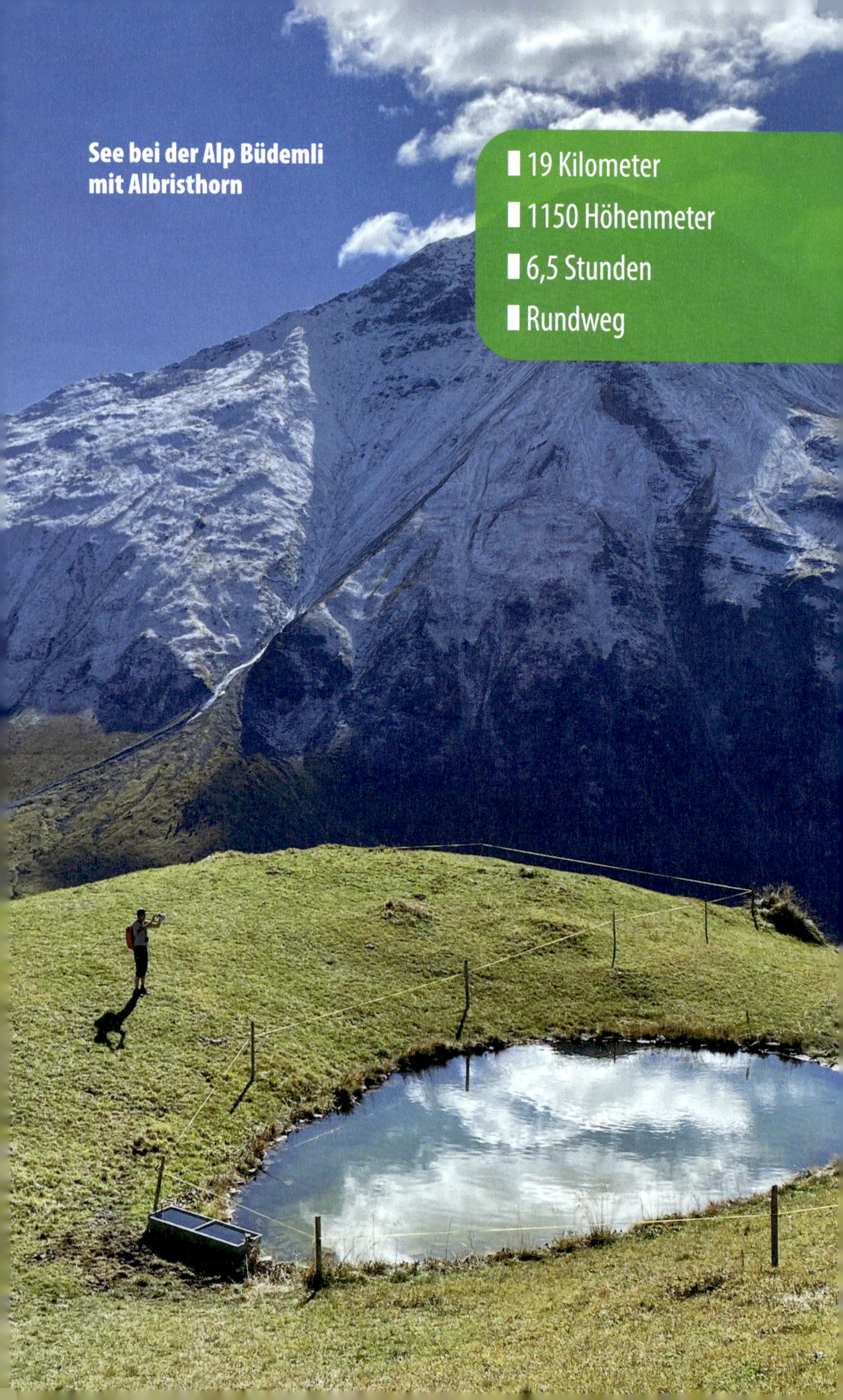

See bei der Alp Büdemli
mit Albristhorn

- 19 Kilometer
- 1150 Höhenmeter
- 6,5 Stunden
- Rundweg

Unberührtes Tal

Vom Färmeltal auf die Furggi

Hier oben scheint die Zeit stillzustehen. Das Färmeltal gehört zu den einsamsten und abgelegensten Gebirgstälern des Berner Oberlandes. Es ist ein Seitental des Simmentals, das als das längste und grünste Tal der Alpen gilt – hier oben auf den naturnahen Alpweiden ist auch die Heimat des berühmten weiß-beigen Simmentaler Fleckviehs, wegen der großwüchsigen Tiere mit ihrer guten Milch- und Fleischleistung weltweit eine der beliebtesten Rinderrassen.

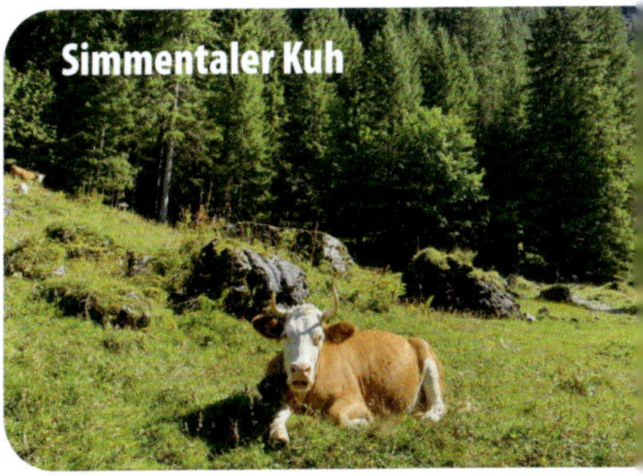
Simmentaler Kuh

Bis heute hat sich im Färmeltal eine intakte, üppige Natur erhalten, denn dieses verwunschene Tal ist im Winter durch Lawinen stark gefährdet, und nach heftigen Schneefällen kann es nicht begangen werden. Auch Unwetter, Steinschlag und Überflutungen fordern hier immer wieder ihren Zoll. Darum fand bis heute keine touristische Erschließung statt. Es gibt nur ein Alpsträßchen, eine Handvoll traditioneller Obersimmentaler Höfe sowie in der Höhe einige abgelegene Alpen. Besonders lohnend ist eine Wanderung im Färmeltal im Oktober, wenn die mächtigen alten Bergahorne vor dem blauen Herbsthimmel leuchten, als bestünde ihr altes Laub aus reinstem Gold, und sich auf den höheren Gipfeln schon die ersten weißen Schneekappen zeigen. Aber auch der Bergfrühling ist in dieser unberührten Naturlandschaft von einer intensiven, bunten Pracht.

Simmentaler Fleckvieh *ist hellgelb bis rotbraun gefleckt. Beine, Unterbauch und Schwanzquaste sind weiß. Der Kopf ist bis auf gelegentliche Flecken ebenfalls weiß. Helle, elegant nach oben gebogene Hörner und die breite Stirn gehören zum typischen Erscheinungsbild.*

Wir beginnen die Wanderung in Matten bei St. Stephan, wo sich der Färmelbach in die Simme ergießt.

Unser Startpunkt ist am **Bahnhof Matten** im Simmental (1040 m).

Wir durchqueren auf dem **Aeusseren Gässli** das **Matten Dörfli,** gehen rechts und treffen alsbald auf der Dorfstrasse den rauschenden **Färmelbach,** dem wir nach der Brücke auf der **Färmelstrasse** ins Tal hinauf folgen wollen. Dabei werden wir an den prächtigsten Simmentaler Bauernhäusern vorbeikommen. Gar manches ist so üppig verziert, dass sich ein kurzer Halt aufdrängt. Die Fenster sind derart angeordnet, dass die Fassaden wie freundliche Gesichter wirken. Und die üppig blühenden Bauerngärten, von denen sie umgeben sind, ringen mit den Häusern um die Aufmerksamkeit der Wandernden.

Über eine wenig befahrene Asphaltstraße gelangen wir zügig in die Höhe. Die Färmelstrasse wird kaum von motorisiertem Verkehr benutzt, weil nur wenige Menschen in dem einsamen Tal leben. Es ist ganzjährig den Unbilden der Natur ausgesetzt, und wer sich dort ansiedelt, muss ausgesprochen wacker sein und ein großes Gottvertrauen pflegen.

Wir erreichen **Färmeltal/Stalde** und folgen eine Viertelstunde lang der Asphaltstraße hinauf. Dann nehmen wir den Weg über eine kleine Brücke und gelangen auf einen Wanderweg, der auf der rechten Seite dem Bach entlang ins Tal hinaufführt. Es gibt einen schönen Brunnen beim **Wegweiser Färmeltal/Blachti.** Wir werden noch weitere von diesen hübschen Brunnen finden, die im Färmeltal einheitlich gestaltet sind. Wasser fließt in dem üppig grünen Tal reichlich, und wir können immer wieder unsere Trinkflaschen auffüllen und uns mit bestem Quellwasser erfrischen.

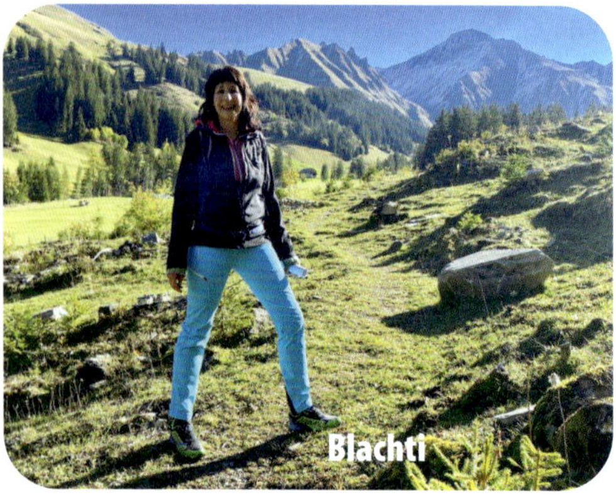
Blachti

Für die Seele

Prächtige alte Simmentaler Häuser, Meisterwerke der Zimmermannskunst mit reich verzierten Fassaden und Fenstern, zwinkern uns zu wie freundliche Gesichter.

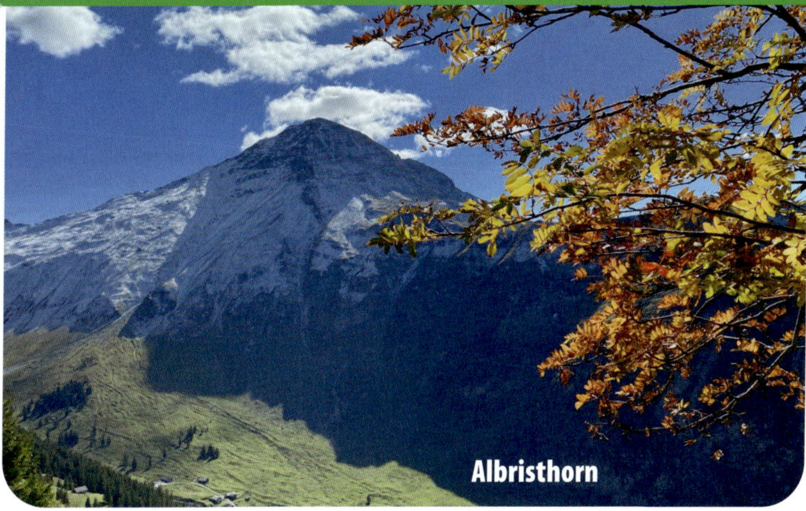
Albristhorn

Nun wandern wir durch den offenen Talboden bis hinauf Richtung Färmelberg. In unserem Rücken bescheint die Sonne das Rothorn. Links von uns reckt das Rauflihorn seinen grasbraunen Grat in den Morgenhimmel. Das Tal ist hier breit und offen, der Weg führt durch sattgrüne Matten, vorbei an einem prächtigen Panorama. Diese Landschaft lässt der Seele Raum. Die Gedanken schweifen mit unseren Blicken über Mieschflue, Brunnihorn und Chörbelihorn, die matt und felsig grau mit ihren Flanken in der Morgensonne protzen. Vor uns in der Ferne gleißt frisch verschneit das Gsür. Hinter diesem stattlichen Gipfel liegt Adelboden. Unsere Schritte werden von Kuhgebimmel begleitet. Während zehn Minuten gehen wir nochmals auf einer asphaltierten Alpstraße, die uns

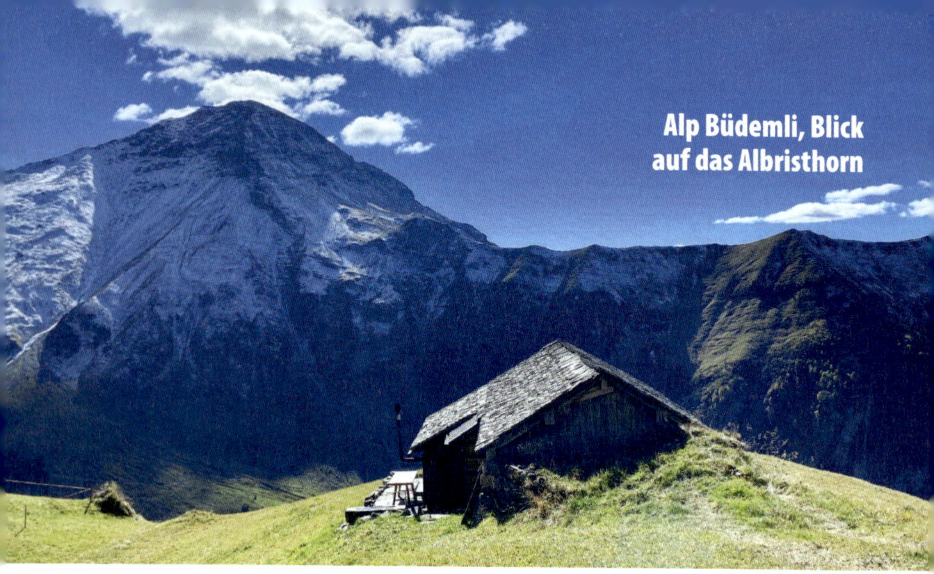

Alp Büdemli, Blick auf das Albristhorn

*Die Technik des **Wildheuens** ist in den Alpen gebräuchlich, um an Steilhängen, wo die Kühe nicht grasen können, Heu zu gewinnen – eine gefährliche Arbeit. Das Wildheu wird oftmals auf sogenannten Tristen getrocknet, die aussehen wie große Zuckerstöcke.*

bis **Färmelläger** führt. Von da führt uns eine geschotterte Alpstraße steil hinauf zum **Färmelberg.**

Auf die **Alp Vordere Bärg** verirren sich kaum je Touristen. Es ist wie eine Zeitreise in die Vergangenheit. Einzig die Wohnwagen vor den Alphütten zeigen, dass wir uns im 21. Jahrhundert befinden. Wohnwagen sind in kalten Bergnächten einfacher zu heizen als zugige Alphütten, so mag man es den Sennen nicht übel nehmen, dass sie sich ein wenig Komfort gönnen. Auf der **Alp Muri** begegnet uns ein dreibeiniger Hund, mit dem wir unser Picknick teilen. Weiter geht es zu der hübsch gelegenen **Alp Büdemli** ❶ mit einem kleinen See neben der Hütte, mit 2000 Metern der höchste Punkt unserer heutigen Wanderung. Die Alp liegt im Gebiet **Färmelmeder.** Von hier genießen wir den Blick über Rauflihorn, Türmlihorn, Gsür und Albristhorn, die den Talkessel des Färmeltals umschließen. Das riesige Gebiet der Färmelmeder wird zum Wildheuen genutzt. Wegen der Steilheit stellt es hohe Anforderungen an die Bauern.

Alsbald gehen wir Auge in Auge mit dem mächtigen Albristhorn, das im hinteren Färmeltal die Aussicht dominiert. Im Oktober trägt es bereits einen Schneehut. Dann traversieren wir auf einem Bergweg hinüber durch üppig blühende Wiesen bis **Furggi** ❷

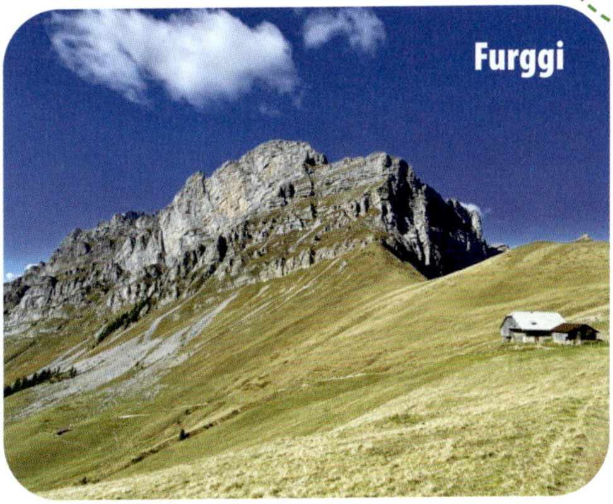

(1985 m). Auf dem Gipfel der Grimmifurggi kreist ein Adler über unseren Köpfen. Der Blick schweift nun auf der anderen Seite bis zum Stockhorn. Vor uns erstrecken sich majestätisch die Wildhornkette, das Albristhorn sowie das Gsür.

Ab Furggi führt ein steiler Bergweg durch die Wiese hinab, hier ist gutes Schuhwerk und Trittsicherheit von Vorteil.

Ab da führt uns der Höhenweg mit eindrucksvollem Panorama entlang der Flanke der Spilgerten, und wir kommen durch blumenreiche Alpweiden auf die **Untere Bluttlig.** Es folgt eine südländisch anmutende Waldpartie, wo uns ein steiniger, von knorrigen Wurzeln durchzogener Bergweg zum **Dachboden** hinüberführt. Diese Traverse weit oben im Färmeltal ist steinig, von Schutt und Lawinengeschiebe durchzogen, und in der Nachmittagshitze, die sich über dem felsi-

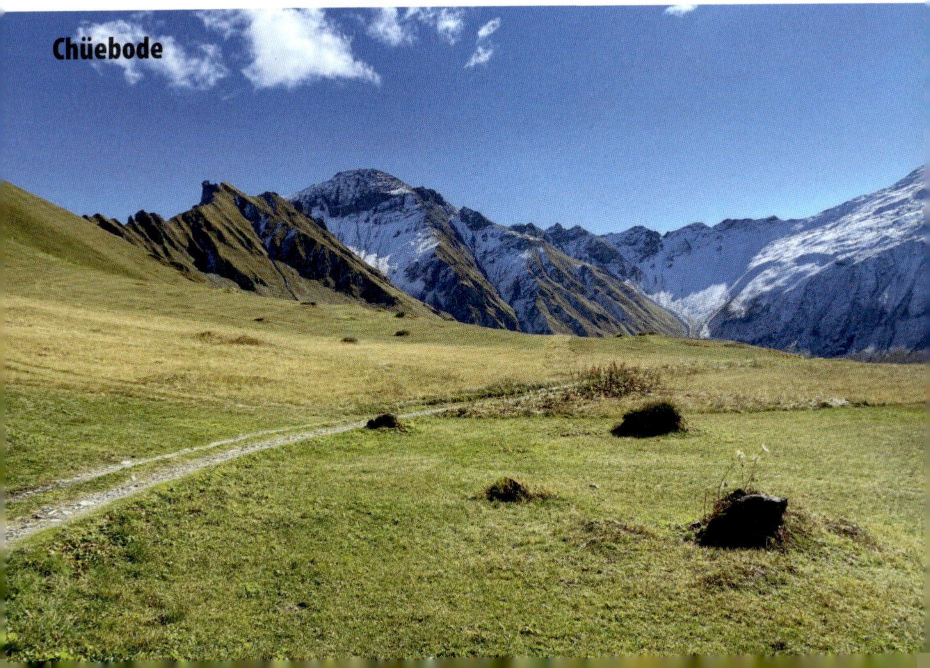

Auszeittour 5

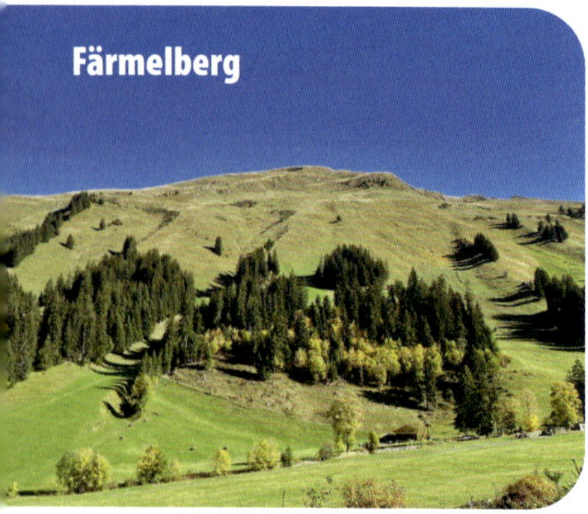

gen Boden staut, riecht die Luft intensiv nach würzigem Tannenharz. Wir queren von der sonnenwarmen Luft aufgeladene Geröllhalden und halten Ausschau nach Aspisvipern, die hier heimisch sein sollen. Leider finden wir heute keine. Dafür duften an diesem warmen Herbsttag die Nadelhölzer hier so intensiv, dass wir uns an einer Steilküste im Mittelmerraum wähnen. Mitten im Wald passieren wir den Wegpunkt **Allmi** (1591 m), dann geht es der Beschilderung nach zum **Dachbode** (1583 m) und über **Gfell** und **Mattehalte** hinab nach **Matten.**

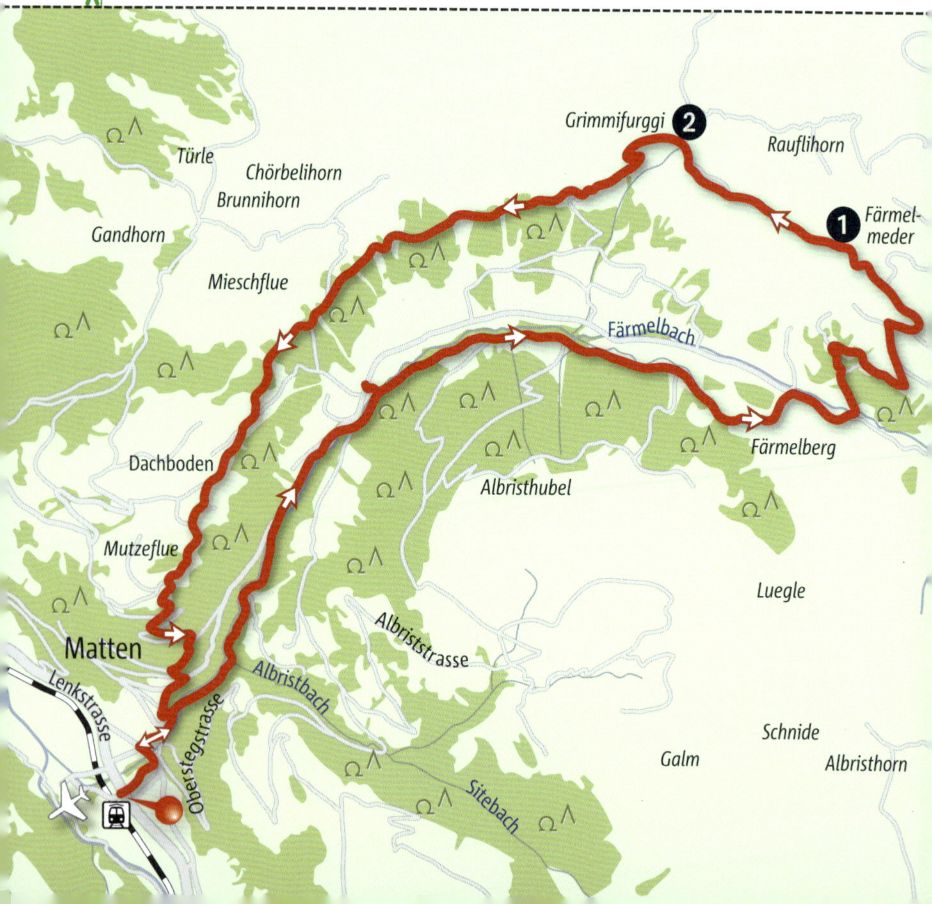

Entspannung ✱✱✱✱✱

Genuss ✱✱✱✱✱

Romantik ✱✱✱✱✱

WIE & WANN:
Asphaltierte Nebenstraße (2,5 km), Naturstraße (1,2 km), Wanderweg (15,3 km); festes Schuhwerk und etwas Trittsicherheit erforderlich; beste Zeit Juni bis Oktober, im Herbst durch die Laubfärbung der Berg-Ahorne besonders schön; im Färmeltal finden ab und zu ganztägige Schießübungen statt, dann ist es nicht empfehlenswert, die Tour zu gehen; Informationen hierzu durch öffentliche Aushänge oder bei der Gemeindeverwaltung St. Stephan, Tel. +41 (33) 7 29 11 11

HIN & WEG:
Auto: Von Spiez über Zweisimmen Richtung Lenk i. S. bis 3773 Matten (St. Stephan); Gratisparkplatz an der Färmelstraße (GPS 46.49772, 7.42566)
ÖPNV: Von Zweisimmen Zugverbindung nach Matten i. S.

ESSEN & ENTSPANNEN:
Keine Einkehrmöglichkeit unterwegs, bitte an Rucksackverpflegung denken!

ENTDECKEN & ERLEBEN:
Alp Büdemli/Färmelmeder ❶
Furggi ❷

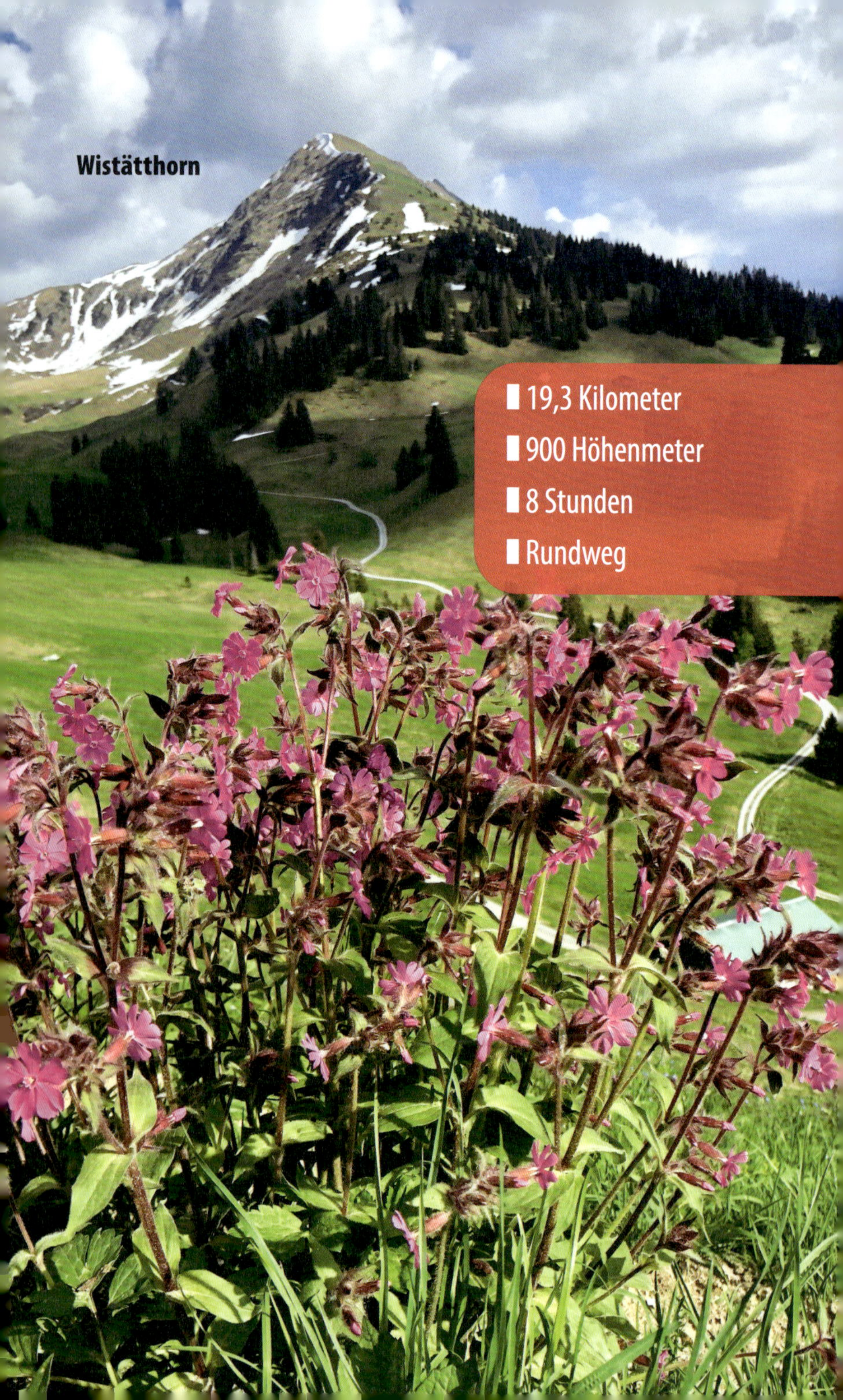

- 19,3 Kilometer
- 900 Höhenmeter
- 8 Stunden
- Rundweg

In Gstaad sind die Aussichten in mancherlei Hinsicht gut. Für alle, die etwas mehr Geld haben, sowieso – der Nobelkurort im Berner Oberland ist als Steueroase bekannt. Aber wer mit kleinem Budget unterwegs ist, kann auch so das prächtige Panorama genießen. Und ein bisschen Edelfeeling gibt es gratis –

Über den Hornberg

Von Gstaad nach Turbach

beim Picknickplatz des Hotels Gstaad Palace, von wo der Blick übers ganze Saanenländer Alpenpanorama schweift.

*Die 1905 erbaute **Montreux-Oberland-Bahn** (MOB) brachte Touristen nach Gstaad, es entstanden die ersten Nobel-Internate. Mit Liz Taylor hielt in den 1960er-Jahren Hollywood-Glamour Einzug. Es folgten die Milliardäre, die hier eine gnädige Steueroase vorfanden.*

Wir beginnen unsere Wanderung beim **Bahnhof Gstaad** (1049 m). Von dort gehen wir ins **Obergstaad** und dann bei der **Krambrücke** noch etwa 100 Meter weiter Richtung **Turbach.** Dann führt links der **Büdemliweg** steil und direkt zum **Oberbort** hinauf. Wir folgen diesem hübschen Fußweg und bewundern nach Lust und Laune die teuren Chalets der Milliardäre mit ihren riesigen Einfahrten – man kann sie natürlich auch ignorieren und stoisch seines Weges schreiten. Munter geht's die **Hornbergstrasse** hinauf Richtung Bortvorsass. Mit zunehmendem Panoramablick werden die Chalets immer noch stattlicher. Umso überraschender ist dann der Gratis-Parkplatz am **Bortvorsass.**

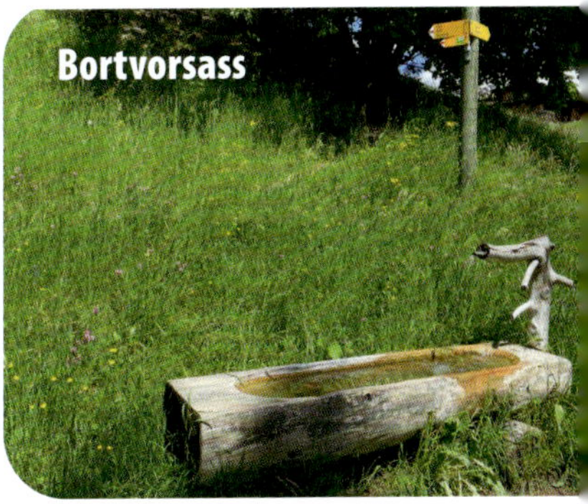
Bortvorsass

Hier gibt es einen handgeschnitzten hölzernen Brunnen. Wir nutzen die Gelegenheit und trinken ausgiebig von dem Quellwasser, um uns für den weiteren Auf-

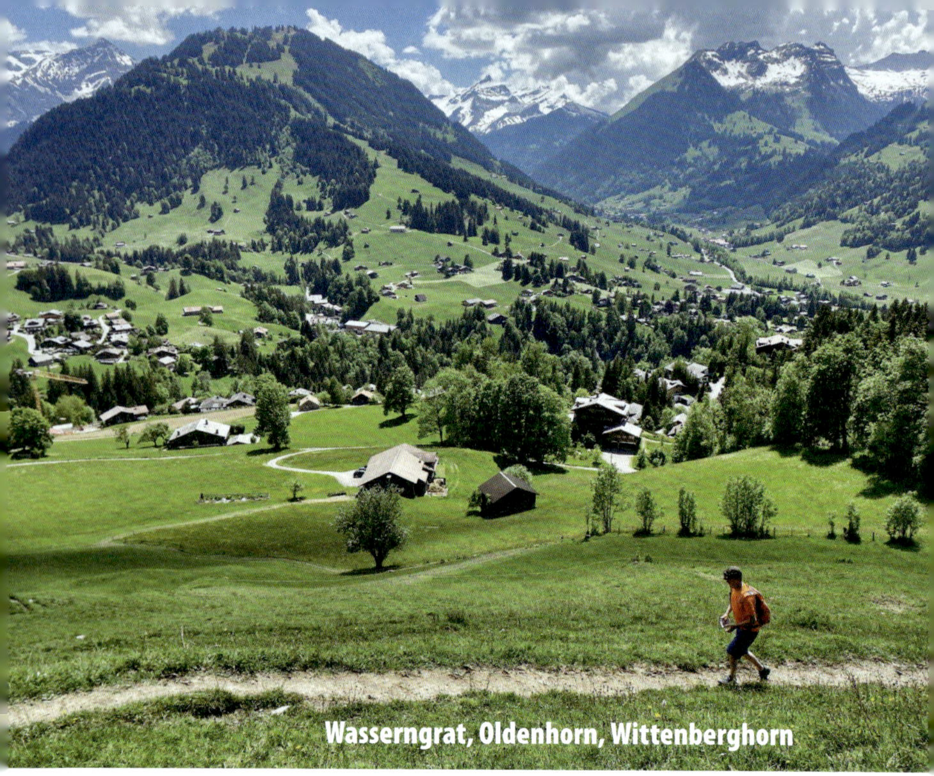

Wasserngrat, Oldenhorn, Wittenberghorn

stieg zu stärken. Und schon lassen wir den Luxus der Milliardäre hinter uns.

Ab Bortvorsass steigt der Weg recht tüchtig an, aber es lohnt sich, denn der Panoramablick wird mit jedem Höhenmeter noch eindrucksvoller. Unter uns werden die Chalets und Baukräne von Gstaad immer kleiner.

Die ersten 200 Höhenmeter gehen wir im Schatten des Waldes. Alsbald kommen wir zum **Tipizelt der Gstaader Waldspielgruppe Wurzelzwergli,** die sich hier am Waldrand einen hübschen Spielplatz eingerichtet hat. Etwas weiter hinauf begegnen wir einer mächtigen Rottanne, deren geschwungene Äste zum Draufsetzen einladen. Gleich oberhalb der Tanne befindet sich der **Picknickplatz des Gstaad Palace ❶.** Hier finden wir gepflegte Holzbänke und eine schöne Panoramatafel, auf der sich die zahlreichen Berggipfel alle treffend mit Namen bestimmen lassen. Die Aussicht reicht vom Giferspitz und Wasserngrat über Wild-

*Das **Gstaad Palace** ist eines der letzten Fünfsternehotels der Schweiz, das in Familienbesitz geblieben ist. Geführt wird diese Legende aus längst vergangener Zeit von der Familie Scherz, die es mit Geschick und einem Quäntchen Glück durch stürmische Zeiten steuert.*

horn, Geltenhorn und Spitzhorn hinüber bis zum Oldenhorn, dann weiter Richtung Gumm und Rubli und hin zu den Freiburger Alpen. Es gibt kaum eine bessere Aussicht auf Gstaad, das Saanenland und die umliegenden Berge! Eingerichtet wurde der Platz zum 100-jährigen Geburtstag des Hotels Gstaad Palace.

Für die Seele

Nach dem Glamour in Gstaad wird im Turbachtal alles etwas bescheidener. Rustikale Einkehrmöglichkeiten erfreuen Leib und Seele.

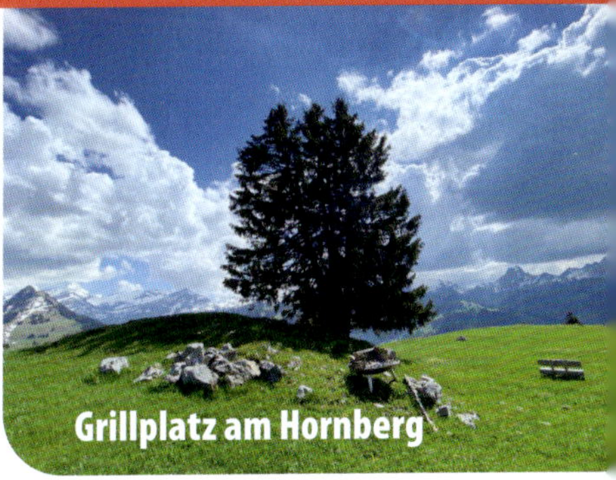
Grillplatz am Hornberg

Ein elegant geschwungenes Bergweglein führt uns weiter den Wald hinauf, und dann erreichen wir eine Alpstraße mit Schotterbelag. Dieser folgen wir hinauf Richtung Hornfluh. Wobei wir nicht ganz hinaufsteigen – es gibt dort außer der riesigen Fernmelde-Antenne nicht wahnsinnig viel zu sehen, und der Aufstieg erfordert zudem einige Kraxelei. Also bleiben wir auf dem Sträßchen. Dieses führt uns an einer hübsch eingerichteten **Grillstelle mit Panoramabank** ❷ (1755 m) vorbei. In den Wiesen blühen Mitte Juni das Stattliche Knabenkraut und verschiedene Enzianarten.

Das Sträßchen führt uns gemütlich weiter hinüber zum Hornberg. Hier ist an schönen Sommertagen ziemlich was los. Von den beiden Hotel-Restaurants wählen wir dasjenige mit der schöneren Terrasse, das **Hotel Hornfluh** ❸ (1813 m). Lustig geht es nebenan bei den **Wakeboardern auf dem Schneekanonensee** ❹ zu. Die jungen Snowboarder betreiben dort im Sommer eine trendige Bar und messen sich mit flinken Brettern auf

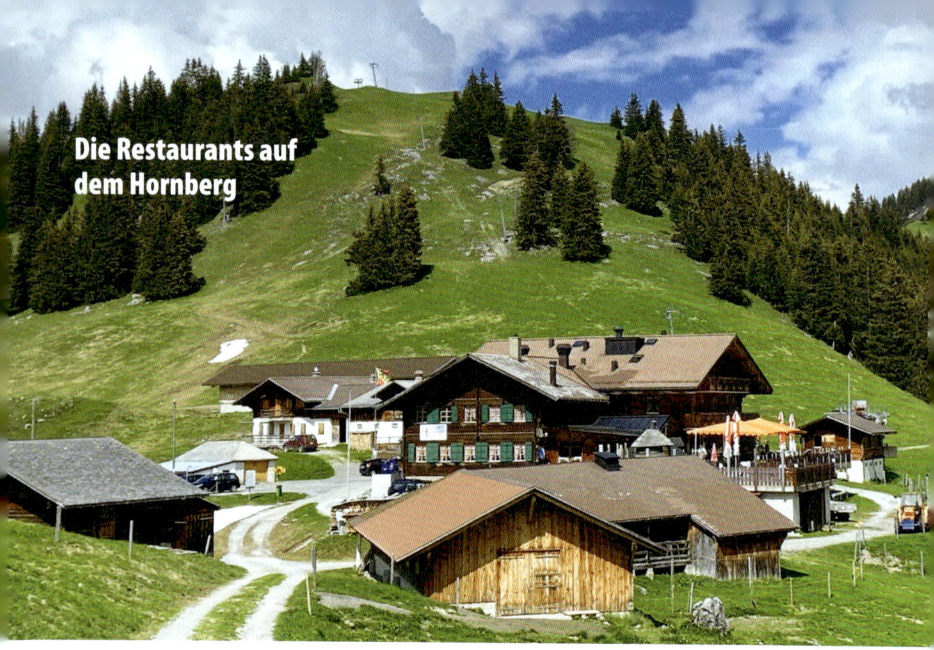

Die Restaurants auf dem Hornberg

dem kleinen Gewässer. Wer mutig und nicht wasserscheu ist, darf es auch versuchen.

Vom Hornberg führt uns der breite Spazierweg ein Stück den großartigen **Panoramaweg** entlang. Auf dem ersten Kilometer herrscht an schönen Wochenenden entsprechend emsiger Wanderbetrieb. Wir gehen zügig voran Richtung Parwengsattel, und schon bald sind wir wieder praktisch alleine unterwegs. Beim **Parwengchessel** öffnet sich das Panorama auch aufs Simmental hin. Nun sehen wir die Vordere und Hintere Spilgerten und das Albristhorn. Rechter Hand erscheint das Wistätthorn, das an die Lenk hinüberführt. Hier oben gehört das ganze Panorama wieder praktisch uns allein, denn so weit laufen die meisten Gstaader Gondelbahntouristen nicht.

__Dolinen__, auch Sinkhöhlen oder Karsttrichter, entstehen durch sogenannte chemische Verwitterung in leicht löslichen Gesteinen wie beispielsweise Kalk.

Nach dem Parwengchessel gehen wir in Richtung Amslerengrat und Wistätthorn weiter durch saftigste grüne Alpwiesen. Alsbald passieren wir eine große **Doline** ❺ (1810 m).

Vor uns schwingt sich, von Tannen sanft bewaldet, der Amslerengrat zur Zwitzeregg hinab. Auf der **Underen Zwitzeregg** (1707 m) wurde eine moderne Alpwirtschaft erbaut. Ab hier führt eine asphaltierte Straße in das kleine Dorf Turbach hinunter. Wir nehmen aber den Bergweg, der sich interessant durch den Wald schlängelt – vorbei an abgeholzten Stämmen, die wie die Turngeräte auf einem Vitaparcours regelmäßig in der Landschaft verteilt stehen. Im Tal folgen wir dem entsprechenden Schild und gelangen zum **Wintermattebeizli** 6 (1422 m): Das Lokal scheint praktisch am Ende der Welt gelegen, und ein bisschen verwittert ist es durchaus. Das aber mehrt nur seinen rustikalen Charme. Außerdem gibt es hier feinen hausgemachten Kuchen und den „Bissenhund", eine Süßspeise aus geschmolzener Schokolade und trockenem Keks mit durchaus merkwürdiger Ästhetik – etwas Derartiges steht garantiert nirgendwo sonst auf einer Menükarte.

Für den Rückweg passieren wir eine Holzbrücke und wählen den gepflegten Spazierweg, der auf der anderen Seite des Turbachbachs mit seinem gesteinsgrauen Wasser und den munteren Stromschnellen verläuft. Gerade im Sommer ist dieser Weg eine Freude, weil die Luft im Tal angenehm frisch ist und der Weg größtenteils durch lichten Wald führt.

Wer nach der langen Wanderung nun nicht mehr länger laufen mag, nimmt ab Turbach, Rotengraben oder Turbach, Post beim **Restaurant Sunne-Stübli** 7 das

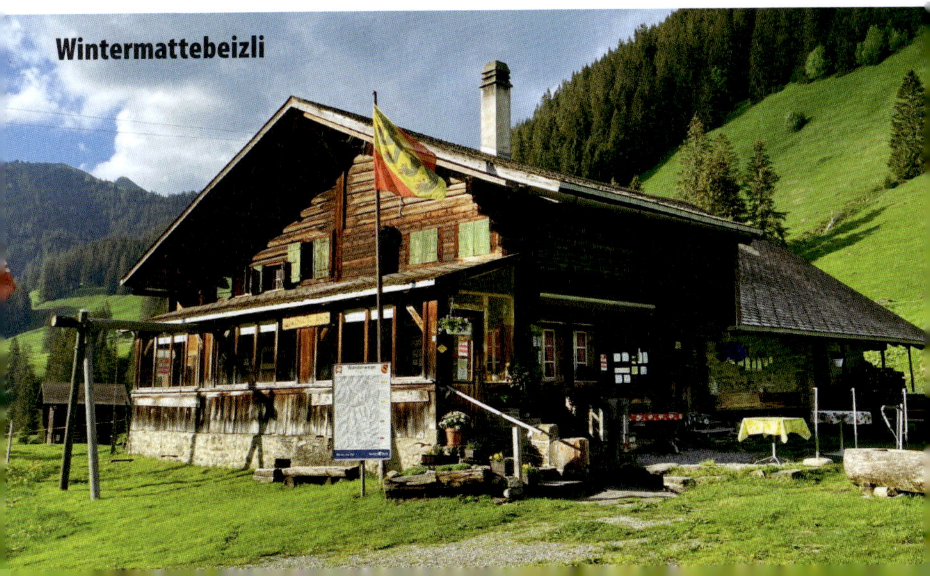

Wintermattebeizli

Postauto oder ein Taxi zurück nach Gstaad. Wer noch nicht müde ist, genießt eine beschauliche Wanderung auf gut ausgebautem Naturweg den Turbach entlang. Wir folgen einfach immer dem Bach und erfreuen uns am Schatten und am munteren Plätschern des Wassers. Beim **Punkt 1165** m an der Turbachstrasse zweigt der Wanderweg rechts in den Wald ab und führt über das **Oberbort** nach Gstaad zurück.

Und wer sich noch etwas ganz Besonderes leisten will, das nötige Kleingeld dabei und die Abendrobe im Kofferraum hat, könnte nach der Rückkehr noch im **Hotel Gstaad Palace 8** essen gehen – ein würdiger Abschluss dieser Gratwanderung zwischen Natur und Glamour!

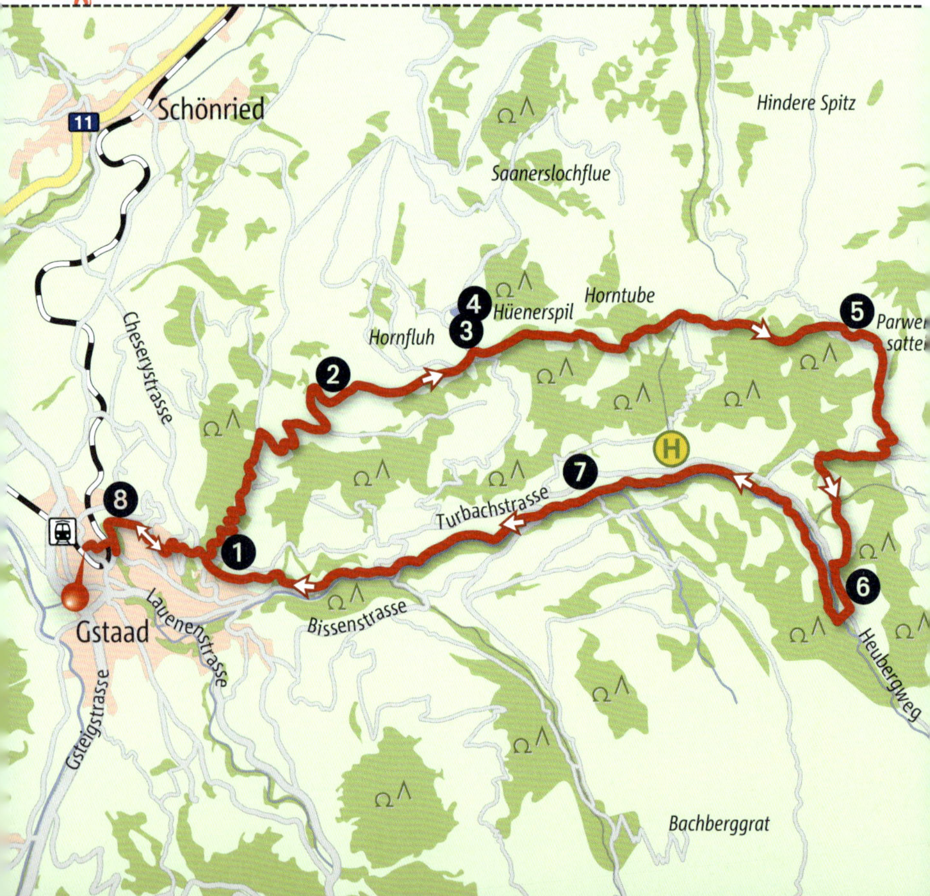

WIE & WANN:
Fast ausschließlich Wanderweg auf Naturbelag; beste Zeit Frühjahr bis Herbst

HIN & WEG:
Auto: Großer Gratis-Parkplatz hinter dem Bahnhof Gstaad (GPS 46.474776, 7.284623)
ÖPNV: Mit dem Zug bis Gstaad Bf

Entspannung ✱✱✱✱✱
Genuss ✱✱✱✱✱
Romantik ✱✱✱✱✱

Abkürzung auf dem Rückweg: Von Turbach, Rotengraben oder Turbach, Post Postauto B 182 bis Gstaad Bf

ESSEN & ENTSPANNEN:
Hotel Hornfluh ❸ Hornbergstrasse 45, 3777 Saanenmöser, Tel. +41 (33) 7 48 84 84, www.hotel-hornfluh.ch
Wintermattebeizli ❻ Heubergweg 1, 3781 Turbach, Tel. +41 (33) 7 44 16 17
Restaurant Sunne-Stübli ❼ Turbachstrasse 127, 3781 Turbach, Tel. +41 (33) 7 44 11 11
Hotel Gstaad Palace ❽ Palacestrasse 28, 3780 Gstaad, Tel. +41 (33) 748 50 00, www.palace.ch

ENTDECKEN & ERLEBEN:
Picknickplatz des Hotel Gstaad Palace mit Panoramakarte ❶
Grillstelle mit Panoramabank ❷
Schneekanonensee, Wakeboarding ❹
Doline, Karsttrichter am Parwengsattel ❺

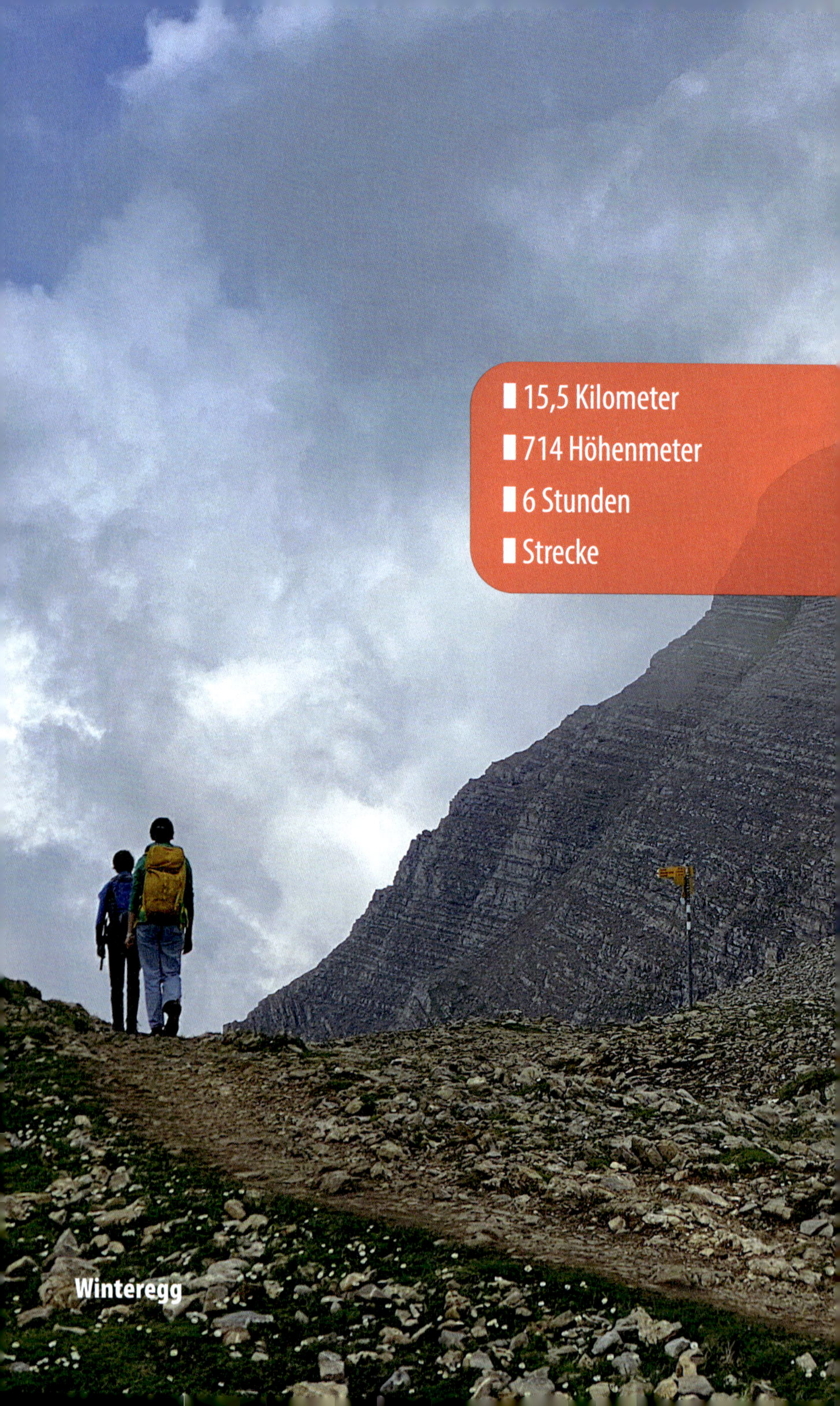

- 15,5 Kilometer
- 714 Höhenmeter
- 6 Stunden
- Strecke

Winteregg

Mit der nostalgischen Zahnradbahn tuckern wir ab Wilderswil erst einmal eine Stunde lang gemütlich hinauf zur Schynigen Platte. Bei der Bergstation führt uns der Wanderweg direkt durch ein Selbstbedienungsrestaurant (1985 m). Aber wir haben einen wei-

Übers Faulhorn

Gegenüber Eiger, Mönch, Jungfrau

ten Weg vor uns, und so lassen wir uns heute nicht verführen von Kaffee und Nussgipfeln.

Danach steht ein kurzer Rundgang durch den **Botanischen Alpengarten Schynige Platte** ❶ mit seinen botanischen Raritäten an. Er zeigt jede Blume an ihrem natürlichen Standort und in der natürlichen Pflanzengesellschaft. Anschließend nehmen wir den Weg hinauf Richtung **Gumihorn** und wandern von dort hinüber zur **Tuba/Daube** ❷ (2076 m). Hier oben ist der Panoramablick atemberaubend – unter uns gleißen der Thuner- und Brienzersee im Hochsommerlicht. Vor unseren Augen erheben sich im Osten das Schreckhorn und das Wetterhorn, dann das Berner Dreigestirn Eiger, Mönch und Jungfrau im Süden, und im Westen zieht sich die Niesenkette ins Land. Den Grat entlang führt uns der Weg an zackigen Felsen vorbei hinab und auf der anderen Seite über Stock und Stein wieder hinauf zum **Oberberghorn** ❸ (2069 m). Gut zugängliche Holztreppen führen auf die Felsentürme hinauf.

*Im **Botanischen Alpengarten Schynige Platte** blühen über 750 aller 900 Alpenpflanzen, die in der Schweiz vorkommen. Eröffnet wurde diese botanische Arche Noah im Jahr 1929. Sie wird bis heute von Botanikern der Universität Bern wissenschaftlich betreut.*

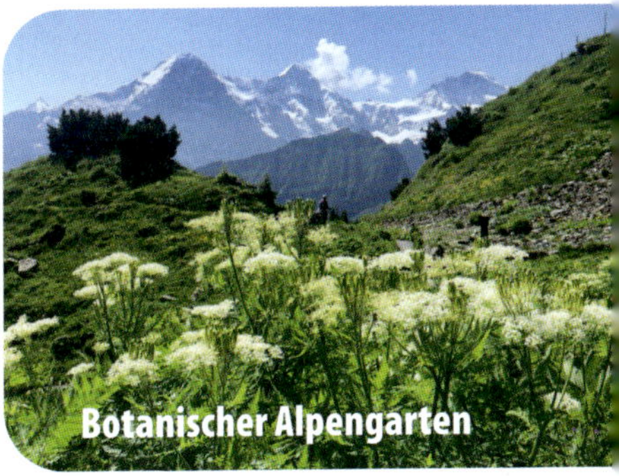
Botanischer Alpengarten

Panoramatour 7

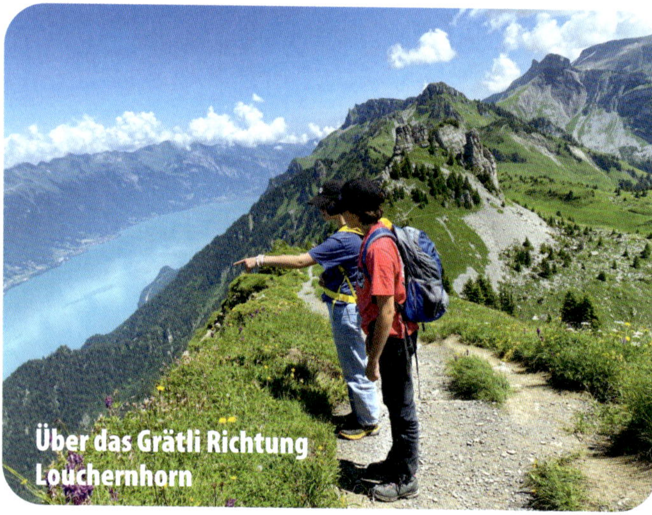

Über das Grätli Richtung Louchernhorn

Dann geht es über Kuhweiden ein Stück Richtung Louchernhorn bis auf den **Grätli-Pass** (2030 m). Von dort queren wir weiter zum **Güwtürli-Pass** (2028 m), der uns ins **Sägistal** hinüberführt.

Im **Güw** treffen wir auf eine wilde Karstlandschaft. Vor uns ragt markant die Ussri Sägissa in den Sommerhimmel. Dieser eindrucksvolle Felsturm erinnert von seiner Form her an die Dolomiten. Auf dieser Strecke steigt der Wanderweg kontinuierlich an, bis wir auf das **Egg** (2127 m) gelangen. Von hier aus queren wir an der Flanke der Indri Sägissa und gewinnen stetig an Höhe. Dabei versüßt uns der Blick auf den Sägistalsee die Anstrengung des Anstiegs. Dann geht es weiter über den **„Gotthard“** (2276 m) und von dort auf der anderen Seite der Indri Sägissa zum **Berghaus Männdlenen ❹.** Dort lassen wir es uns auf der Aussichtsterrasse gut gehen.

Das legendäre Berghaus hat eine bewegte Geschichte hinter sich. In den 1930er-Jahren begann der etwas kauzige Hans Weber, an diesem Ort Wanderer auf dem Weg von der Schynige Platte zum Faulhorn zu verpflegen. Anfangs nur mit Stuhl und Milchkanne ausgestattet, schleppte er bald sein Hühnerhaus mithilfe von Packeseln und einigen Arbeitern auf 2344 Meter hinauf. Im Jahr 1952 entstand daraus eine richtige Hütte mit Übernachtungsmöglichkeiten. Wegen schwerer Schäden musste diese im Jahr 2002 abgerissen und neu gebaut werden. Nun ist sie recht groß und komfortabel, mit Gästezimmern und einer ge-

Für die Seele

Der Bachalpsee mit seiner spiegelklaren Oberfläche, in der sich das Schreckhorn mit seiner imposanten, spitzen Pyramide reflektiert, ist weitherum als Kraftort bekannt.

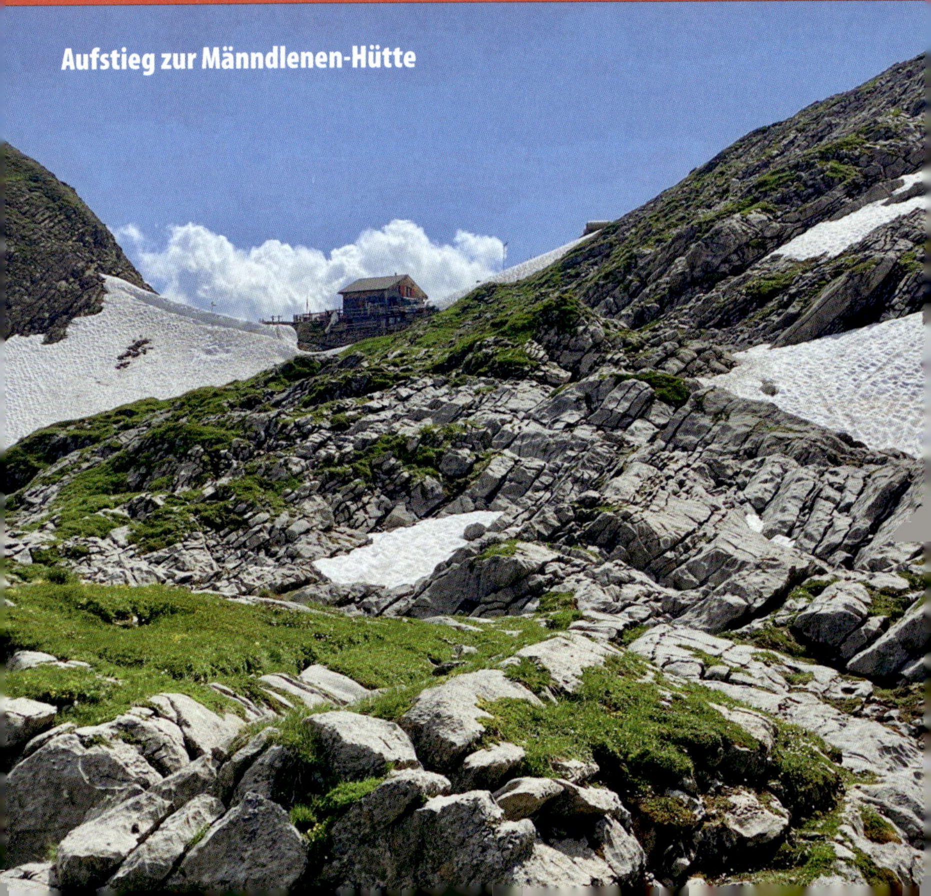

Aufstieg zur Männdlenen-Hütte

mütlichen Wirtsstube ausgestattet. Und noch immer werden hungrige und müde Wandersleute so herzlich empfangen wie einst von Hans Weber auf seinem Stuhl.

Von der Männdlenen-Hütte aus führt der Weg in großen Felsstufen steil bergauf Richtung Winteregg und dann, an dessen Flanke entlang, einen Kilometer fast eben bis zum **Wegpunkt 2522 m,** wo uns der letzte steile Aufstieg auf das Faulhorn erwartet. Hier steht das **Berghotel Faulhorn ❺.** In seinen Zimmern mit den schrägen Dielen und Holzwänden stehen Kerzen und Waschkrüge. Strom gibt es nur in der Gaststube.

*Das **Berghotel Faulhorn,** anno 1830 erbaut und bis heute in seiner ursprünglichen Form erhalten, ist das älteste Berghotel der Schweiz.*

So bescheiden der Komfort hier ausfällt, so luxuriös ist die 360-Grad-Panoramasicht auf dem **Faulhorn** (2681 m). Unser Auge schweift über sämtliche Viertausender des Berner Oberlandes. Wir blicken über sieben Seen: vom Zuger- und Vierwaldstättersee bis zum Brienzer- und Thunersee sowie hinüber zum Bieler-, Murten- und Neuenburgersee. Die Voralpen, das Emmental und der Jura liegen zu unseren Füßen. Bei klarem Wetter reicht die Sicht bis zum Schwarzwald und zu den Vogesen ins Elsass. Und wir schauen hinunter zur Bergstation Grindelwald First. Es wären auf direktem Weg gut zwei Stunden Marschzeit bis dort.

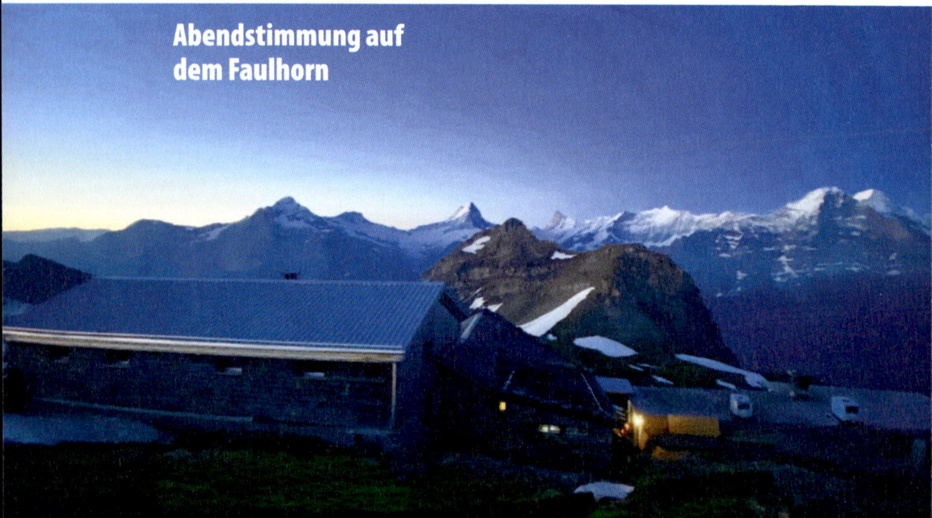

Abendstimmung auf dem Faulhorn

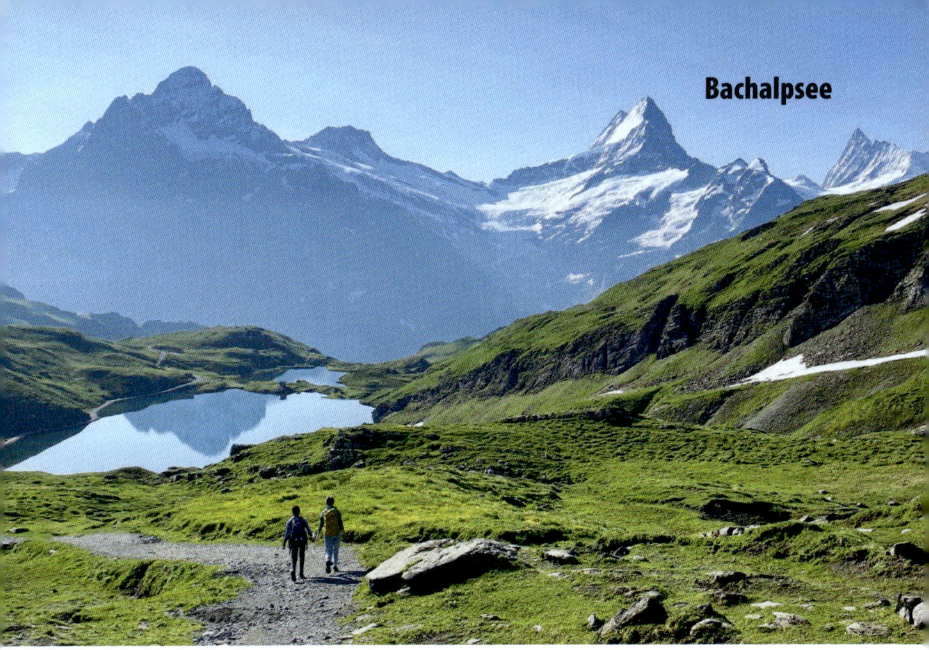

Auf unserer Strecke begegnen uns unzählige Murmeltiere, die recht zahm sind. Wir überqueren alte Schneefelder und flankieren den Reeti, einen beliebten Grindelwalder Skitourenberg. An mehreren Schutzhütten, Reeti- und Burgihitta, vorbei führt uns der Weg steil hinab zum **Bachalpsee** 6 (2266 m). Das letzte Stück des Weges ist gut ausgebaut, mit breiten Steinplatten belegt und mit zahlreichen Sitzbänken an prächtigster Aussichtslage bestückt. Mitunter verkehren hier so viele Gäste, dass sogar ein Toilettenhäuschen aufgestellt werden musste. Um den Bachalpsee herum ist alles sehr gepflegt und durch und durch touristisch zurechtgemacht. Wir haben Glück, dass wir zeitig am Morgen unterwegs sind. Der See liegt spiegelglatt und unberührt vor unseren Füßen. Einzelne Fischer werfen ihre Ruten aus, sonst sind wir ganz allein. Wir setzen uns ans Ufer und genießen die Stille. An einem sonnigen Nachmittag wird hier alles gerammelt voll sein mit Touristen und Badegästen aus Grindelwald.

*Das prägnante **Faulhorn** besteht aus sandigen Kalken und Tonschiefern. Diese neigen zu rascher Verwitterung, was dem Berg seinen Namen gab. Der Gipfel weist eine nach Nordwest orientierte Asymmetrie auf.*

Nun nehmen wir aber nicht den viel begangenen Weg zur Bergstation Grindelwald First hinunter, wo wir unweigerlich auf die Touristenautobahn stoßen müssten. Vielmehr steigen wir beim WC-Häuschen über einen Bach und wandern vorerst den Milibach entlang bis zur **Alp Bachläger.** Danach geht es auf einer Alpstraße Richtung **Gasthaus Waldspitz 7.** Das ist ein urgemütliches Beizli mit wunderschöner Aussichtsterrasse und feiner Hausmannskost. Der Abstecher lohnt sich, zumal im Waldspitz auch ein exzellenter Alpkäse verkauft wird.

Nach einer willkommenen Stärkung für Leib und Seele geht es mit dem Postauto zurück – was sich ebenfalls lohnt. Die Strecke ist im oberen Bereich so schmal, dass der Bus rückwärts hochfahren muss. Bevor wir in den Trubel von Grindelwald eintauchen, wird es also nochmals richtig spannend.

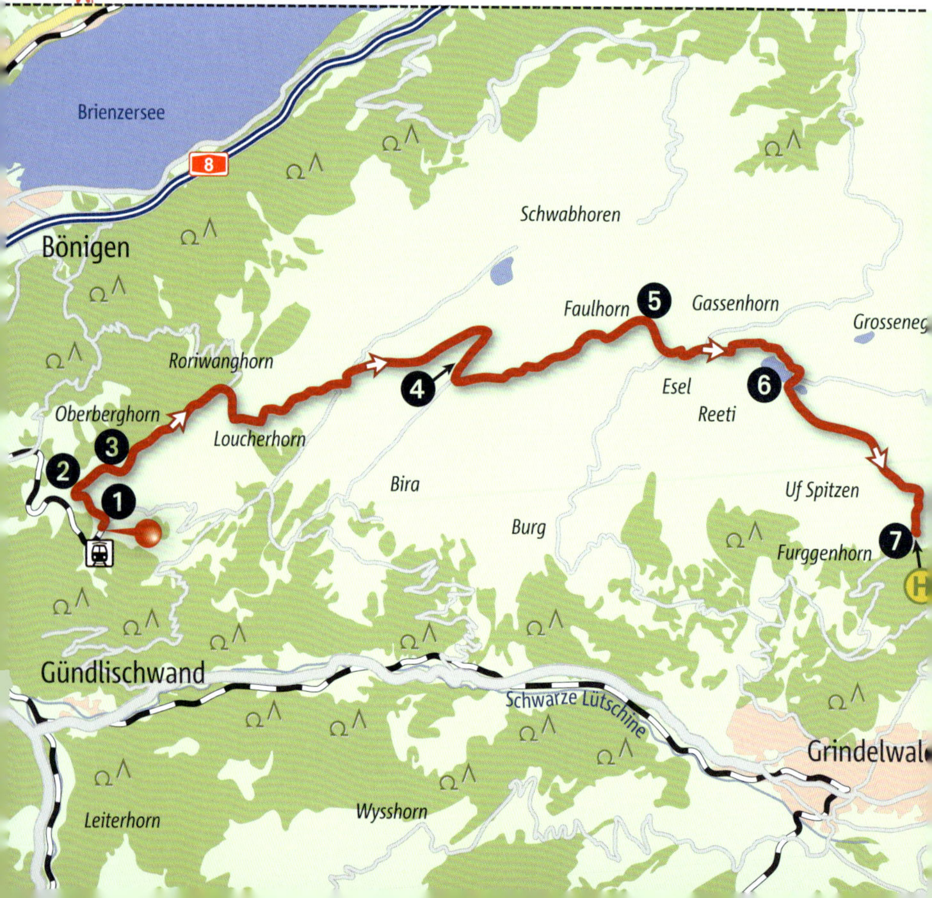

Alles auf einen Blick

WIE & WANN:
Wander- und Bergwege; beste Zeit Juni bis September; gutes Schuhwerk erforderlich

HIN & WEG:
Auto: Parkplatz Wilderswil, Alte Staatsstrasse, 3812 Wilderswil (GPS 46.665877, 7.870363)

Entspannung ✱✱✱✱✱
Genuss ✱✱✱✱✱
Romantik ✱✱✱✱✱

ÖPNV: Berner Oberland-Bahn (BOB) nach Wilderswil
Anreise zum Startpunkt: Nostalgie-Bahn auf die Schynige Platte (Fahrdauer ab Wilderswil rund 1 Std.), Tel. +41 (33) 8 28 73 51, www.jungfrau.ch/schynigeplatte
Rückkehr zum Ausgangspunkt: Postauto B 127 (3 Verbindungen pro Tag) nach Grindelwald; von dort Zug bis Wilderswil

ESSEN & ENTSPANNEN:
Berghaus Männdlenen ❹ Barbara & Robert Reichen,
Tel. +41 (33) 8 53 44 64, www.berghaus-maenndlenen.ch
Berghotel Faulhorn ❺ Fam. Garbani, 3818 Grindelwald,
Tel. +41 (79) 5 34 99 51, www.faulhorn.ch
Gasthaus Waldspitz ❼ Chrigel Almer & Heidi König,
Tel. +41 (33) 8 53 18 61, www.gasthaus-waldspitz.ch

ENTDECKEN & ERLEBEN:
Botanischer Alpengarten Schynige Platte ❶ https//alpengarten.ch/de/
Tuba/Daube ❷
Oberberghorn ❸
Bachalpsee ❻

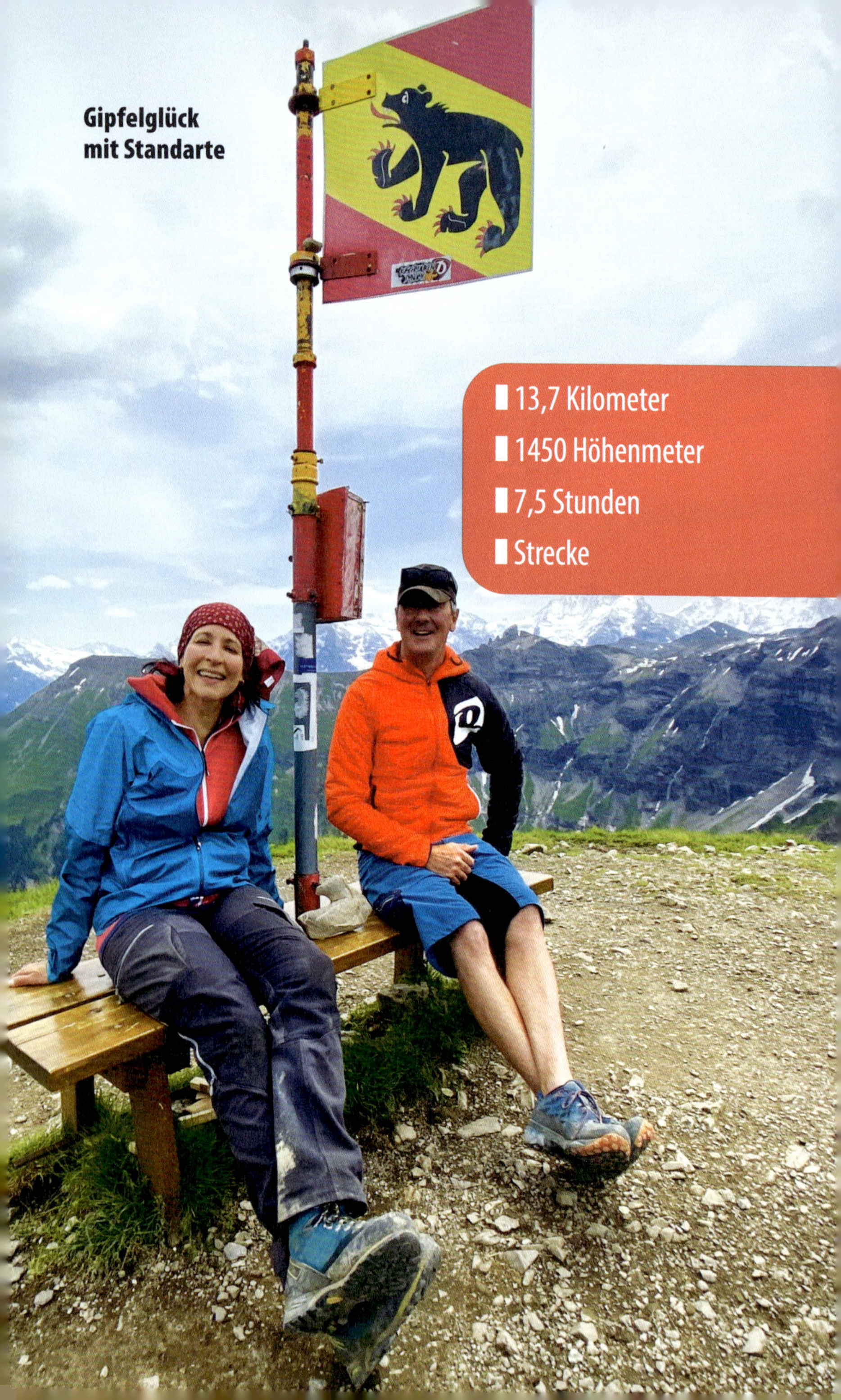

Gipfelglück mit Standarte

- 13,7 Kilometer
- 1450 Höhenmeter
- 7,5 Stunden
- Strecke

Der bekannteste Berg am Thunersee ist zweifellos der Niesen, der mit seiner markanten Pyramide das Panorama prägt. Sein östliches Pendant, das Morgenberghorn, ist punkto Aussicht fast noch spektakulärer. Hier sind wir näher am großen Berner Dreigestirn Eiger, Mönch und Jungfrau, und gleichzeitig wirkt die

Früh auf!

Übers Morgenberghorn nach Saxeten

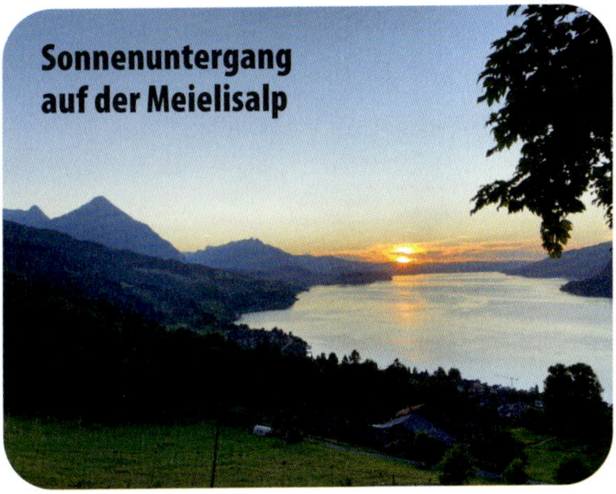
Sonnenuntergang auf der Meielisalp

Blüemlisalp vom Morgenberghorn aus gesehen besonders eindrucksvoll. Hinaufzugelangen ist jedoch nicht ganz gratis. Was auch gut so ist – wer es bequem haben will, fährt mit der Bahn auf den Niesen und genießt das Panorama von dort aus. Wer aber Freude hat an einer anspruchsvollen Bergwanderung, sollte sich das Morgenberghorn gönnen. Diese Tour ist mehr als lohnend – es ist eine der schönsten im ganzen Berner Oberland. Im oberen Bereich gegen den Gipfel zu gibt es beim Auf- und Abstieg einige exponierte Passagen. Auch die Traverse zur Alp Brunni beinhaltet etliche Stellen, an denen man abrutschen könnte. Nicht so Mutige suchen sich einen ortskundigen Wanderleiter, der sie sicher hinauf- und auch wieder hinunterbegleitet. Geübte Wanderer, die zudem ein gewisses Maß an Kondition mitbringen, werden sich jedoch erfreuen an dieser prächtigen Bergwanderung und dem Panorama, das mit der luftigen Höhe des Morgenberghorns und den Graten des Auf- und Abstiegs seinesgleichen sucht.

Wir wählen das **Hotel Meielisalp** **1** (800 m) oberhalb von Leissigen als Ausgangsort. Hier lässt sich am Vorabend der Tour vortrefflich essen und auf der prächtigen Aussichtsterrasse zur Einstimmung der Sonnenuntergang über dem Thunersee genießen. Und dann heißt es am Morgen: möglichst zeitig hinaus und den Anstieg in den kühlen Morgenstunden unter die Füße nehmen. Je früher, desto besser!

Ein steiler, gut beschilderter Weg führt uns durch lichten Wald und durch bunt blühende Wiesen zügig hinauf. Die Vegetation ist noch feucht vom Morgentau, und alles wirkt saftig und sehr üppig. Wir bewundern Sterndolden und Stockrosen, Wald-Storchschnabel und Klappertopf. In unserem Rücken geht alsbald die Sonne auf, taucht auf dramatische, ja ergreifende Weise den See und die Blätter des Waldes in ein goldenes Licht. Ein Blick zurück und ein paar Erinnerungsfotos, dann gehen wir zügig weiter. Wir wollen die morgendliche Frische nutzen und steigen ohne lange zu trödeln voran.

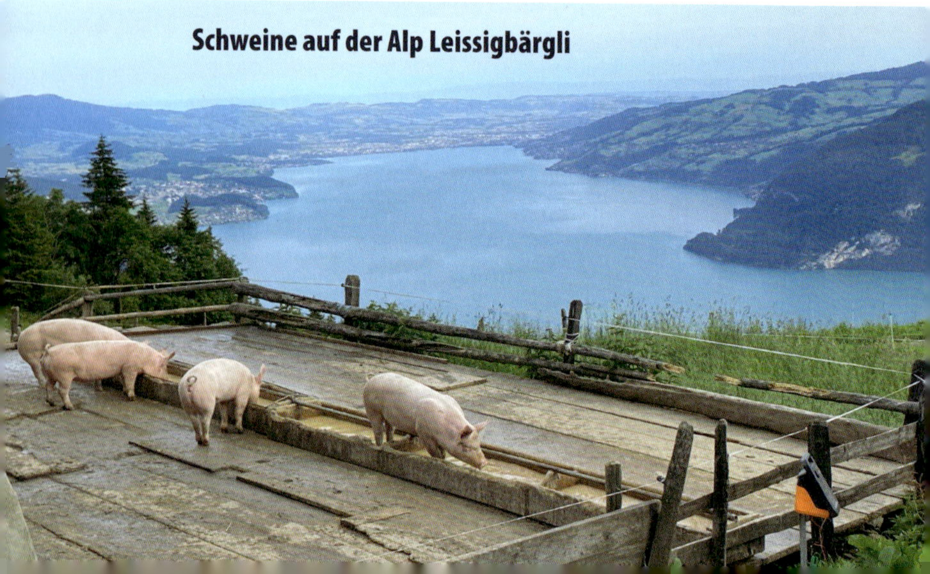

Schweine auf der Alp Leissigbärgli

Nach einer halben Stunde kommen wir auf eine kleine Alpwiese. Alsbald führt der Weg steil durch den abwechslungsreichen Buchenmischwald hinauf. Bei nassem Wetter ist hier gute Trittsicherheit gefordert, damit man nicht auf feuchten Wurzeln ausrutscht. Am Wegesrand bewundern wir hübsche Farne und

Für die Seele

Die Füße meistern trittsicher und fest den exponierten Bergweg. Die Gedanken schweifen in die atemberaubende Weite hinaus.

entdecken sogar einzelne Vogel-Nestwurz-Orchideen.

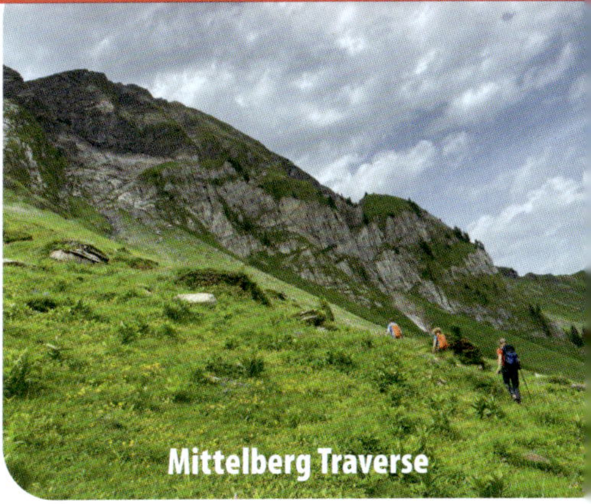
Mittelberg Traverse

Beim Schneeweidli picknicken wir kurz und bewundern das hübsche Hüttli. Dann führt uns der Weg ein Stück weit eine Asphaltstraße hinauf zum Tschingelschopf. Von hier geht ein schmaler Weg als Abkürzung steil die Bergwiesen hinauf. Danach erreichen wir die geschotterte Alpstraße, die zur Alp **Leissigbärgli** ❷ (1413 m) führt. Wir beneiden die Schweine, die die denkbar schönste Aussicht über den Thunersee genießen und vergnügt Molke aus einem langen Trog fressen.

Vom Leissigbärgli führt ein schmaler Weg durch üppige Blumenwiesen. Es folgt eine stellenweise etwas exponierte Traverse zur Brunnihütte. Hier gibt es nicht nur atemberaubendes Bergpanorama, sondern auch prächtigste Blumen zu bewundern. Es blühen auf diesem Weg unter anderem Türkenbundlilien, rosaroter Knöterich, Kugelorchideen und zahlreiche Kna-

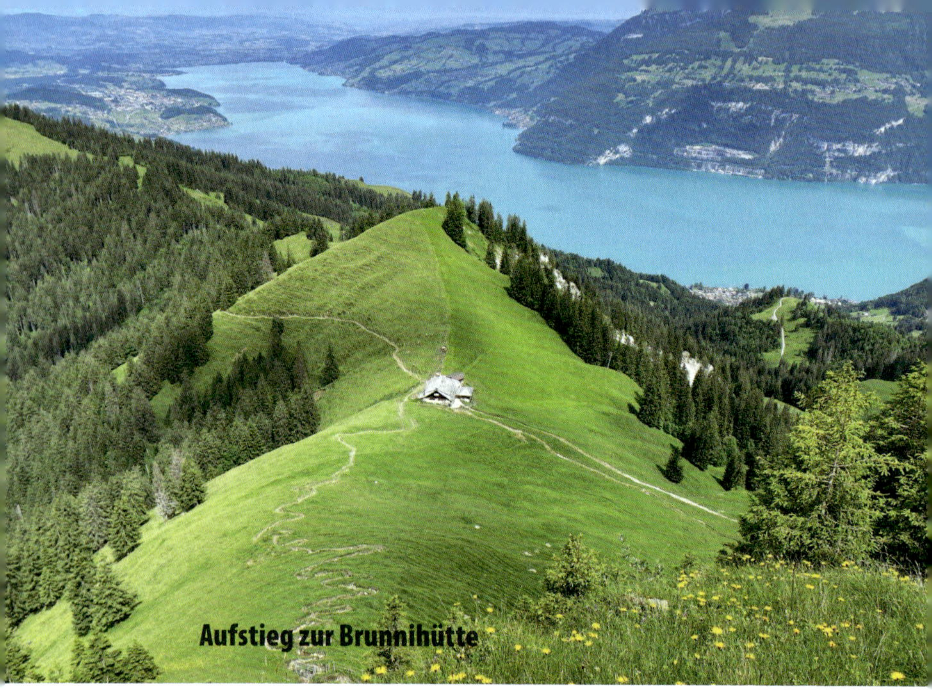

Aufstieg zur Brunnihütte

Die ursprünglich erhaltene ***Alp Brunni*** *ist ein besonderer Ort der Einkehr. Wandergäste werden von der jungen Älplerfamilie liebevoll bewirtet, die auch Ziegenkäse, Mutschli, Alpkäse und hausgemachte Würste zum Mitnehmen verkauft.*

benkräuter. Die steilen Grashänge sind im Juli voller Paradieslilien und Allermannsharnisch.

Und dann haben wir auch schon die **Alp Brunni** 3 (1646 m) erreicht. Am langen Holztisch vor der Hütte genießen wir ein urchiges Frühstück mit selbst gemachtem Zopf und verschiedenen Alpkäse-Spezialitäten.

Danach geht es steil dem Grat zu. Es gibt eine Schlüsselstelle, die etwas dramatisch aussieht. Sie ist aber ganz einfach zu begehen, denn es gibt genug Ketten, um sich festzuhalten. Und die Tritte und Griffe sind so angeordnet, dass diese Passage insgesamt nicht schwieriger ist als Treppensteigen.

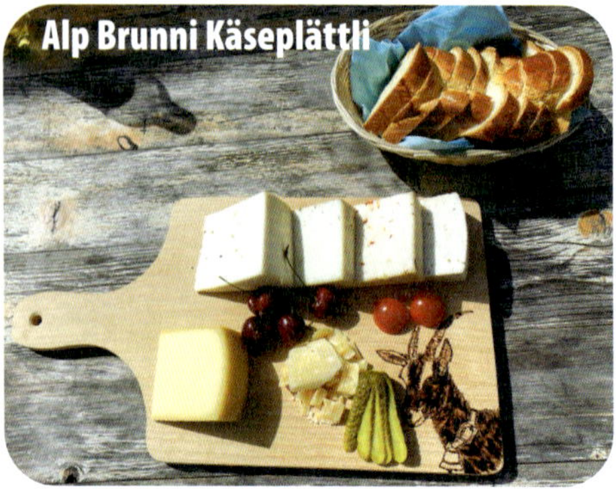

Alp Brunni Käseplättli

Für diese aufregende Strecke werden wir oben am Grat mit einem atemberaubenden Panorama belohnt! Der Thuner- und der Brienzersee glitzern und leuchten tiefblau unter uns. Wir können uns kaum sattsehen. Zu unseren Füßen blühen derweil prächtigst die hochalpinen Bergblumen, das Alpenleinkraut mit seinen winzigen violett-orangen Blüten, verschiedene Steinbrech-Arten, ganze Matten voller Silberwurz.

Das letzte Stück auf dem Grat gehen wir beflügelt von all diesen Eindrücken, ja wir fliegen geradezu leichten Fußes dem Gipfel entgegen. Und dann nochmals großes Staunen! Denn die ganze Rundsicht hat man erst zualleroberst auf dem **Morgenberghorn** 4 auf 2248 Meter Höhe. Es ist schlicht überwältigend. Der Blick schweift im Norden über Thuner- und Brienzersee, zum Niederhorn, Hohgant und zur Kette vom Augstmatthorn und Brienzer Rothorn. Im Süden zeigt sich die Schwalmere und zuhinterst erkennt man die Blüemlisalp. Westlich davon ragen weiß die Berner Hochalpen in den Himmel.

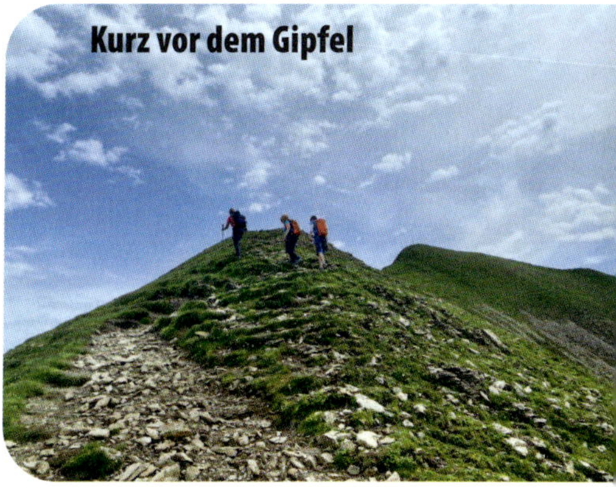
Kurz vor dem Gipfel

Die Gipfel-Standarte dreht sich stets im Wind und klappert, sodass der Berner Bär mal vor Eiger, Mönch und Jungfrau steht, dann wieder vor der Blüemlisalp.

Für den Abstieg wählen wir den Weg über den Rengglipass nach Saxeten. Dieser Pfad ist als **weiß-blau-weißer Alpinwanderweg** markiert. Für alle, die ausgesetzte Passagen und hochalpines Gelände mögen, ist der Abstieg nach Saxeten zu empfehlen, denn die Landschaft ist hier sehr wild, felsig zerklüftet und urwüchsig, und das Panorama über das ganze Brienzersee-Becken ist auf dem Weg hinab schlicht atemberaubend. Auch spät im Herbst ist diese Route gut begehbar, da wir uns an sonnenexponierten Südost- und Südwesthängen bewegen. Allfälliger früher Schnee bleibt hier nicht lange liegen.

*Statt eines Gipfelkreuzes steht auf dem **Morgenberghorn** eine ikonische Standarte aus Metall. Sie trägt auf der einen Seite den Berner Bären, auf der anderen das Schweizer Wappen und gehört gewiss zu den beliebtesten Fotosujets im Berner Oberland.*

Wir wollen heute so viel Panorama genießen wie möglich, und unsere Gruppe besteht aus geübten

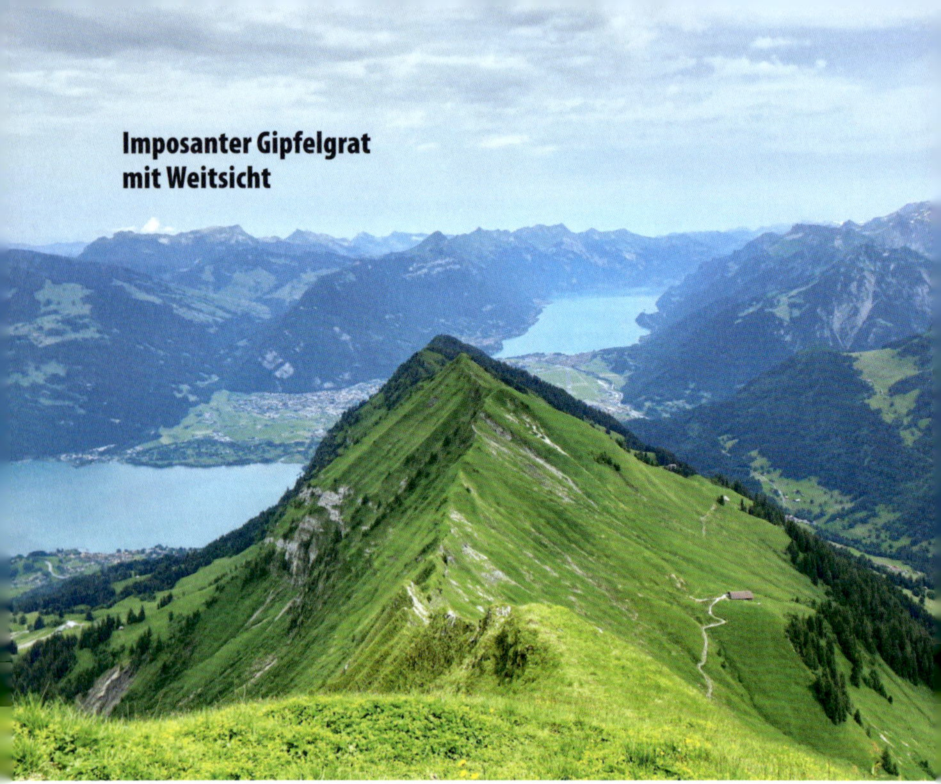

Imposanter Gipfelgrat mit Weitsicht

*Wer das **Morgenberghorn** ausschließlich auf einem weniger anspruchsvollen weiß-rot-weißen Bergweg erobern will, wählt für die Rückkehr den gut ausgebauten Weg nach Aeschiried und/oder ins Suldtal hinab oder geht auf dem gleichen Weg zurück nach Leissigen.*

Wanderinnen und Wanderern. Darum schlagen wir diesen anspruchsvollen Weg ein.

Ein schmaler Graspfad führt uns durch windverwehte, in dichten, niedrigen Matten blühende Bergwiesen. Zuoberst auf dem Westgrat ist der Weg noch breit und gemütlich, sodass wir gut nebeneinander gehen können. Alsbald gelangen wir zu der anspruchsvollsten Passage des Abstiegs an der Westflanke des Morgenberghorns, die stellenweise recht exponierte Stellen beinhaltet. Dieses Wegstück ist nur für trittsichere und schwindelfreie Berggängerinnen und Berggänger geeignet. Der Ausblick aus den Felsen ist glattweg spektakulär und die Mühe allemal wert. Alsbald folgt weiter unten in der Westflanke eine zweite ausgesetzte Passage. Hier hilft ein Drahtseil beim Traversieren. Nochmals kommt eine exponierte, aber wirklich hübsche Geländerippe. Ab da geht es recht steil und spektakulär, aber nicht mehr ganz so exponiert über felsige Stufen und vorbei an wilden Gesteinsformationen hinab zum **Rengglipass 5** (1879 m), dem Übergang vom Saxettal ins Suldtal. Markant ragen die schroffen Zacken von Latreje- und Dreispitz in den Himmel, als wollten sie dem urtümlichen, wildwüchsigen kleinen Tal eine Krone aufsetzen.

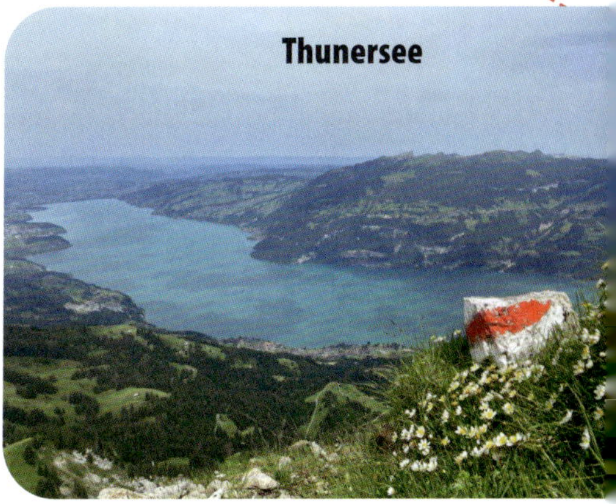

Thunersee

Wir gönnen uns eine ausgiebige Pause und saugen mit den Augen das Panorama in uns auf – der Blick über das ganze Brienzersee-Becken vor uns ist überwältigend.

Gesättigt von den prächtigen Eindrücken machen wir uns auf den weiteren Weg und gelangen auf einem gut ausgebauten **weiß-rot-weißen Bergweg** über Alpweiden problemlos hinab zum **Mittelberg,** wo wir mehrere malerische Alphütten vorfinden. Ein angenehmer

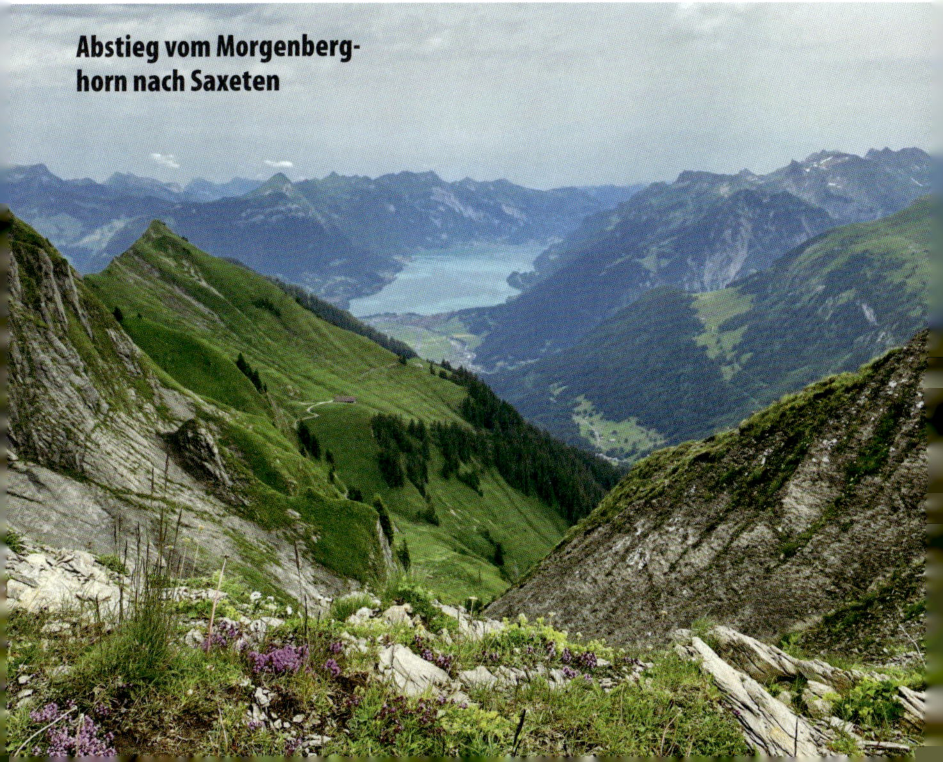

Abstieg vom Morgenberghorn nach Saxeten

*In **Ramsermatten** werden 6 Hektar ökologische Mähwiesen liebevoll gepflegt, dazu kommen 20 Hektar Sömmerungsgebiet für Rinder, 3 Hektar Feuchtgebiet sowie ein Trockenstandort mit großer Artenvielfalt – Schmetterlingen, Orchideen und Wollgräsern.*

Weg führt gemächlich weiter abwärts, mal durch schattigen Wald und dann wieder über hübsche, gepflegte Bergwiesen mit großer Blumenvielfalt. Staunend und schwelgend gelangen wir zum Unterberg.

Von dort aus weiter treffen wir alsbald auf die Alpschaft **Ramsermatten** ❻ (1386 m), die im Jahr 2012 den Kulturlandschaftspreis Oberland Ost gewonnen hat. Besonders auffällig sind nebst den gepflegten Alpwiesen und natürlichen Biotopen die stattlichen alten Ahornbäume, die hier oben prächtig gedeihen.

Dann kommen wir zum Brandgraben (1386 m) und gelangen das letzte Wegstück über ein asphaltiertes Sträßchen hinab ins Tal und bis zur Bushaltestelle beim Schulhaus in Saxeten.

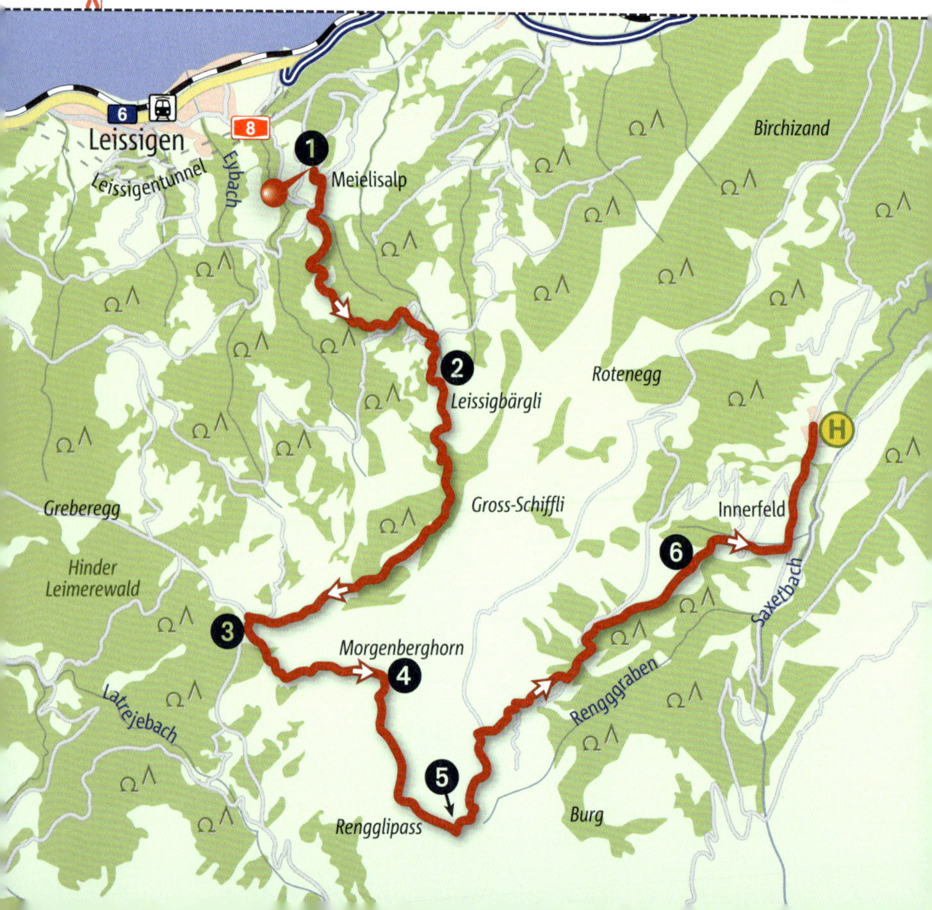

Alles auf einen Blick

WIE & WANN:
Asphaltierte Nebenstraßen, Alpstraßen, Bergwege; anspruchsvolle Alpinwanderung (T2/T3), die gute Trittsicherheit sowie Schwindelfreiheit erfordert; bei der Hangquerung zur Brunnihütte sowie vor allem im Bereich des Morgenberghorn-Gipfels ausgesetzte Passagen; Wanderstöcke sind von Vorteil; beste Zeit Juni bis Oktober, oft auch später im Jahr noch gut möglich (weil der erste Schnee hier meist rasch wieder schmilzt)

Entspannung ✱✱✱✱✱
Genuss ✱✱✱✱✱
Romantik ✱✱✱✱✱

HIN & WEG:
Auto: P+Rail Interlaken West (BSL), Bahnhofstrasse 37, 3800 Interlaken West, gebührenpflichtig (GPS 46.68314, 7.85170)
oder Parking Untere Böningstrasse 9, 3800 Interlaken Ost (direkt gegenüber Bahnhof Ost), gebührenpflichtig (GPS 46.69030, 7.87124)
ÖPNV: Zug bis Leissingen Bf, Abreise ab Wilderswil Bf
Anreise zum Startpunkt: Zug bis Leissigen Bf; von dort Taxidienst (Preise und Auskunft über www.meielisalp.ch > Anreise/Kontakt)
Rückkehr zum Parkplatz: Von Saxeten, Schulhaus Postauto B 111 bis Wilderswil Bf; von dort Zug bis Interlaken

ESSEN & ENTSPANNEN:
Hotel Meielisalp ❶ Thomas & Elisabeth Bettler, Stoffelberg, 3706 Leissigen, Tel. +41 (33) 8 47 13 41, www.meielisalp.ch
Alp Brunni ❸ Marlies & David Gafner, 3803 Beatenberg, Tel. +41 (79) 7 73 72 09, www.bärgchoscht.ch

ENTDECKEN & ERLEBEN:
Leissigbärgli ❷
Morgenberghorn ❹
Rengglipass ❺
Ramsermatten ❻

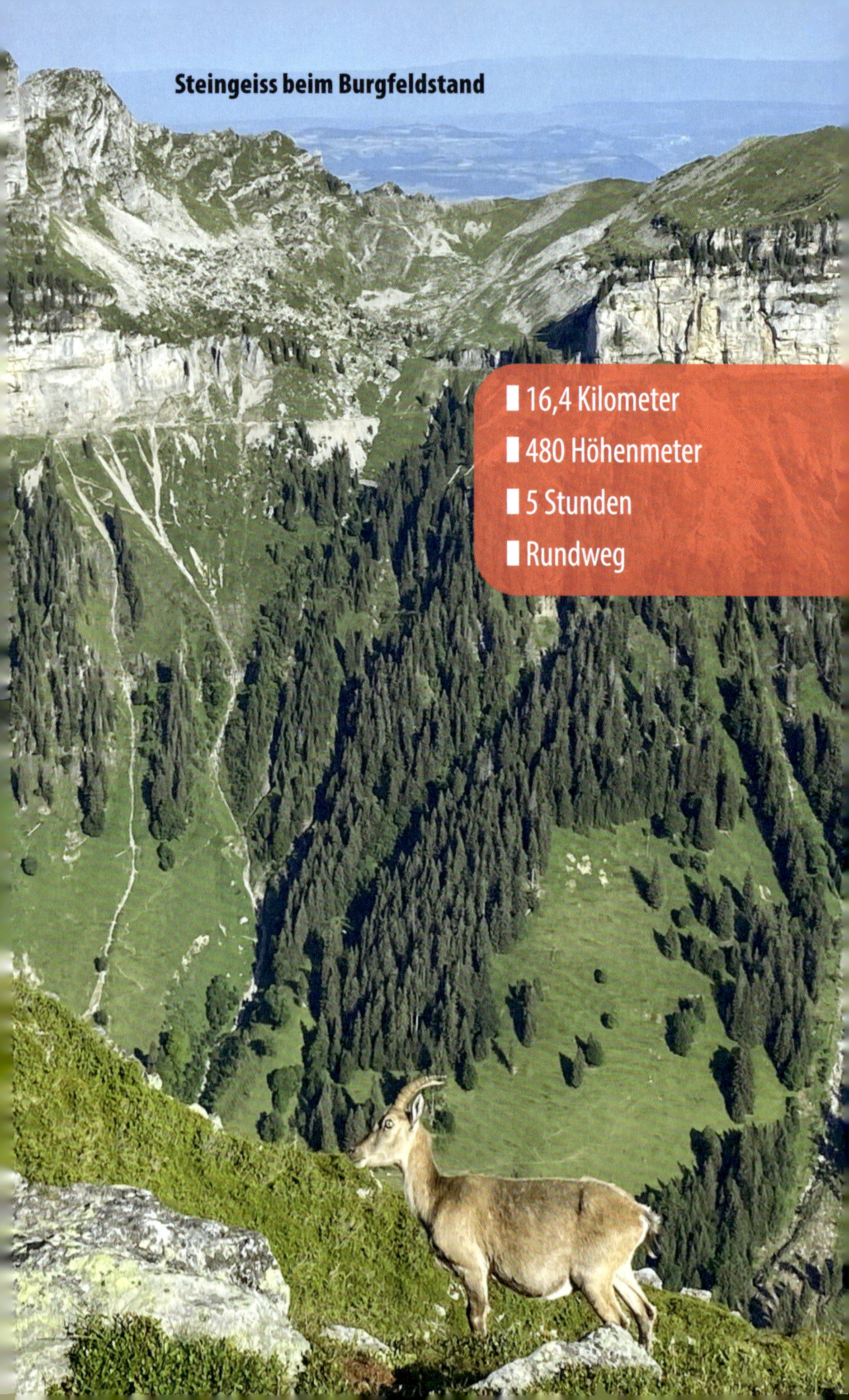

Steingeiss beim Burgfeldstand

- 16,4 Kilometer
- 480 Höhenmeter
- 5 Stunden
- Rundweg

Für diese Wanderung, ein besonderes Highlight für Steinbock- und Steinwildliebhaber, lohnt es sich, früh aufzustehen. Am besten übernachtet man gleich im **Berghaus Niederhorn** 1 auf 1933 Meter Höhe und macht sich im Morgengrauen auf, um den Sonnenauf-

Gratwanderung

Niederhorn und Gemmenalphorn

gang zu genießen. Zu dieser Zeit ist die Chance am größten, viele Steinböcke zu sehen.

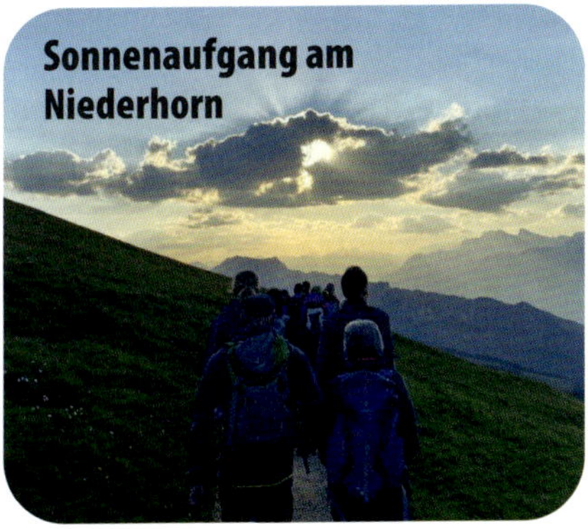
Sonnenaufgang am Niederhorn

So können wir auf unserer Wanderung vom **Niederhorn** den Grat entlang bis zum **Burgfeldstand** mehrere Steingeißen mit ihren spielenden Jungen aus nächster Nähe beobachten. Meist sind mehrere Mütter mit ihren Jungen gemeinsam unterwegs und bilden so etwas wie einen Kindergarten. Die männlichen Steinböcke stehen derweil stolz am Grat und präsentieren ihre massiven Hörner in der Morgensonne – als hätte sie jemand extra hingestellt, um ein Werbefoto zu machen. Wahrscheinlich passen sie von dort oben auf ihre Familien auf.

Wir ziehen weiter Richtung Gemmenalphorn. Ein unglaublich schöner Panoramaweg führt über den Grat, gesäumt von zahlreichen Bergblumen. Wir finden Allermannsharnisch, Edelweiß und unzählige andere Alpenblumen. Unter uns leuchtet blau der Thunersee, auf der anderen Seite sehen wir das Berner

*Eine Herde von 80 bis 100 **Steinböcken** lebt im Bereich des Niederhorns wild und frei. Mit etwas Glück kann man sie von ganz Nahem beobachten. Über die Jahre haben sie sich an Wanderer gewöhnt. Da sie nicht bejagt werden, haben sie keine Angst vor Menschen.*

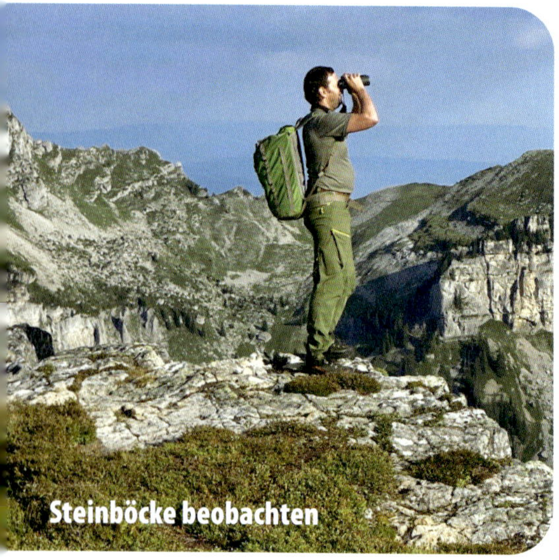
Steinböcke beobachten

Dreigestirn – das Panorama hier oben sucht seinesgleichen. Vor uns sind die Sieben Hengste zu sehen, diese eindrucksvollen weißgrauen Karstfelsen mit den sieben Rücken, die schon zum Emmental gehören, und die urtümlich wilde Landschaft um den Grünbergpass herum, der die Grenze zwischen Berner Oberland und Emmental bildet.

Während wir auf dem **Gemmenalphorn ❷ –** mit 2061 Metern der höchste Punkt unserer Tour – ein Sandwich essen, grast friedlich in nur vier Meter Entfernung eine Steingeiß, die immer mal wieder zu uns hinüberschaut. Ein schweres Kameraobjektiv mittragen muss hier jedenfalls niemand – außer man möchte auch die Murmeltiere und die Schnee- und Feldhasen fotografieren, von denen es hier etliche gibt. Auch ein Adlerpaar brütet in der Gegend.

Vom Gemmenalphorn führt uns der Wanderweg steil hinunter ins Gebiet **Loubenegg ❸** auf 1862 Metern. Über eindrucksvolle grauweiße Karstfelder aus Kalkfels, später durch Alpwiesen schlängelt sich der markierte Weg. Vor uns liegt malerisch der Hohgant.

Wir nehmen den Wanderweg in Richtung **Bäreney,** überqueren saftige Weiden mit Kühen, die uns friedlich nachgucken und sich durch die Gäste gar nicht gestört fühlen. Bei einer kleinen Alp füllen wir unsere Trinkflaschen am Brunnen auf. Etwas weiter unten bei **Bäreney** (1677 m) gibt es nochmals einen Trinkwasserbrunnen. Achtung, nachher treffen wir lange auf kein fließendes Wasser mehr!

Der Bergweg führt uns durch das Gstapf, einen alten Wald mit knorrigen Bäumen, hinauf Richtung

Oberberg. Hier ist die Landschaft sehr wild und ursprünglich. In dem dichten Gebüschteppich aus Wacholder, Alpenrosen und Erlen hören wir Birkhühner fiepen. Zwischen dem Dickicht liegen offene Grasflächen, und in Senken bilden sich kleine Hochmoore mit Wollgras und stehendem Wasser. Dies ist das Ge-

Für die Seele

Steinböcke und andere Wildtiere in der Natur beobachten – dabei findet auch das unruhigste Gemüt seinen Seelenfrieden.

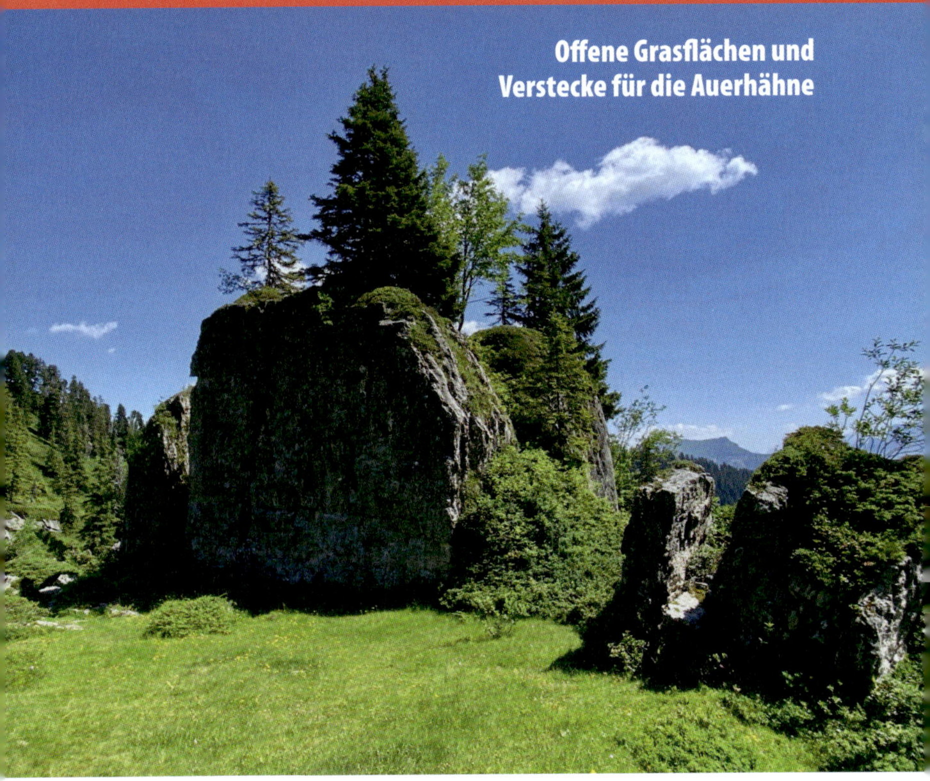

Offene Grasflächen und Verstecke für die Auerhähne

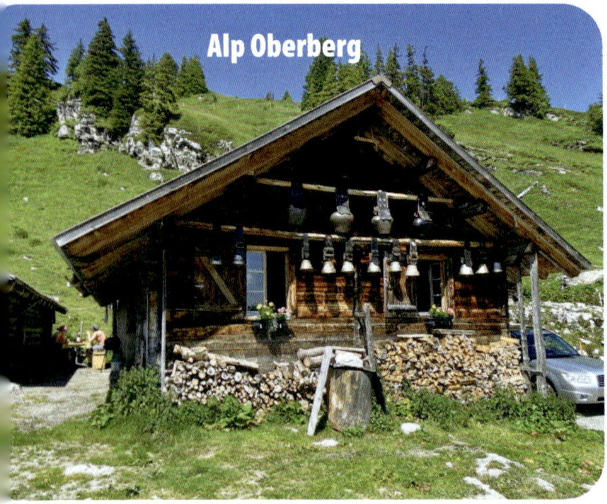

biet der Auerhähne und Birkhühner. Man müsste jedoch sehr zeitig im Morgengrauen hier auf der Lauer liegen und einen guten Feldstecher mitnehmen, um sie beobachten zu können. Sobald am Morgen der Wanderbetrieb losgeht, ist von dem scheuen Birkwild nichts mehr zu sehen.

Weiter geht's zur **Alp Oberberg** (1816 m), die hübsch gelegen ist, aber leider keine Verpflegungsmöglichkeit bietet. Der Brunnen ist abgesperrt, und es ist auch nicht erlaubt, sich irgendwo auf dem Gelände kurz zu setzen. Also gehen wir weiter zur nächsten Alp. Diese heißt **Alp Oberburgfeld** (1838 m) und ist gar kein bisschen gastlicher. Auch hier ist der Brunnen abgesperrt. Im Karstgebiet ist Wasser ein sehr kostbares Gut, das verstehen wir. Und offenbar haben die Sennen hier weder Zeit und Lust, um den Wanderern vielleicht ein Mineralwasser oder einen Kaffee zu verkaufen – wir wären ja durchaus geneigt, uns gegen Bezahlung für ein Getränk an diesen malerisch gelegenen Orten zu einer Rast niederzulassen. Dann halt eben nicht. Die Schönheit der Landschaft entschädigt uns allenthalben für die fehlende Gastlichkeit.

Und weiter geht's zum **Häliloch** (1750 m). Ab hier nimmt der touristische Verkehr merklich zu. Spaziergänger vom Beatenberg verirren sich hierhin in recht ungeeignetem Schuhwerk, und je näher wir der Mittelstation Vorsass der Niederhornbahn kommen, desto mehr Leute begegnen uns. Nicht so schlimm – wir hatten unsere Auszeit, wir hatten die Wildnis, die Steinböcke und das unglaublich atemberaubende Panorama hier oben zur Genüge genießen können. Gönnen wir also den Sandalentouristen auch noch ein bisschen von der prächtigen Aussicht, auch wenn sie nur schnell mit der Bahn hochfahren, ein paar Selfies knipsen und wieder verreisen.

Wir gönnen uns im **Bärgrestaurant Vorsass** ❹ eine feine Gemmenalphorn-Rösti und einen hausgemachten Geißen-Peter-Flammkuchen.

Frisch gestärkt fahren wir mit der Bahn zum See hinunter, denn wir wollen uns zum Abschluss dieser eindrucksvollen Tour noch die St.-Beatus-Höhlen anschauen. Dieses imposante Höhlensystem mit Wasserfällen des Höhlenbaches liegt am Nordufer des Thunersees, am Fuß einer großen Felswand in einer wilden Landschaft. Wir sind schon auf dem Hinweg daran vorbeigefahren und neugierig geworden auf diese Sehenswürdigkeit.

Die **St. Beatus-Höhlen** ❺ bestehen aus mehr als 1000 Meter Gängen, die für die Besucher ausgebaut und

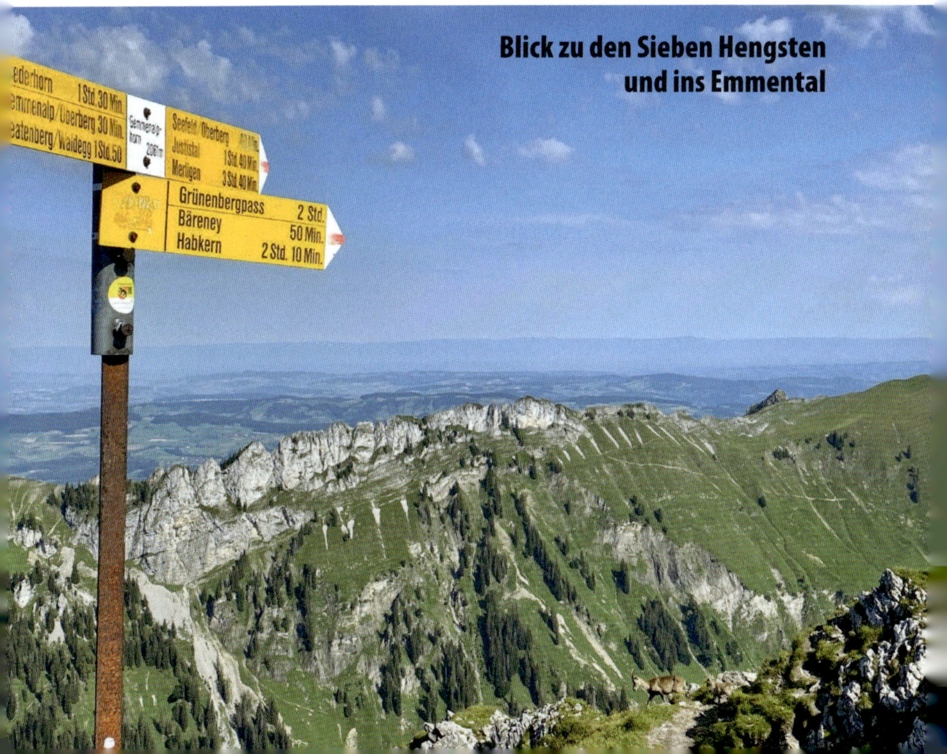

Blick zu den Sieben Hengsten und ins Emmental

*Der **Karst** ist nach der Region Kras nahe Triest benannt, wo diese Formen der Kalklösung typisch sind. Einige Gesteinsarten, wie Kalk und Gips, werden durch Niederschlagswasser gelöst, das so die Landschaft modelliert und Dolinen, Höhlen und Schächten schafft.*

durch ein Höhlenforschungsmuseum ergänzt wurden. Die Höhlenforscher haben in der Höhle zahlreiche weitere Gänge erforscht, die zusammengerechnet eine Länge von über 10 Kilometern ergeben. Das dazugehörige Museum stellt den Karst in der Umgebung – ein Fünftel der Schweizer Landesfläche besteht aus Karst – und die mit der Höhlenforschung und der unterirdischen Umwelt allgemein verbundenen Fragen in einen größeren Kontext.

Um zu den St.-Beatus-Höhlen zu gelangen, steigen wir über einen Weg auf, von dem aus wir einen prächtigen Überblick über die Wasserfälle haben. Was für ein berauschender Abschluss für diesen eindrucksvollen Tag!

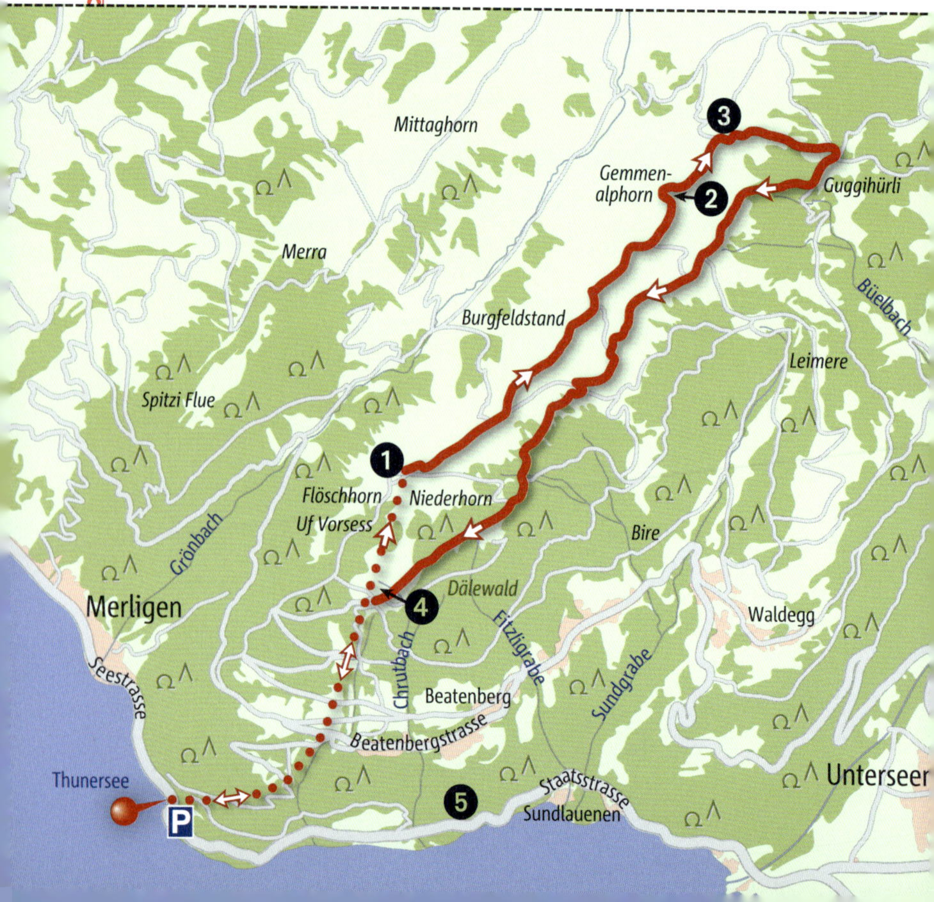

Alles auf einen Blick

WIE & WANN:
Berg- und Wanderwege; möglich Mitte April bis Anfang November (Betriebszeit der Niederhornbahn)

Entspannung ★★★★☆
Genuss ★★★★★
Romantik ★★☆☆☆

HIN & WEG:
Auto: Die Seestrasse entlang bis Beatenbucht; Parkplatz/Parkhaus Beatenbucht (gebührenpflichtig) (GPS: 46.68522,7.74788)
ÖPNV: Von Thun Bf STI-Bus Linie 21 bis Beatenbucht; oder ab Interlaken West Postauto 101 bis Beatenberg Station; oder Schiff Interlaken West–Beatenbucht (Kombiticket mit Niederhornbahn erhältlich)
Anreise zum Startpunkt: Niederhornbahn (Beatenbucht–Beatenberg–Niederhorn), Tel. +41 (33) 8 41 08 41, www.niederhorn.ch

ESSEN & ENTSPANNEN:
Berghaus Niederhorn ❶ 3803 Beatenberg, Tel. +41 (33) 8 41 11 10
Bärgrestaurant Vorsass ❹ Alp Vorsass, 3803 Beatenberg, Tel. +41 (33) 8 41 00 28, bergrestaurant-vorsass.ch
Außerdem interessant:
Seerestaurant Beatenbucht, Seestrasse 370, 3658 Merligen, Tel. +41 (33) 2 51 13 18

ENTDECKEN & ERLEBEN:
Gemmenalphorn ❷
Loubenegg ❸
St.-Beatus-Höhlen ❺ Seestrasse 30, 3800 Sundlauenen, Tel. +41 (33) 8 41 16 43, www.beatushoehlen.ch

Hundsrügg

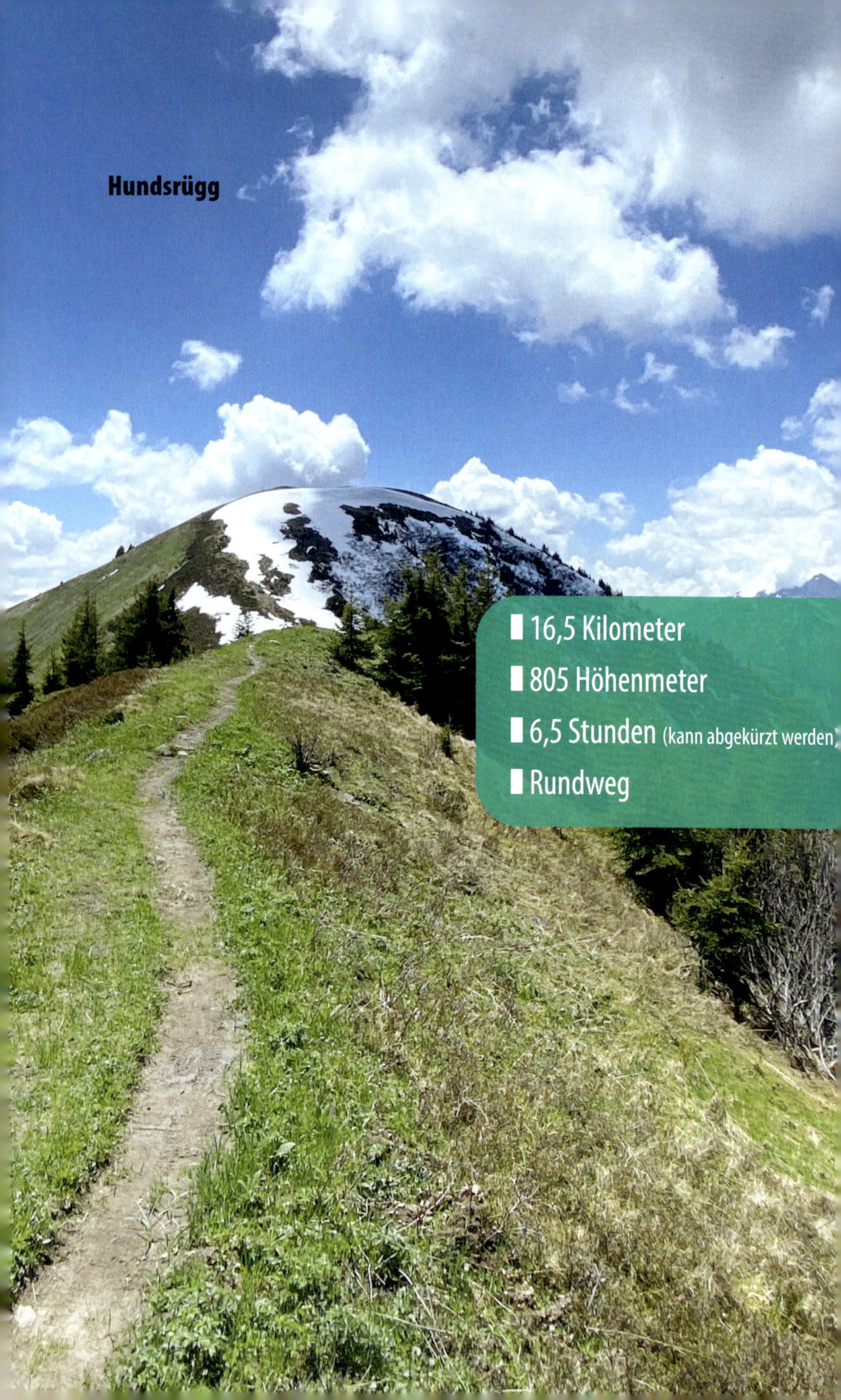

- 16,5 Kilometer
- 805 Höhenmeter
- 6,5 Stunden (kann abgekürzt werden)
- Rundweg

Heute wollen wir uns eine ausgiebige Rundwanderung mit grandiosem Panorama und feinstem Essen gönnen. Und zwar werden wir einkehren im Restaurant Zur Sau im Dorf Abländschen, dem wohl abgelegensten Ort im ganzen Berner Oberland. In dem winzigen Bergdorf leben nur 40 Kühe und drei Bauernfamilien. Eine einsame Straße vom Greyerzerland führt über das freiburgische Jaun in das Kaff am Ende der Welt hinauf. Viel schöner aber ist der Weg zu Fuß vom Jaunpass her. Da das Essen in der „Sau" sehr opulent ausfällt, gilt es zuerst einmal entsprechend hungrig zu werden. Und wo würde der Appetit besser angeregt als auf einer ausgiebigen Wanderung?

Sau-lecker

Über den Hundsrügg

Aber eigentlich sind wir schon von der Anreise auf den Jaunpass ein wenig hungrig. Und so gönnen wir uns erst einmal auf der Terrasse des **Restaurant Alphüttli Fängli** ❶ (1555 m) oberhalb des Jaunpasses einen Kaffee und einen Nussgipfel. Wer sich diesen kleinen Umweg ersparen möchte, stärkt sich im Beizli des **Campings** ❷ direkt am **Jaunpass** (1509 m). Der etwas wilde, schon fast anarchistische Charme des Freiburgischen ist hier oben unverkennbar, obwohl wir uns in einer Enklave auf Berner Kantonsgebiet befinden. Die Ästhetik ist auf dem Jaunpass klar diejenige des welschen Laisser-faire, des unbekümmerten Machenlassen – jeder macht gerade so, wie es ihm gefällt. In dieser char-

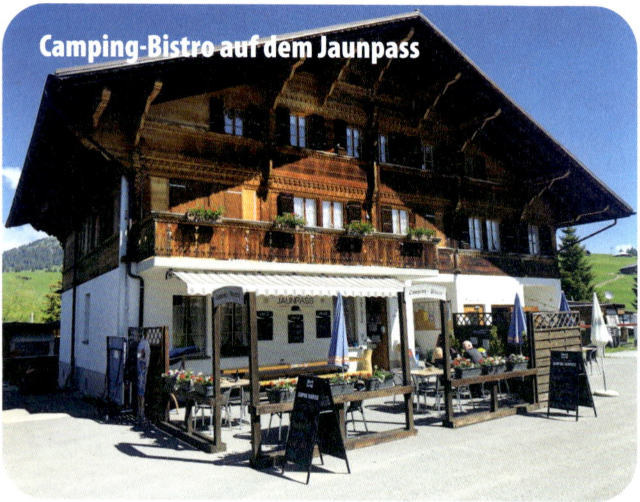

Camping-Bistro auf dem Jaunpass

manten Ungezwungenheit fühlen wir uns frei und willkommen.

Wer nicht in einem der Restaurants einkehren will, kann sich auch am Kiosk gleich an der Straße mit Getränken eindecken. Nachher gibt es je nach Jahreszeit nichts mehr bis nach Saanenmöser oder auf der anderen Seite nach Abländschen hinab – die wenigen Alphütten, denen wir unterwegs begegnen, sind nur im Hochsommer bewohnt. Wir aber unternehmen diese Wanderung im Juni, um die Fülle der Bergblumen zu genießen.

Die erste Viertelstunde gehen wir auf einer asphaltierten Straße und gelangen bald auf einem sanft ansteigenden Weg auf den Hundsrügg. Von den zahlreichen Motorradfahrern auf dem Jaunpass sehen und hören wir hier schon längst nichts mehr. Dafür führt uns der Wanderweg durch Wiesen voller Kalk-Glocken-Enziane sowie Hahnenfuß und Fünffingerkraut. Es ist ein einziges gelb-blau leuchtendes Blumenmeer, zur Abwechslung gespickt mit Oasen von weißen Anemonen. Später im Sommer blühen auf diesem Weg Unmengen von Arnika und Alpenrosen, Männertreu

*Der **Jaunpass** gehört zum Gemeindegebiet von Boltigen und zum Gebiet der Gastlosen. Er verbindet das freiburgische Greyerzerland mit dem Simmental im Berner Oberland.*

und Frauenmänteli. Heidelbeeren und Himbeeren locken dann am Wegesrand zum Naschen.

Wir aber wandeln durch die Blütenpracht des Bergfrühlings – diese beliebte Panoramawanderung stellt die Gäste vor die Qual der Wahl, welche Saison am schönsten ist! Schon bald haben wir auf der Höhe der Bergstation eines stillgelegten Skilifts (1668 m) den **Rundumblick** ③ erreicht. Wir halten inne und saugen mit unseren Augen die grandiose 360-Grad-Sicht in uns auf. Die schroffen Felsen der Gastlosen modellieren den Horizont vor uns.

Wenn wir zurückschauen, sehen wir das ganze Simmental hinab. Unsere Blicke schweifen von der Mittagsfluh bis zum Stockhorn über die wohlgeform-

*Die **SAC-Sektion Oldenhorn** feierte 2020 ihr hundertjähriges Jubiläum. Dazu wurde mit 320 großen Kerzen die ganze Gastlosenkette beleuchtet. Über 60 Mitglieder des Alpenclubs erklommen jeden einzelnen Gipfel der prägnanten Bergkette.*

Für die Seele

Auf dieser langen Wanderung mit dem grandiosen Weitblick lassen wir alle Sorgen des Alltags hinter uns und leben ganz im Moment.

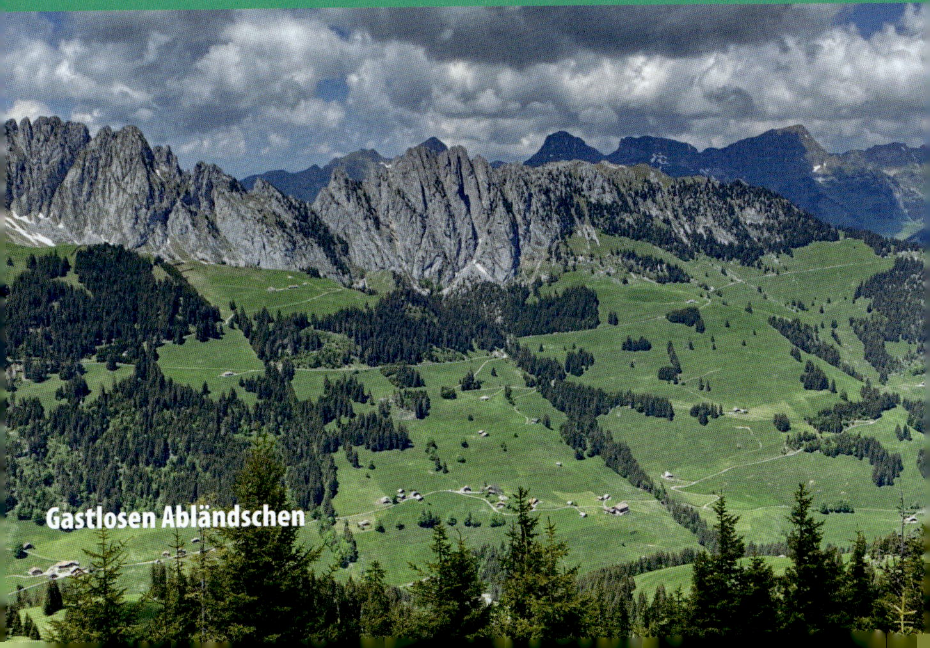

Gastlosen Abländschen

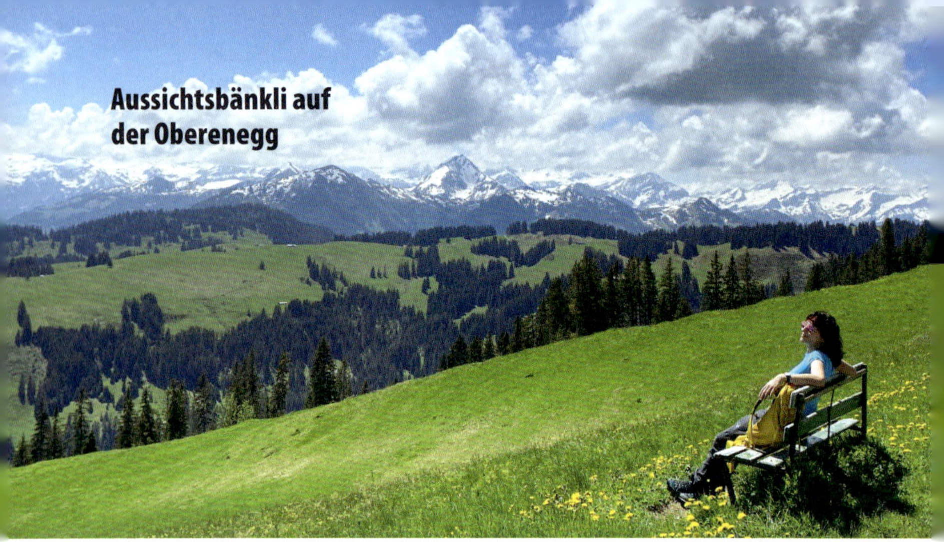

Aussichtsbänkli auf der Oberenegg

ten Simmentaler Voralpen. Im Südosten erspähen wir den Groß-Strubel mit dem Plaine-Morte-Gletscher, der in der Morgensonne verführerisch glitzert wie ein Edelstein. Davor erhebt sich mächtig die Spillgerte, und rechts davon ragt das eindrucksvoll schroffe Albristhorn gefährlich in den Himmel. Vor allem aber prägt die Bergkette der Gastlosen das Bild. Dieses Gebiet ist bei Kletterern äußerst beliebt. Die Wandfluh, der Zuckerspitz und die Dent de Ruth ziehen sich wie exakt gearbeitete Scherenschnitte durch das Panorama. Der Zahn der legendären Ruth trägt im Morgenlicht stolz sein rotes Halstuch aus eisenhaltigem Gestein zur Schau. In der Ferne erkennen wir bei dem klaren Wetter an diesem wunderprächtigen Morgen auch die Waadtländer und Berner Alpen. Was für ein zauberhafter Ort, um die Seele mit Weitblick zu füllen.

Derart innerlich gestärkt, setzen wir den Weg Richtung Hundsrügg fort. Bald bietet sich abermals ein prächtiger Ausblick. Wie schön, dass es an dieser Stelle auf 1764 Metern ein **Aussichtsbänkli** ❹ gibt!

Wir folgen einem Alpweg über Weiden mit grasenden Kühen hinauf bis zur **SAC-Hütte Cabane de l'Oberegg** ❺ (1818 m). Sie ist nur im Sommer bewartet. Dafür weiden im Juni schottische Hochlandrinder auf den frischgrünen Wiesen um die Hütte herum.

Uns führt der Weg zügig den Berg hinauf zu den ersten Schneefeldern. An ihren Rändern blühen zu Tausenden weiße Krokusse, gesprenkelt mit einigen violetten Exemplaren. Auch Soldanellen treffen wir in großer Zahl an.

Und schon erhebt sich vor unseren Augen das **erste Kreuz auf dem Hundsrügg** ❻ (1926 m), dessen Rücken über und über mit Alpenrosen bewachsen ist. Rechter Hand unter uns sehen wir nun das Dorf Abländschen, und mit dem Feldstecher erkennen wir sogar das Restaurant Zur Sau, wo der junge Wirt Clà Frei und sein Team schon unser Essen vorbereiten. Wir sehen die beackerten Flächen der traditionellen Dreifelderwirtschaft.

Ein leichtes Auf und Ab des Weges führt uns weiter über drei Gratgipfel bis zum **eigentlichen Gipfelkreuz** ❼ auf 2047 Metern. Dort gibt es sogar ein Gipfelbuch, das in einem originalen Militär-Kochgeschirr wohlversorgt ist. Durch Alpenröslistauden und Wacholdergebüsch, vorbei an offenen Bergwiesenflächen

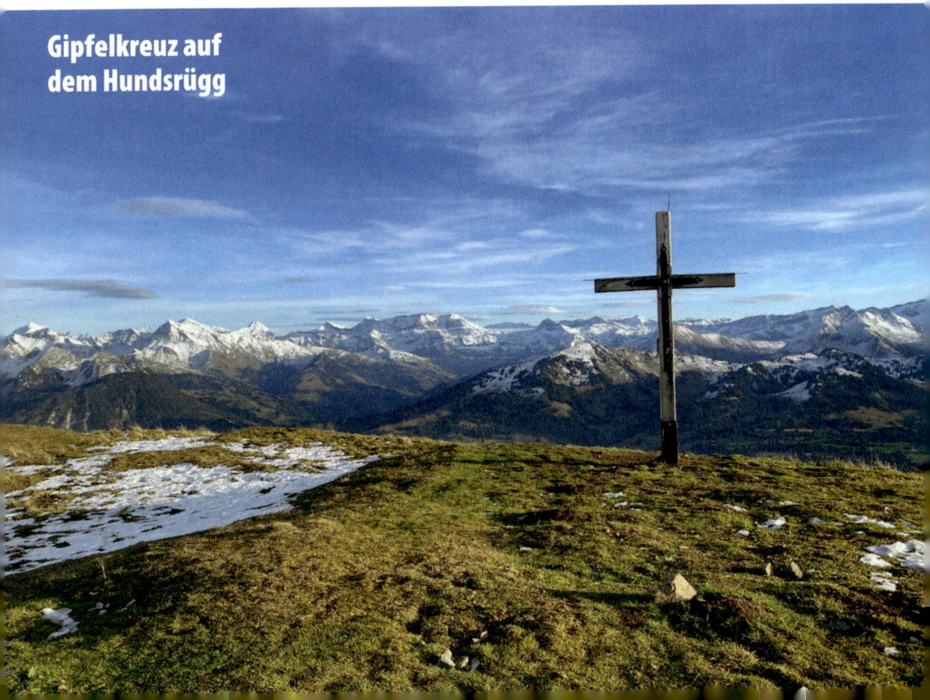

Gipfelkreuz auf dem Hundsrügg

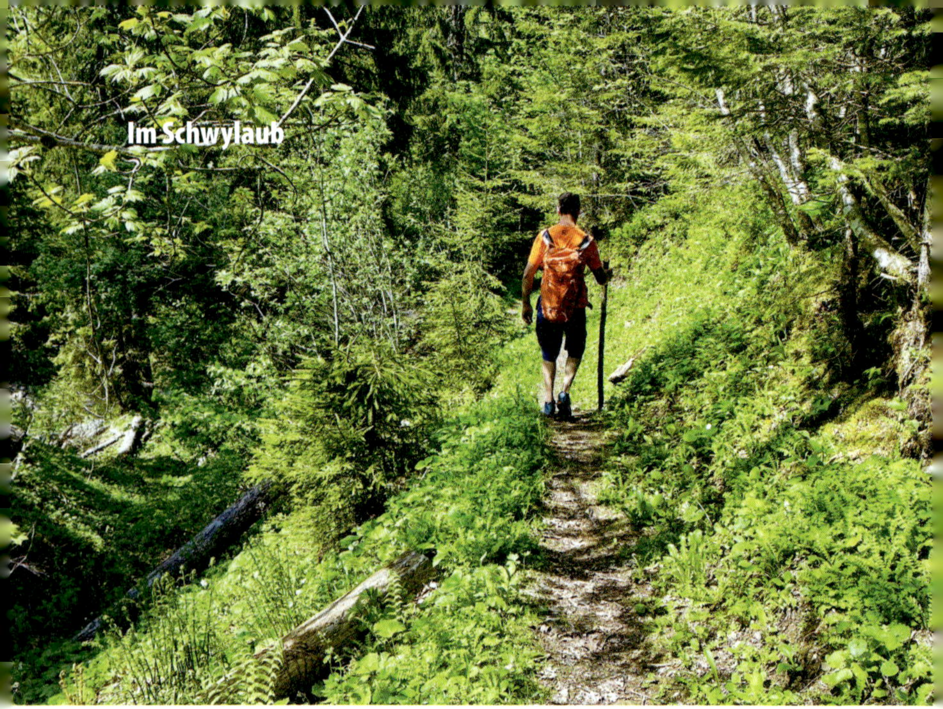

mit Enzianen und Mehlprimeln und unzähligen anderen bunt blühenden Alpenpflanzen, gehen wir über den Grat an einem kleinen Seelein (1967 m) vorbei hinunter zur **Bire** 8 (1789 m). Dies ist eigentlich eine große Grasbeule, mit jeder Menge Platz, um zu rasten, die Seele baumeln zu lassen und das Panorama in sich aufzusaugen.

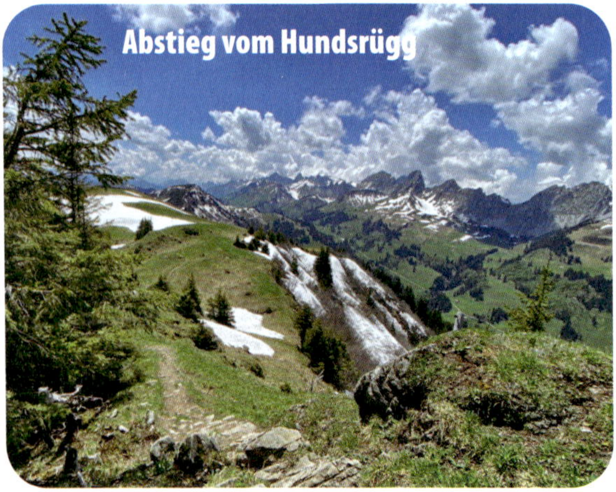

Von der Bire folgen wir dem Wanderweg nach **Schwylaub.** Ein schmaler Bergweg bringt uns durch den hübschen Steilwald, wir werden begleitet vom Rauschen munterer Bächlein und von lustigen Eichhörnchen.

Unten am Jäunlibach angelangt, überqueren wir eine Brücke (1361 m) und folgen auf der linken Talseite dem **Jaungrundweg,** bis wir nach einem Kilometer auf die **Abländschenstrasse** stoßen. Sie führt uns nach 1200 Metern zum **Berghotel Zur Sau** ❾ (1300 m). Gluschtig und hungrig von der langen Wanderung, lassen wir uns auf der einladenden Terrasse des Restaurants nieder. Vor uns erhebt sich der ganze Grat des Hundsrügg, über den wir am Morgen gegangen sind.

Brot und Züpfe werden von einer Familie im Dorf gebacken. Die Schweine leben vis-à-vis vom Restaurant auf der Alp Fideritschi. Der Käse stammt von der Familie Poschung, und die Kartoffeln werden extra von der achtköpfigen Bauernfamilie Dänzler für das Restaurant angebaut. Lokaler und frischer geht es nimmer.

*Wer nach dem Essen zu müde ist, nimmt entweder ein Zimmer im **Berghotel Zur Sau** und genießt das süße Nichtstun. Oder aber er fährt mit dem Taxi zurück zum Jaunpass.*

Entsprechend gut mundet uns das Essen an diesem verwunschenen Ort weitab von allem Geschehen auf der Welt – oh, hier im Abländschen findet man wirklich seine Ruhe von allen Sorgen. Büromails, unerfreuliche Anrufe oder sonstige Unbill aus der übrigen Welt können gar nicht in dieses Bergidyll hinüberschwappen – denn im Tal gibt es praktisch keinen Mobilfunkempfang.

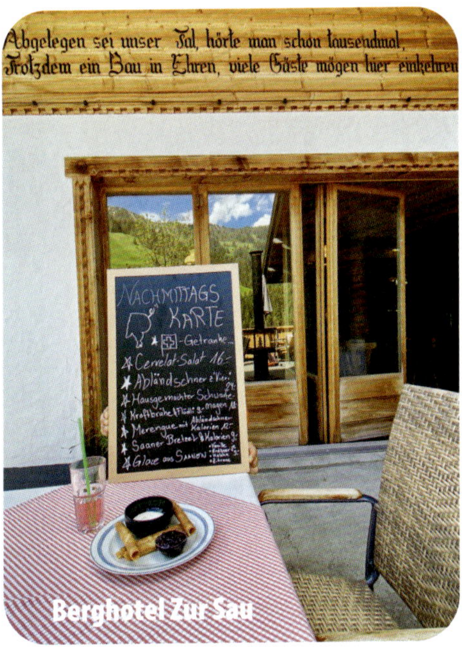

Berghotel Zur Sau

Dann setzen wir frisch gestärkt den Rundweg fort. Wir wandern die Straße entlang gegen Norden und nehmen nach rund 200 Metern einen Wanderweg rechts hinunter zum **Restaurant Zitbödeli** ❿. Nach weiteren 150 Metern auf der **Abländschenstrasse** überqueren wir abermals den Jäunlibach. Der Wanderweg führt uns nun stetig aufwärts bis zur **Alpkäserei Fideritschi** (1388 m).

Von hier aus wandern wir über die **Alp Pletsch** zum Teil im

Verwöhntour 10

Wald und dann wieder über offene Matten zur Underenegg weiter in den **Burewald** nach **Hüttlistalde-Toffelsweid,** ein ehemaliges kleines Skigebiet mit einem Schlepplift, das 2017 stillgelegt wurde. Auf der **Alp Hüttlistalden ⓫** (1535 m) unterhalten die Müllers aus Boltigen im ausgedienten Artilleriebunker nebenan ein Hobelkäselager. Wenige Hundert Meter weiter unten entdecken wir noch eine gut eingerichtete **Grillstelle mit Spielplatz ⓬** in einem lichten Wäldli (1510 m). Nun stehen wir nur wenige Meter von der Jaunpassstraße entfernt, dort, wo unsere Verwöhntour begonnen hat – wir sind gut genährt und glücklich, diese wunderbare Landschaft am Ende der Welt durchwandert zu haben.

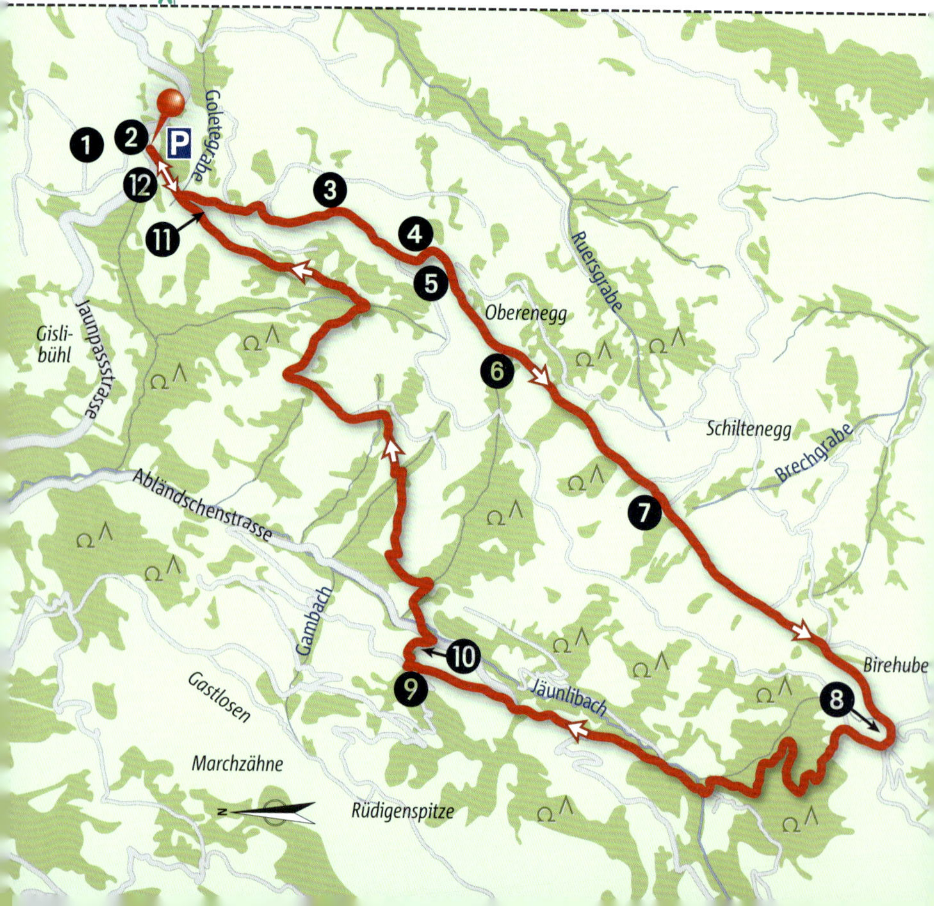

Alles auf einen Blick

WIE & WANN:
Asphaltierte Nebenstraße (1,4 km), Pfad (10,3 km), Naturweg (4,8 km); Schwierigkeit: T2; beste Zeit Mai bis Oktober

HIN & WEG:
Auto: Zahlreiche Parkmöglichkeiten (gebührenpflichtig) am Jaunpass, 3766 Boltigen (GPS: 46.591328, 7.336739)
ÖPNV: Von Boltigen Bf oder von Bulle Bus 260 bis Jaunpass, Busstation
Abkürzung mit Taxi-Rückfahrt vom Berghotel/Restaurant „Zur Sau“, Abländschen, zum Jaunpass: Taxi Jauntal Charmey, Tel. +41 (79) 2 55 10 07

ESSEN & ENTSPANNEN:
Restaurant Alphüttli Fängli ❶ mit Sonnenterrasse, Zügwegen, 3766 Jaunpass-Boltigen, Tel. +41 (79) 7 40 17 74, www.faengli.ch

Entspannung ✱✱✱✱✱
Genuss ✱✱✱✱✱
Romantik ✱✱✱✱✱

Restaurant Camping Jaunpass ❷ Jaunpass 1073, 3766 Boltigen, Tel. +41 (33) 7 73 69 53, www.campingjaunpass.swiss
Berghotel Zur Sau ❾ Abländschenstrasse 55, 1657 Abländschen, Tel. +41 (26) 9 29 85 50, www.zur-sau.ch
Restaurant Zitbödeli ❿ Abländschenstrasse 12, 1657 Abländschen, Tel. +41 (26) 9 29 80 29, www.restaurant-zitboedeli.ch

ENTDECKEN & ERLEBEN:
Rundumblick an stillgelegter Skiliftbergstation ❸
Aussichtsbänkli ❹
Cabane de l'Oberegg ❺
Vorderes Kreuz Hundsrügg ❻
Gipfelkreuz Hundsrügg ❼
Bire ❽
Alp Hüttlistalden ⓫
Grillstelle mit Kinderspielplatz ⓬

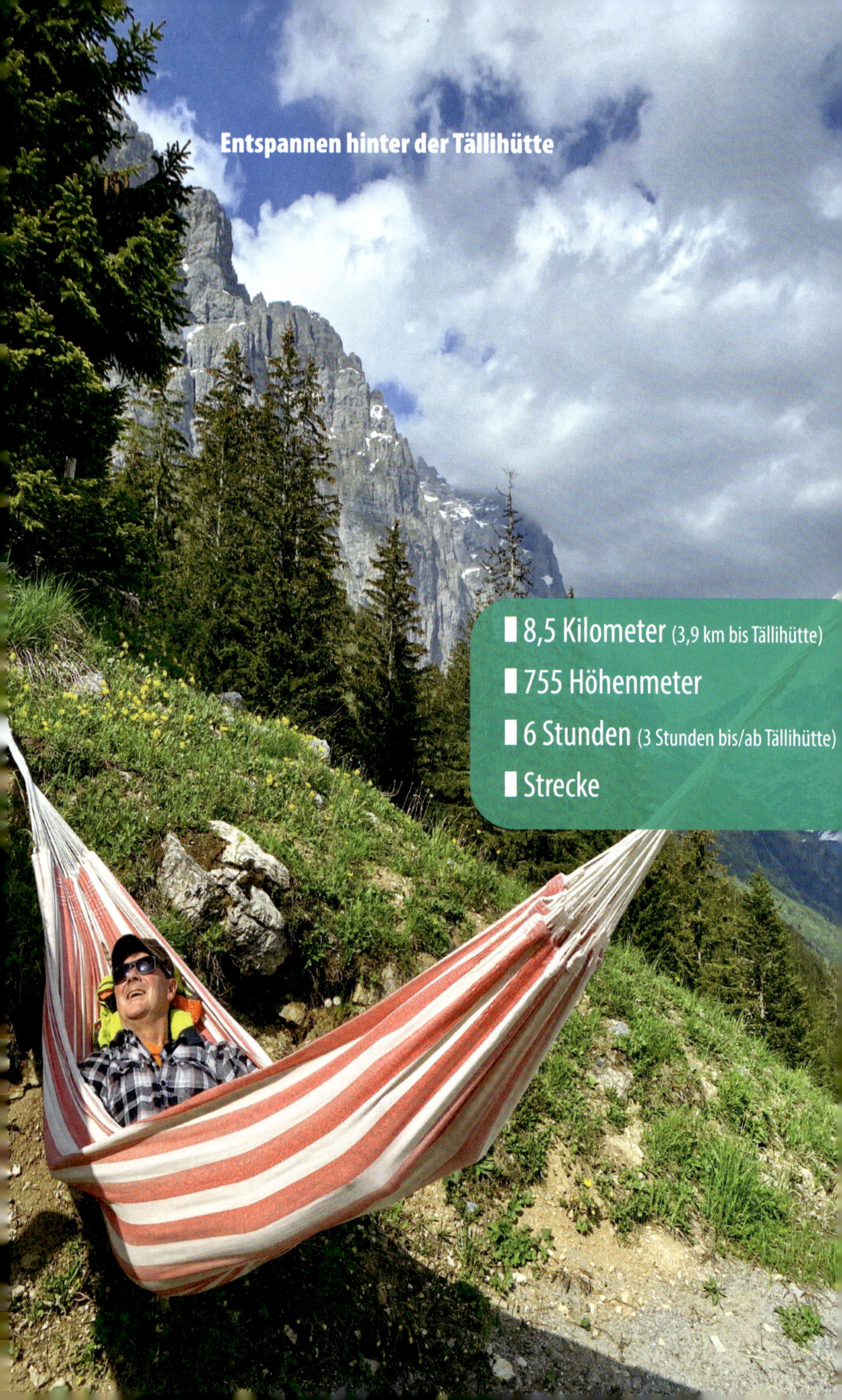
Entspannen hinter der Tällihütte
8,5 Kilometer (3,9 km bis Tällihütte)
755 Höhenmeter
6 Stunden (3 Stunden bis/ab Tällihütte)
Strecke

Wir beginnen unsere heutige Genusstour mit feinem, im Oberland geröstetem Kaffee und einem leckeren hausgemachten Himbeerkuchen mit Rahm auf der hübschen, sonnigen Terrasse eines **Restaurants,** das passenderweise auch noch **Terrasse** ❶ heißt, in **Nessental.** Frisch gestärkt marschieren wir eine Viertelstunde eine kaum befahrene Alpstraße entlang durch den Wald hinauf. Von den ersten Wegmetern an ist die Vegetation auffällig üppig und mit Vielfalt gesegnet. Am Wegrand erfreuen uns Margeriten, Skabiosen und Glockenblumen, Teufelskrallen, Ochsenzungen und verschiedene Kerbelarten. Stattliche Felsbrocken aus Aaregranit sorgen für Abwechslung. Alsbald erreichen wir einen Tunnel (1170 m), der wie ein überdi-

Felsiger Genuss

Von Nessental zur Tällihütte

mensioniertes altes Weinfass mit Holzdielen ausgekleidet ist.

Das sanft ansteigende Alpsträßchen bringt uns weiter hinauf bis zur **Alp Staldi** (1131 m). Ab hier führt eine Naturstraße weiter hinauf, die alsbald in einen **rot-weißen Bergweg** übergeht. Dieser schlängelt sich durch üppigste Blumenwiesen, und die geschickte Wegführung erlaubt den Blick auf die eindrucksvollen Felstürme der Engelhörner. Wir gelangen auf dem schmalen, recht steilen Bergweg zügig zum **Birchlauiwald** hinauf. Diese Anstrengung ist uns gerade willkommen, um die Kalorien vom üppigen Himbeerkuchen zu verbrennen.

*Es lohnt sich, die Tour zweitägig zu planen und sich auf dem **Berggasthaus Tälli** auch noch das Abendessen und eine Übernachtung zu gönnen. Das Frühstück ist ein weiterer Genuss mit rezentem Alpkäse aus dem Gadmental und selbst gemachter Marmelade.*

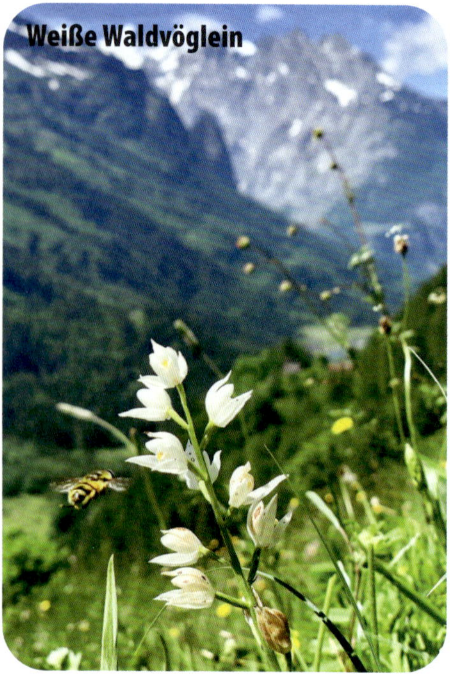

Weiße Waldvöglein

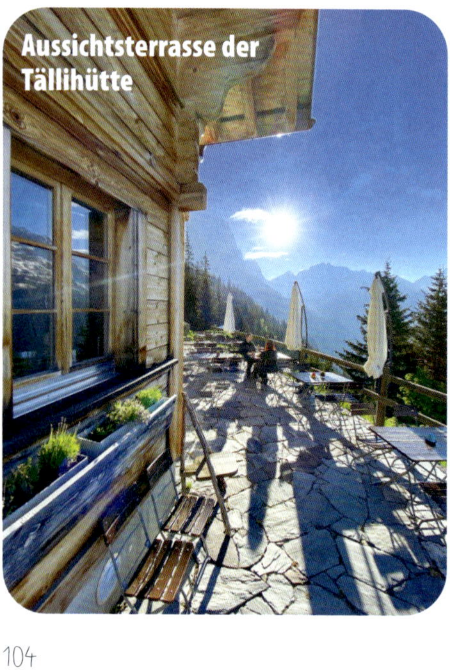

Aussichtsterrasse der Tällihütte

Auf einer großen Lichtung im Birchlauiwald machen wir Rast – hier finden wir die seltenen Weißen Waldvögelein, eine Orchideenart.

Der Bergweg führt uns immer weiter hinauf, am Himmel erheben sich über uns schroff die Gadmer Dolomiten mit dem markanten Tällistock. Kurz vor der **Alp „Bin alten Hitten"** (1606 m) sind die Wiesen über und über mit dem Stattlichen Knabenkraut bewachsen, aufgelockert durch die tiefblauen Farbtupfer der großen Kalk-Glocken-Enziane. Während wir über die botanische Pracht staunen, kommen wir leichten Fußes voran, und die Wegzeit für den gesamten Aufstieg zur Tällihütte vergeht wie im Flug.

Oben angekommen, wird uns erst bewusst, dass wir bereits 755 Höhenmeter in den Beinen haben. Nun sind wir aber richtig hungrig. Zum Glück. Das **Berggasthaus Tälli** ❷ (1727 m) ist weitherum bekannt für das liebevoll zubereitete Essen aus regionalen Produkten: frisches Saisongemüse, im Gärtchen vor der Hütte selbst gezogene Kräuter und essbare Blüten sowie Fleisch vom Gallowayrind, Alpschweinen und Ziegen. Koch Fabian Brunner kauft jeweils ein ganzes Tier von lokalen Produzenten und verarbeitet jedes Stück davon. Die Portionen sind ordentlich bemessen, schließlich verkehren in der Tällihütte nebst Wanderern viele Kletterer und solche, die es werden wollen. Der Betrieb ist als Genossenschaft organisiert, und jeglicher Gewinn wird reinvestiert. Patron ist der Bergführerverein Haslital, der die Tällihütte im Jahr 2007 neu aufgebaut hat.

Falls wir die Tour abkürzen wollten, könnten wir sie jetzt beenden und mit der Tällibahn nach unten fahren. Oder wir hätten von vornherein nur die zweite Hälfte der Tour einplanen und gleich mit der Bahn hier herauffahren können. Aber so haben wir uns für die volle Version entschieden und nehmen für den Rückweg den Bergweg über Alpligen und Raflue. Eine lange Traverse mit sanfter Abwärtsneigung führt uns

*Das **Haslital** ist geprägt durch schroffste Felswände – und hat, in so einer Gegend wenig verwunderlich, fast so viele Bergführer wie Einwohner. Der bedeutende einheimische Bergführerverein betreibt mit dem Berggasthaus Tälli ein Highlight der alpinen Gastronomie.*

Für die Seele

Zur üppigen Bergblumenpracht auf den steilen Matten bilden die Felswände der Gadmer Dolomiten einen dramatischen Kontrapunkt.

Knabenkraut-Orchideen

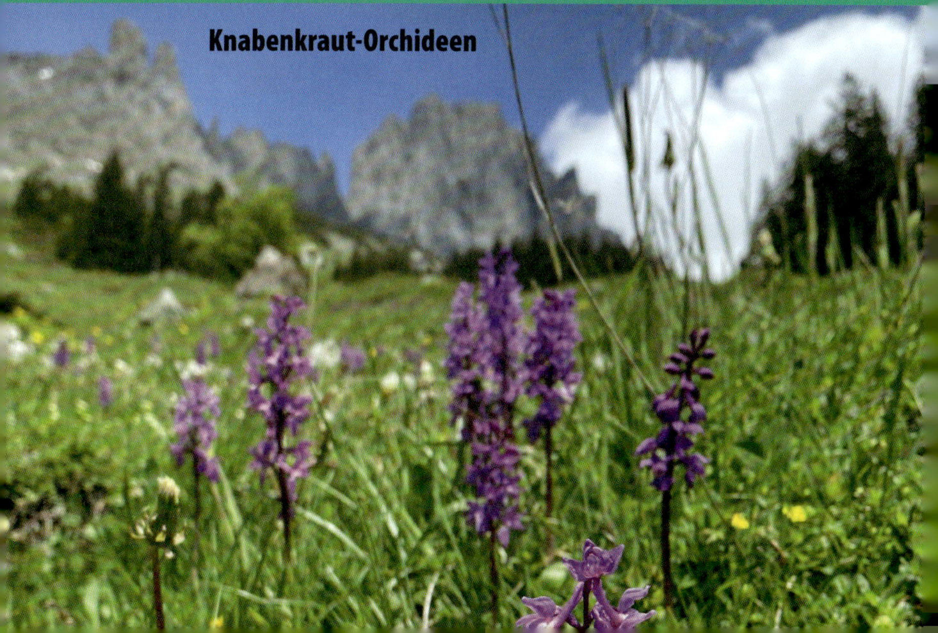

über wilde Bergwiesen mit großer Blumenpracht. Dort wo der Schnee schmilzt, wo das Schmelzwasser durch die steinigen Matten drückt, finden wir zu Hunderten die Fleisch fressenden Pinguicula sowie eine weitere Zahl von prächtigen Bergblumen: Von der magenta leuchtenden Primula hirsuta über die großen Kalk-Glocken-Enziane, üppige Silberwurzpolster und viel Hufeisenklee bis zu den fröhlichen Alpengänseblümchen reicht die Palette. Später im Sommer blühen hier Alpenastern und Türkenbundlilien.

__Gadmen__ mit seinen steinigen Berghängen wird immer wieder von Lawinen und Murgängen heimgesucht. Aufforstungen sollen dabei helfen, die Schnee- und Erdrutsche abzubremsen.

Der Weg führt uns über die hübsche kleine **Alp Alpligen** ❸ (1759 m) und durch ein atemberaubendes Panorama, mit Blick auf die Fünffingerstöcke und das Wendenhorn. Von dort traversieren wir auf einem gut begehbaren Bergweg weitere Blumenwiesen und einige Geröllhalden, bis wir die **Alp Raflue** (1603 m) erreichen. Hier begrüßt uns schönstes Braunvieh, das uns neugierig beschnuppert.

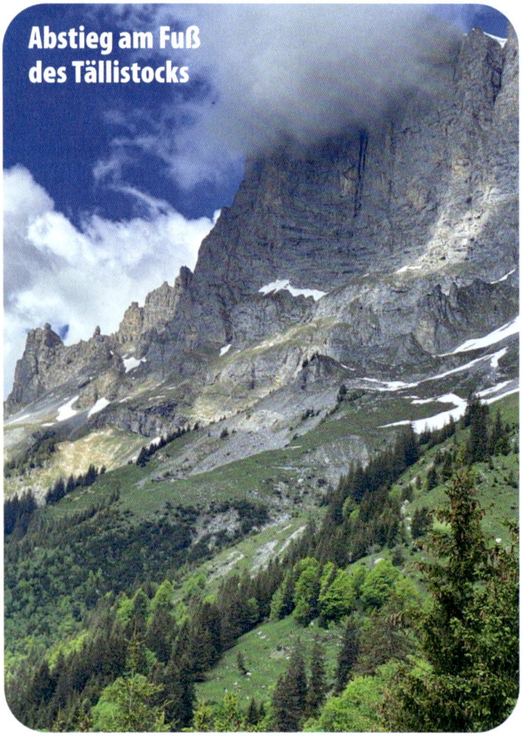

Abstieg am Fuß des Tällistocks

Nun gilt es auf die Wegmarkierung zu achten – der stärker begangene Weg führt geradeaus und dann weiter vorne nach Guttannen hinunter. Wir aber nehmen bei der Alp Raflue einen kleinen Weg, der direkt nach **Gadmen** hinunterführt. Wir gelangen alsbald mit beachtlichem Gefälle in einen steilen, knorrigen Buchenmischwald mit reicher Vegetation im Unterholz. Hier blühen Wunderveilchen und im Spätsommer zahlreiche locker verstreute Türkenbundlilien. An lichteren Stellen ist der Waldboden

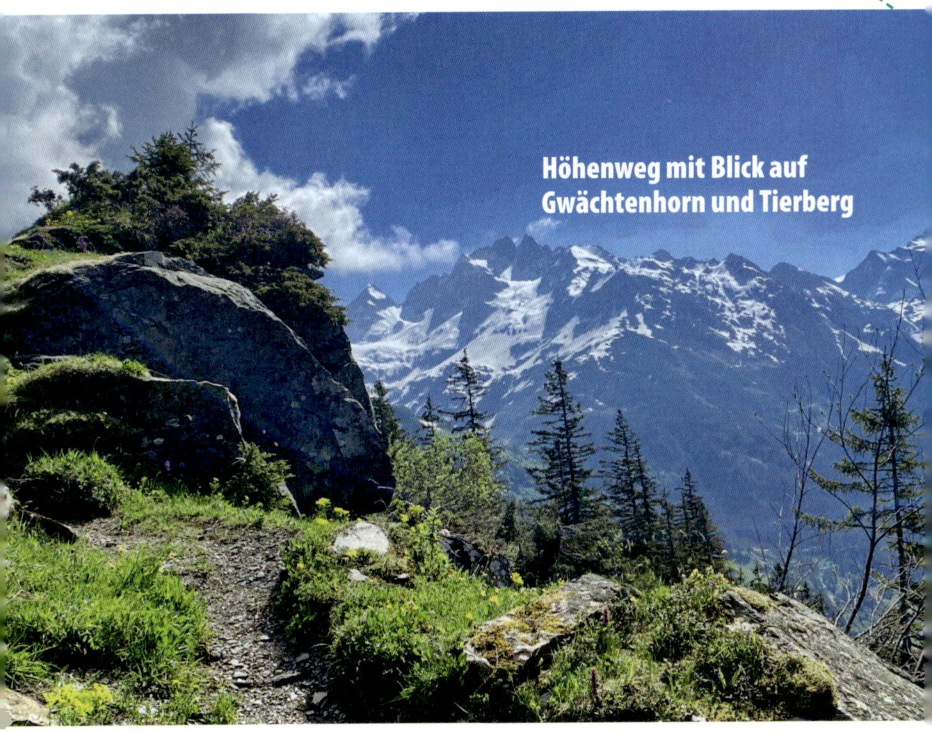

mit Blutweiderich und einem dichten Teppich aus Heidelbeergebüsch bewachsen.

Weiter unten, gegen die Talsohle zu, dominieren die Rottannen, deren harziger Duft die von der Sonne warme Luft würzt. Ihre Nadeln polstern weich das sich im Zickzack steil Richtung Tal hinabwindende Wegbett. Und man erkennt unschwer, dass die Kühe hier zu Fuß auf die Alp hinaufgehen. Jetzt im Frühsommer garnieren zahlreiche Kuhfladen den Bergweg von oben bis unten – hier bloß nicht ausrutschen!

Das Dorf **Gadmen** wird von einem jungen Lärchenwald vor Lawinen geschützt. In diesem Tal sind die Folgen des Klimawandels nicht zu verkennen – Murgänge und Erdrutsche sowie gewaltige Lawinen ziehen ihre Schneisen in die Landschaft. Wir nehmen einen Feldweg nach links, der in den oberen Bereich des

Dorfes führt – zum Camping. Denn inzwischen sind wir auch schon wieder hungrig. Der **Camping in Gadmen** ❹ (1208 m) ist bekannt für die besten Pizzas weitherum. Außerdem braut der Wirt sein Bier selbst.

Mit müden Beinen, aber glücklich und zufrieden von den vielen genussvollen Momenten, den schönen Begegnungen mit engagierten Menschen, der üppigen und außerordentlich vielfältigen Bergblumenpracht, die Seele gesättigt von dem prächtigen hochalpinen Fels- und Gletscherpanorama, gönnen wir uns ein Bier und eine knusprige Pizza. Prost auf ein Highlight unseres Wandersommers!

Zurück bringt uns wohlbehalten das Postauto, das direkt beim Camping hält.

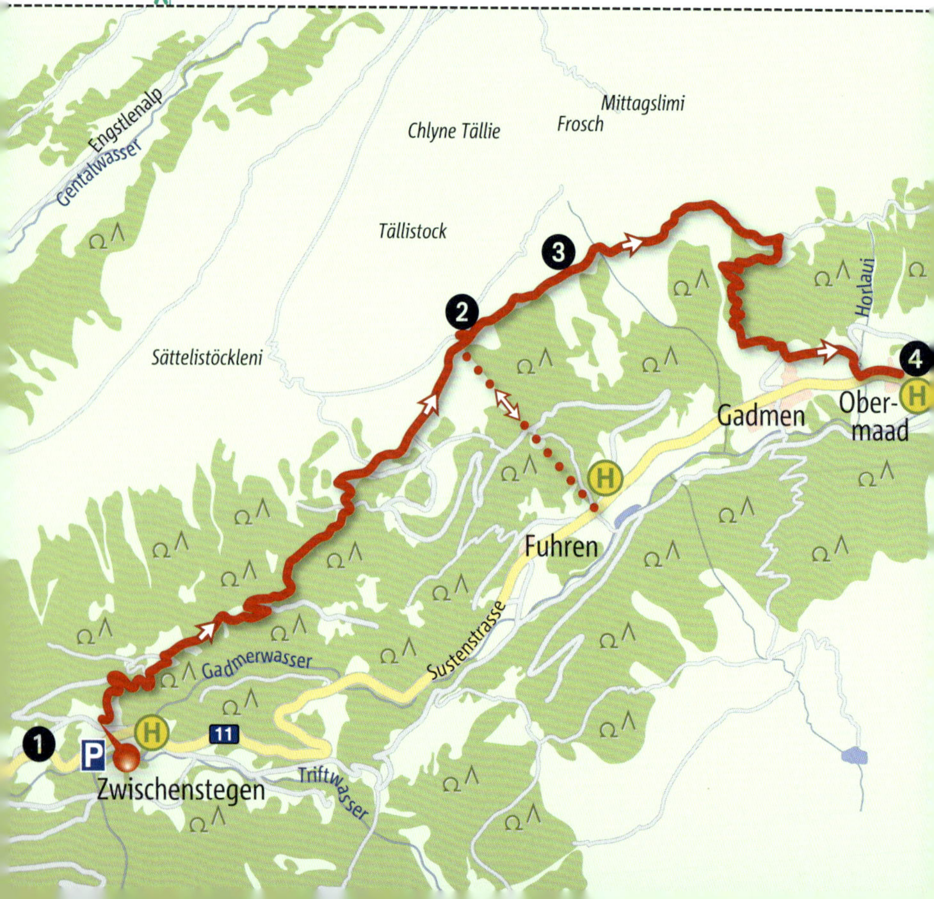

Alles auf einen Blick

WIE & WANN:
Asphaltierte Nebenstraße (1,5 km), Pfad (6,5 km), Naturweg (0,5 km); Schwierigkeit: T2; beste Zeit Mitte Mai bis Ende Oktober

HIN & WEG:
Auto: Parkplatz beim Restaurant & Hotel Terrasse, Nessental 55, 3863 Gadmen (GPS 46.72045, 8.29528) oder (für Abkürzung) bei der Tällibahn, Sustenstrasse, 3863 Gadmen (GPS 46.73240, 8.33856)
ÖPNV: Von Innertkirchen, Grimseltor Postauto B 172 bis Nessental, Dorf oder (für Abkürzung) Gadmen, Tällibahn
Rückkehr zum Ausgangspunkt: Von Innertkirchen, Gadmen (Camping) bzw. Gadmen, Tällibahn Postauto B 162 oder B 172 bis Nessental, Dorf

Entspannung ★★★★☆
Genuss ★★★★★
Romantik ★★★☆☆

Abkürzung mit der Tällibahn Gadmen–Berggasthaus Tälli, Selbstfahrbetrieb, Tickets online, im Tourist Center Grimseltor Innertkirchen oder bei der Talstation der Tällibahn, www.grimselwelt.ch/bahnen/taellibahn

ESSEN & ENTSPANNEN:
Restaurant & Hotel Terrasse ❶ Peter & Christina Glas, Nessental 55, Sustenstrasse 55, 3863 Gadmen, Tel. +41 (33) 9 75 00 47, www.hotelterrasse.ch
Berggasthaus Tälli ❷ Fabian Brunner & Angelika Lippuner, Birchlaui 222, 3863 Gadmen, Tel. +41 (33) 9 75 14 10, www.taelli.ch (mit der Tällibahn zugänglich)
Camping Gadmen ❹ Lupita & Felix Meier, Obermad 343E, 3863 Gadmen, Tel. +41 (33) 9 75 12 30, www.camping-gadmen.ch

ENTDECKEN & ERLEBEN:
Alp Alpligen ❸

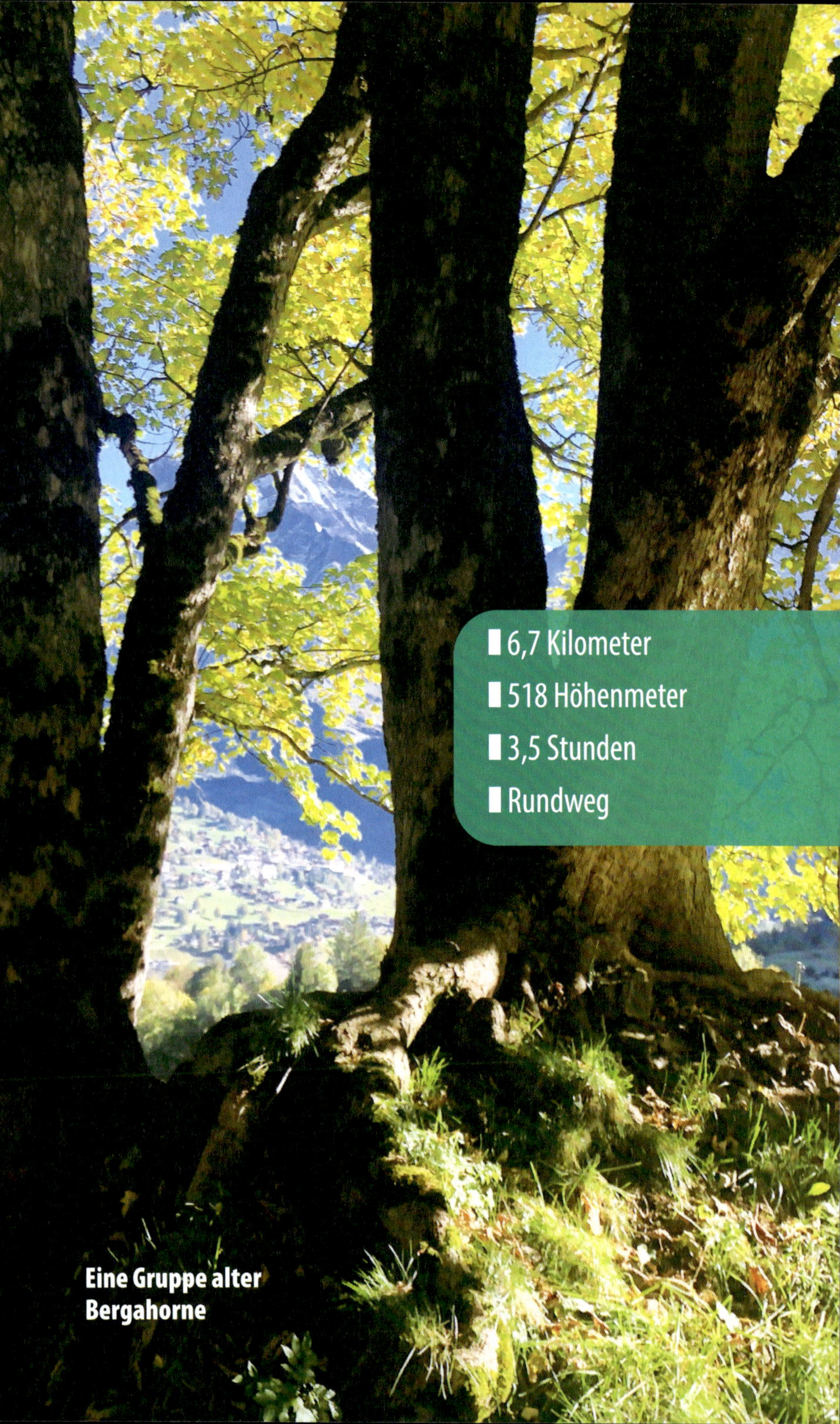

- 6,7 Kilometer
- 518 Höhenmeter
- 3,5 Stunden
- Rundweg

Eine Gruppe alter Bergahorne

Heute besuchen wir einen Nicht-Ort, sozusagen einen Unort. Hierher verirrt sich kaum jemals ein auswärtiger Gast. Auch bei den Einheimischen ist diese Route ein Geheimtipp. Und das ist gut so. Es ist der wohl einzige ruhige Fleck in dem touristisch extrem stark erschlossenen, ja allenthalben regstens besuchten und durchwanderten Grindelwald. Uns zieht es heute nämlich weder auf den Männlichen noch auf den First und schon gar nicht aufs Jungfraujoch. Gemütlich tuckern wir vom Bahnhof Grindelwald mit dem Postauto bis zur Haltestelle **Jägerstübli** 1 (1115 m).

In dem hübsch zurechtgemachten Restaurant im zeitgemäßen Alpenchic-Stil trinken wir erst einmal einen Kaffee und gönnen uns ein Stück hausgemachten Apfelstrudel, der hier Jägertasche heißt. Bei der Gelegenheit studieren wir schon mal ausgiebig die Menükarte. Ein Jägerpfännli oder ein Rehschnitzel tönt schon mal gut – vielleicht haben wir dann aber nach der Wanderung auch Lust auf eine Buurerösti mit Bergkäse, oder wir werden auf der Aussichtsterrasse in der späten Nachmittagssonne ein klassisches Fondue genießen. Wir haben ja noch den ganzen Tag Zeit, uns zu entscheiden. Jedenfalls reservieren wir schon mal einen hübschen Tisch mit Blick auf die Eigernordwand, die jetzt am Morgen

Ahorne vorm Eiger

Von Grindelwald zur Blauen Glunte

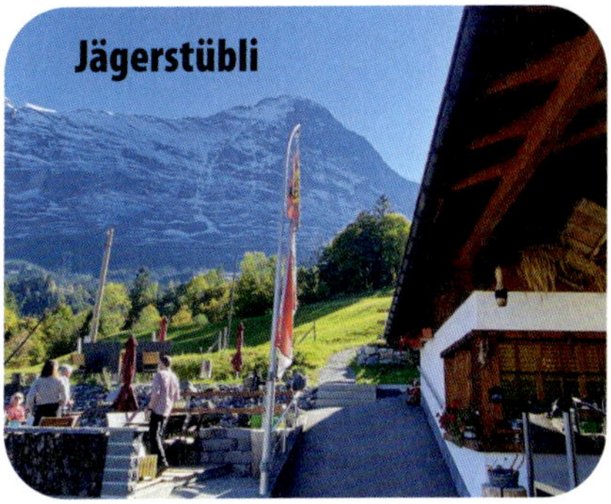
Jägerstübli

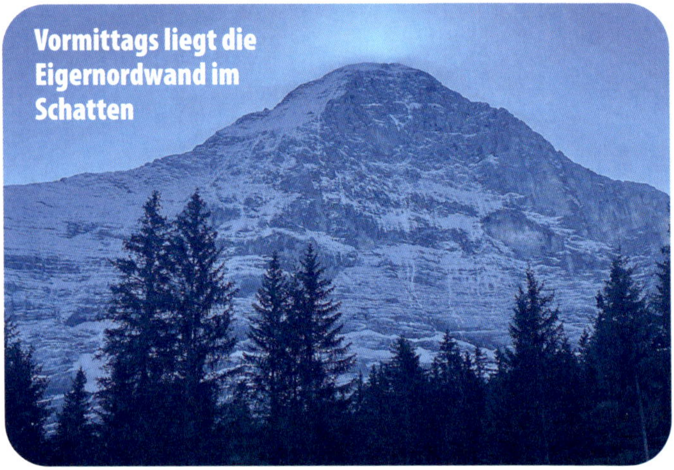
Vormittags liegt die Eigernordwand im Schatten

noch im Schatten liegt und als riesige Pyramide vor unseren Nasen in den Herbsthimmel ragt. Am Mittellegigrat auf der linken Flanke erkennen wir mit dem Feldstecher zwei Bergsteiger, die sich von der legendären Mittellegihütte aus Richtung Gipfel vorwagen, ihre Konturen zeichnen sich im morgendlichen Gegenlicht wie ein Scherenschnitt ab.

1938 bezwangen Anderl Heckmair, Ludwig Vörg, Fritz Kasparek und Heinrich Harrer erstmals die ***Eigernordwand.*** *40 Jahre später meisterten Robert Jasper und Roger Schaeli die Direktroute im freien Stil (rotpunkt). Den Speed-Rekord hält der Schweizer Ueli Steck mit 2:22:50 Stunden.*

Wir nehmen die Asphaltstraße den **Blätzweg** hinauf und landen alsbald auf einem natürlichen Kiespfad. Dieser Weg ist gesäumt von uralten, prächtigen Ahornbäumen. Recht steil gehen wir hinauf über **Bodmi** zu einem Weiler mit dem sehr eigenartigen Namen **Habsucht.** Wer auch immer sich diese Ortsbezeichnung ausgedacht hat – vielleicht war die Person süchtig danach, das schönste Panorama zu haben? Diese hübsche Ecke oberhalb von Grindelwald ist nämlich geprägt von einer atemberaubenden Rundsicht: Vor uns rekelt sich der Reeti in der Sonne; das ist im Winter ein beliebter Skitourenberg. Daneben blitzt das Faulhorn neckisch im Morgenlicht, und links davon erstreckt sich die lang gedehnte Flanke des Hohtissels. Im Nordosten sehen wir die Große Scheidegg und das Wetterhorn. Und im Osten ragt das legendäre Schreckhorn in den Herbsthimmel, das ist der anspruchsvollste aller Schweizer Viertausender. Gefürchig, beängstigend, wie der Rückenzacken eines schlafenden Drachens durchdringt sein Grat den Horizont. Zum Glück müssen wir da nicht rauf, wir gucken ja nur – das ist schon eindrucksvoll genug!

Wir gehen ein weiteres Stück auf der Asphaltstraße den **Blattmadweg** hinauf. Nun sind wir der Eigernordwand ganz nahe. Dramatisch erhebt sie sich direkt vor unseren Füßen. Ein wahrlich spektakulärer Anblick! Erstaunlich eigentlich, dass diese Ecke so ruhig und unberührt geblieben ist. Aber das hat durchaus einen Grund. Denn in der Tat befinden

Für die Seele

Waldbaden und Schlemmen am Fuß der weltberühmten Eigernordwand: Wer würde sich da nicht klein und aufgehoben in ein größeres Ganzes fühlen?

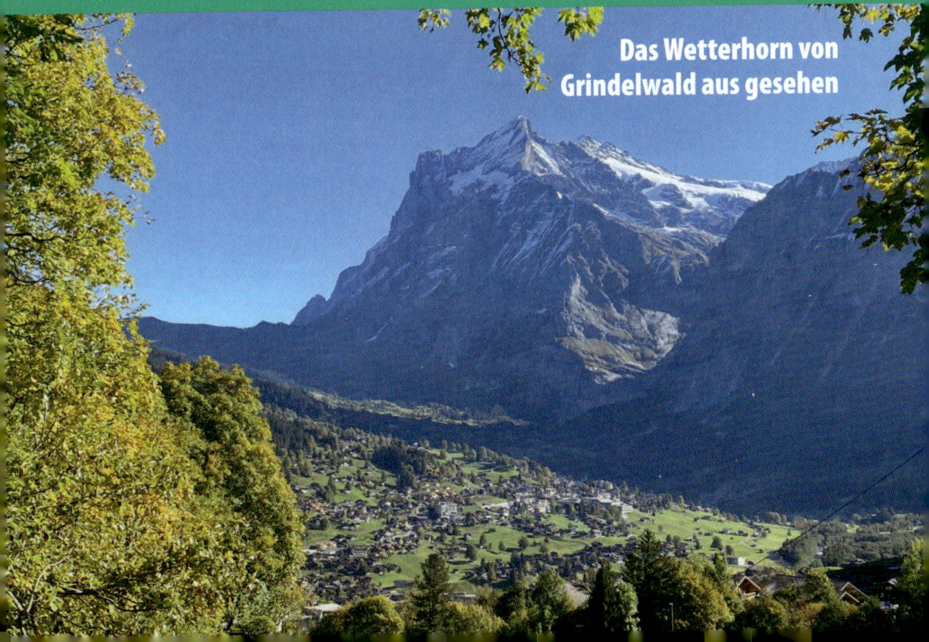

Das Wetterhorn von Grindelwald aus gesehen

wir uns direkt unter der neuen, hochmodernen Eiger-Express-Schnellbahn. Hierhin verirrt sich eigentlich nie eine Touristin, ein Tourist. Die Gäste drängen alle hinauf, und zwar möglichst schnell. In nur 15 Minuten katapultiert die sogenannte V Bahn die Touristenmassen von der Station Grindelwald Grund hinauf zur Station Eigergletscher, einem gigantischen Terminal aus Glas und Sichtbeton, das an einen modernen Flughafen gemahnt. Dort werden die Menschenmassen umgeschleust zur Jungfraubahn und im Eiltempo zur höchstgelegenen Touristenattraktion Europas transportiert. Mächtig stehen die 60 Meter hohen Masten vor der Eigernordwand. Viele Einheimische begrüßen den touristischen Aufschwung und die zusätzlichen Arbeitsplätze. Andere haben bis zuletzt gegen die Verschandelung des weltberühmten Panoramas prozessiert. Wenigstens sind die Kabinen in ihrem matten Schwarz kaum zu sehen. Die Landschaftschutz- und Umweltverbände haben an diesem Projekt mitge-

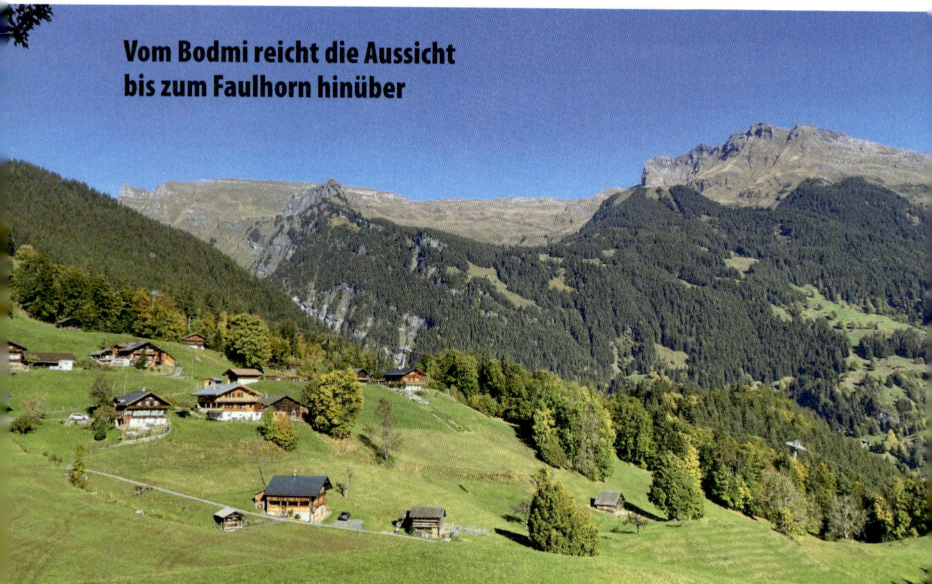

Vom Bodmi reicht die Aussicht bis zum Faulhorn hinüber

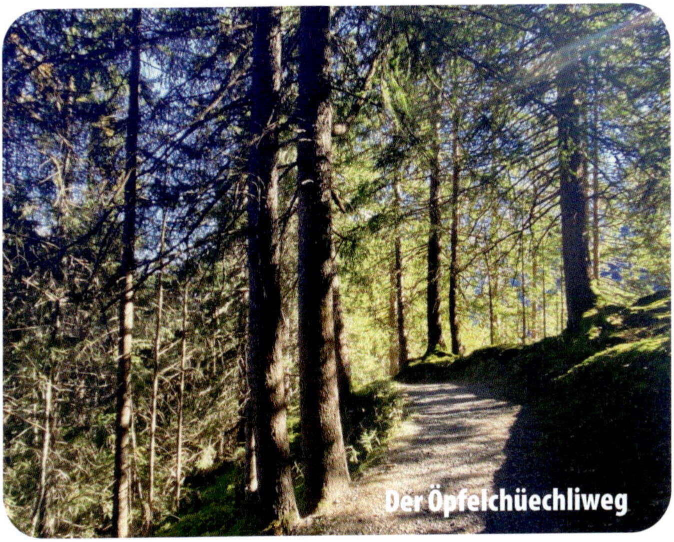

wirkt und immerhin erreichen können, dass das Design so diskret wie möglich gehalten wurde.

Ab **Blattmad** werden die stattlichen Ahorne von Fichten abgelöst. Weiter oben gibt es auch einen großen Bestand an alten Bergarven und ein Tälchen namens Arvengarten. Das liegt aber nicht ganz auf unserem Weg, und die Ecke ist von Seilbahnmasten dominiert, weswegen wir dort heute nicht vorbeigehen. Wir betreten stattdessen einen breiten geschotterten Wanderweg und kreuzen alsbald den berüchtigten **Öpfelchüechliweg ❷,** ein touristisches Marketing-Projekt der Bergbahnen. Die Wanderfreunde sollen nach Alpiglen ins Restaurant hinaufgeschleust werden, dort Apfelküchlein essen und dann mit der Bahn zurückfahren. Es gibt diverse Schautafeln, und sogar mobile Toiletten wurden auf diesem Weg aufgestellt. Aber diese ganze Möblierung der Landschaft und die touristische Komfortinfrastruktur sollen uns nicht weiter stören.

Sogleich verlassen wir nämlich die Wanderautobahn des Öpfelchüechliwegs und tauchen ein in die

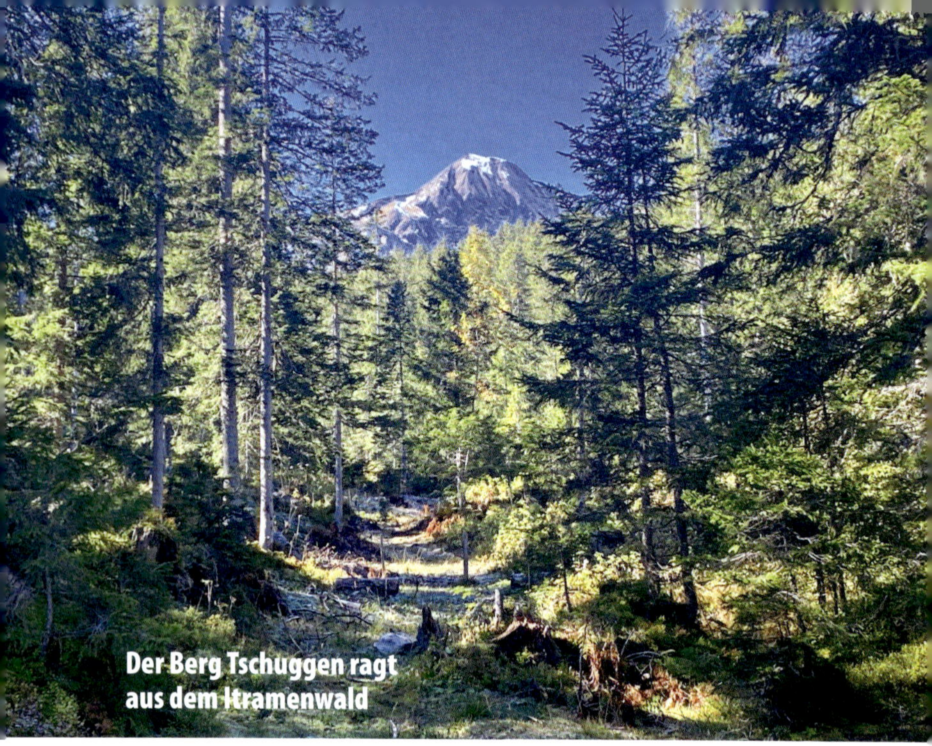

Der Berg Tschuggen ragt aus dem Itramenwald

Einsamkeit des wildromantischen **Itramenwalds.** Wir wollen langsam und bedächtig einen Fuß vor den anderen setzen, uns ganz seiner Stille und seinem moosigen Dämmerlicht hingeben. An einem wunderprächtigen Herbstsonntag sind wir praktisch allein unterwegs auf diesen verschlungenen Waldweglein. Von der V Bahn hören wir anfangs noch ein leises Surren über unseren Köpfen, aber sobald wir ganz in den Wald tauchen, verstummt auch dieses. Es ist der wohl einzige Ort in Grindelwald, wo man dem Rummel entfliehen und in die totale Stille eintauchen kann. Die meiste Zeit sehen wir auch die Masten gar nicht, weil wir ja durch den Wald gehen.

Was wir hingegen sehen: den Eiger. Und wie! So präsent und mächtig und nahe wie auf dieser Wanderung haben wir die berühmte Eigernordwand sonst nirgends erlebt. Immer mal wieder taucht sie in einem Durchblick, einer kleinen Lichtung unmittelbar vor uns auf. Ansonsten stehen die Fichten dicht an dicht, sodass es an diesem sonnigen Sonntagmorgen im Oktober fast dunkel ist – sanftes Dämmerlicht beruhigt unsere Gemüter, tiefer Schatten streichelt unsere Seelen. Je weiter wir vorankommen, desto wilder, ja geradezu wildromantisch, wird der Wald. Der Boden ist nun von dicken, saftiggrünen Moospolstern belegt. Je weiter wir hinaufsteigen, desto dichter werden sie. Wir bleiben stehen, streicheln mit den Fingern das sattgrüne Fell des weichen Mooses, das sich über Baumstümpfe zieht, als schliefen hier sanfte Tiere. Wir setzen uns in diese weichgrüne Polsterlandschaft, atmen tief den feuchten Geruch des Waldes ein.

Je weiter hinauf wir kommen, desto dichter werden die Heidelbeerbüsche. Bald reichen sie uns bis an die Knie. Im Oktober sind sie voller Beeren, gepflückt hat hier niemand. Leider sind wir etwas spät, die Beeren waren schon einmal dem Frost ausgesetzt und schmecken nicht mehr. Auch die Steinpilze, die hier ebenfalls recht zahlreich vorkommen, sind schon vom Frost dahingerafft worden. Stellenweise gehen wir über von Raureif verzierte Farnblätter.

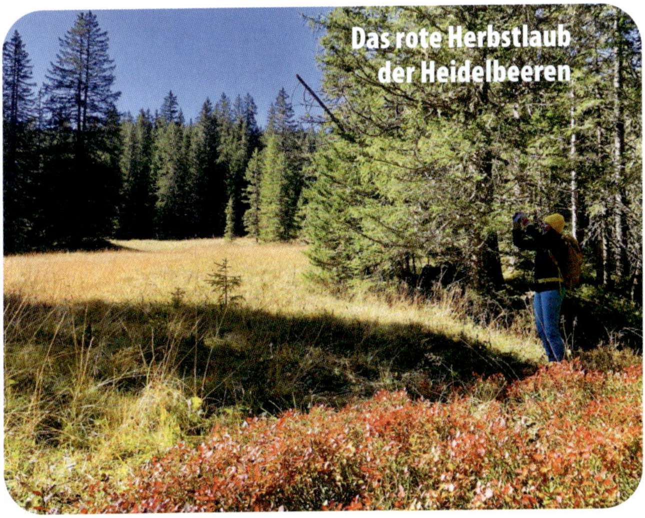
Das rote Herbstlaub der Heidelbeeren

Der Frost ist uns willkommen – so sind die Wegtritte schön fest und trocken. Wir verlassen den Wanderweg und nehmen einen schmalen Trampelpfad durch die Heidelbeerbüsche, benutzen dichte Sumpfgraspolster als Tritte, ab und zu trifft unser Fuß auch ins Nasse. Direkt vor uns erhebt sich der Tschuggen (2520 m), links davon blitzt frisch verschneit das Lauberhorn auf. Hier wird im Januar das berühmte Skirennen stattfinden mit dem legendären, halsbrecherischen Sprung über den Hundschopf.

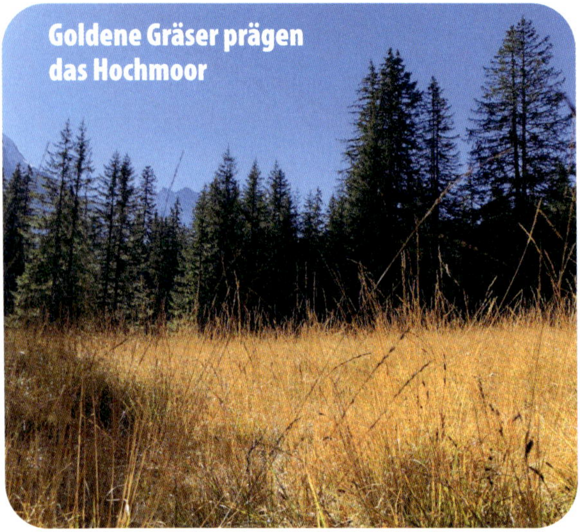

Goldene Gräser prägen das Hochmoor

Und dann stehen wir vor dem ersten Seelein beim **Bursblätz** (1635 m). Es ist gut im Wald versteckt. Alsbald entdecken wir etwas weiter hinten ein größeres Hochmoorseelein. Der Wanderweg führt etwas weiter daneben vorbei, und manch einsamer Wanderer sieht diese Wasserflecken wohl gar nicht, wenn er nichts weiß von ihrer Existenz. Aber dank Mobiltelefon und Google ist es natürlich jetzt einfach, sie ausfindig zu machen. Das größte der Seelein wird von den Einheimischen liebevoll die **„Blaue Glunte"** ❸ genannt. Auf den Karten jedoch bleibt es namenlos. Und ein bisschen passt das auch, ein namenloses Seelein irgendwo im Nichts, mitten in dem tiefen Itramenwald, wo kein Tourist ein solches Idyll jemals vermuten würde. In dieser plötzlichen Abgeschiedenheit fühlen wir uns ein bisschen wie in Kanada. Das glasklare Seelein, in dem sich Forellen tummeln, das kniehohe Heidelbeergestrüpp, das Hochmoor inmitten des dichten Fichten- und Arvenwaldes, das alles wirkt, als wären wir weit, weit weg in fernen Gefilden, wo sehr viel Platz ist und praktisch nie ein Mensch aufkreuzt. Erst auf den zweiten Blick entdecken wir die Hütte am Ufer des Sees, die gut getarnt zwischen den Fichten und Arven steht. Gegenüber der Hütte gibt es sogar eine Feuerstelle. Ab und zu wird also wohl doch die eine oder andere Menschengruppe hier hinauffinden, vielleicht ein paar Forellen fangen und sie direkt über dem Grill braten und die Stille und den idyllischen Blick durch die Wipfel des Itramenwalds auf die Eigernordwand genießen.

*Der Berner Pfarrer Jakob Samuel Wyttenbach publizierte 1777 ein Büchlein über eine Bergwanderung auf der Scheidegg. Der Engländer John Murray veröffentlichte 1829 den ersten Schweiz-Reiseführer. So begann die **Entdeckung** der Naturschönheiten im Berner Oberland.*

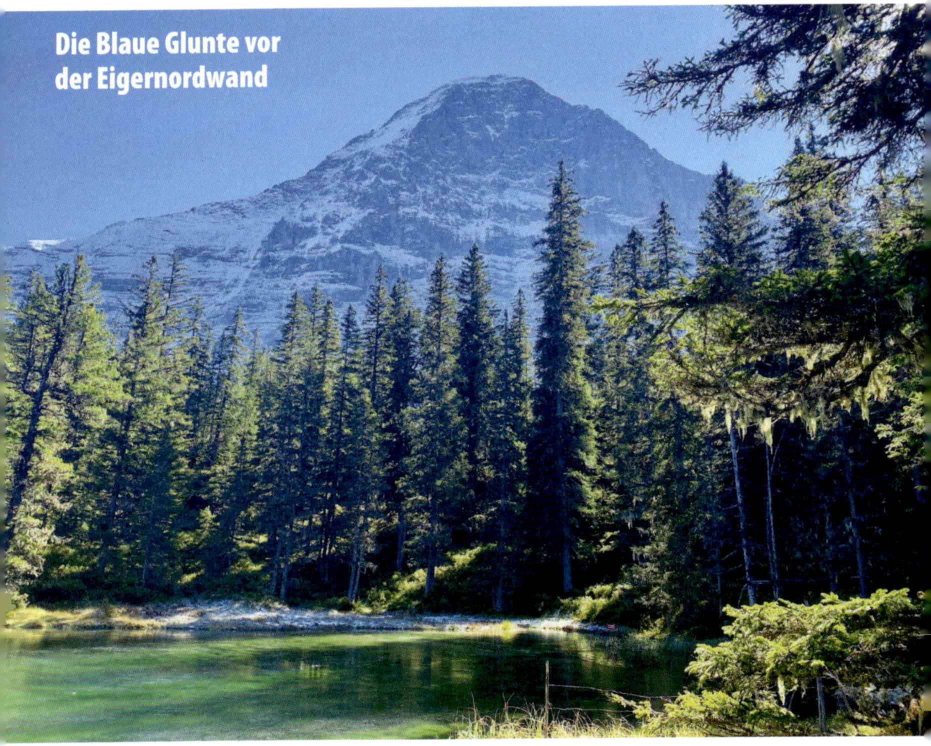
Die Blaue Glunte vor der Eigernordwand

Wir aber sinnieren angesichts der imposanten Felswand vor uns über Grindelwald, das eng mit den Ursprüngen des Schweizer Alpentourismus verknüpft ist. Er begann hier um das Jahr 1800. Mit der Erstbesteigung der Jungfrau 1811 und des Finsteraarhorns 1812 setzte die lange Reihe der Gipfelstürme ein. Grindelwald war der allererste touristische Ort im Berner Oberland, früh wurden hier Bahnen gebaut und Hotels eröffnet. Die Jahre zwischen 1854 und 1865 gelten als „goldene Jahre des Alpinismus". Vorwiegend britische Bergsteiger, meist reiche Angehörige höherer Berufsstände, Akademiker oder gar Adelige, erklommen die Gipfel. Um das Bergabenteuer heil zu überstehen, engagierten die englischen Gäste Einheimische, die ihnen den Weg wiesen und ihr Gepäck trugen. 6 bis 8 Franken Lohn pro Tag waren für damalige Verhältnisse ein sehr guter Verdienst. Die Aussicht auf das schnelle Geld lockte darum auch viele Möchtegern-Bergführer an. Wer an den Falschen gelangte, landete womöglich nicht dort, wo er hinwollte. Sein Geld war er trotzdem los.

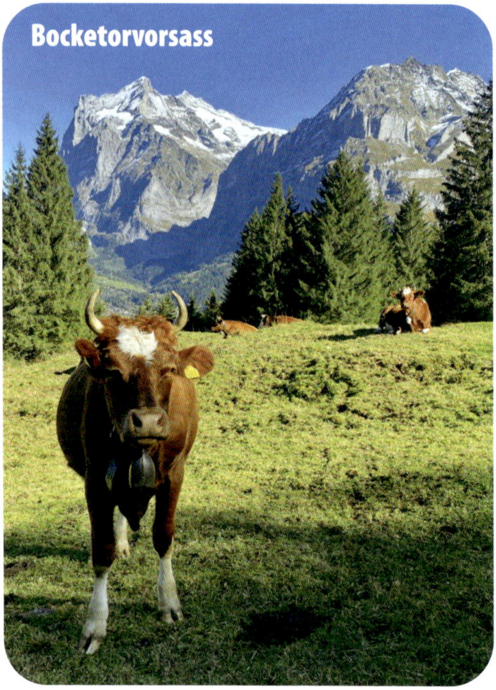
Bocketorvorsass

1857 gründeten englische Alpinisten den britischen Alpine Club, 1863 folgte der Schweizer Alpenclub (SAC). Die erste Wintersaison fand in Grindelwald im Jahr 1888 statt. 1890 nahm die Berner-Oberland-Bahn ihren Betrieb auf, 1893 folgte die Wengernalpbahn.

Von unseren Betrachtungen zur Alpinismusgeschichte beim Picknick an der Blauen Glunte brechen wir nun wieder auf. Zurück nach Grindelwald führt uns ein gepflegter, hübsch angelegter Waldweg, von einigen Brücklein und Treppen durchsetzt. Leichten Schrittes gelangen wir hinab, fast ohne Anstrengung, denn der Waldboden unter unseren Füßen ist sanft und weich. Beim **Wegpunkt 1369 m** kreuzen wir abermals den **Öpfelchüechliweg,** folgen ihm ein kurzes Stück und stechen dann hinab auf unserem schönen Aufstiegsweg an den alten Ahornen vorbei. Im Nachmittagslicht sehen diese nun ganz anders aus, goldgelber, kompakter irgendwie. Und auch die weltberühmte Eigernordwand wirkt von der Nachmittagssonne hell ausgeleuchtet ganz anders, ja sogar noch mächtiger und gefährlicher. Nun sehen wir jedes Detail im Fels, entdecken die Verwehungen im frischen Schnee, erspähen die legen-

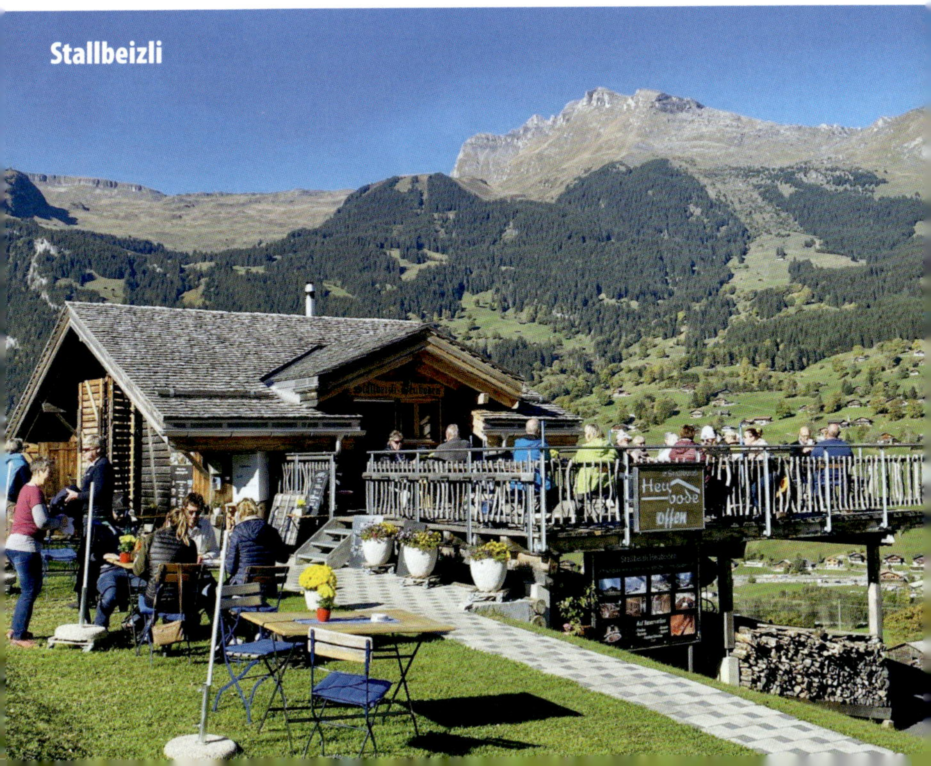

Stallbeizli

dären Kletterrouten. Ob all diesen fremden Abenteuern werden wir selbst ganz hungrig.

Im **Jägerstübli** setzen wir uns alsbald auf die Terrasse und genießen in der späten Nachmittagssonne ein zartes Rehschnitzel. Hier wird gutbürgerliche Küche mit einem Extratouch gepflegt – auch viele Einheimische kommen gerne im Jägerstübli essen.

Wer es eleganter mag, kehrt etwas weiter unten in dem edlen **Aspen Alpin Lifestyle Hotel** ④ ein. Und nochmals einige Hundert Meter weiter befindet sich das **Stallbeizli** ⑤ mit hübscher Sonnenterrasse und Eigerblick. Es ist ein klassisches rustikales Skipistenbeizli – nur dass es auch im Sommer geöffnet hat.

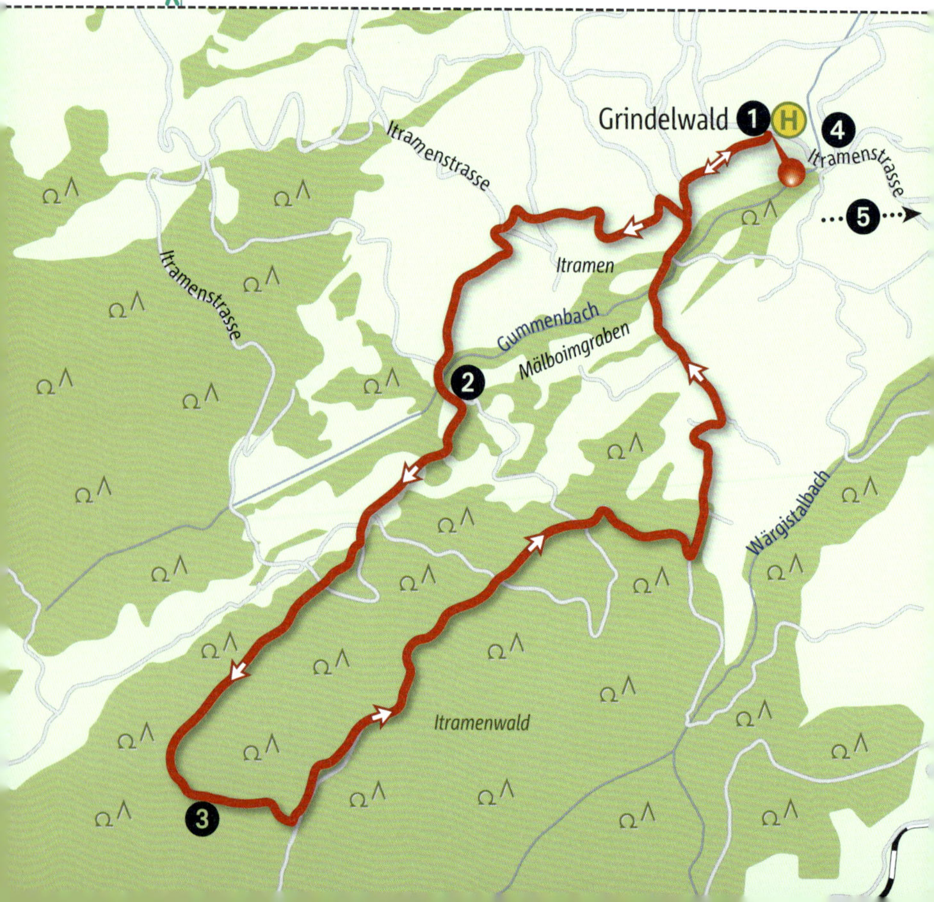

Alles auf einen Blick

WIE & WANN:
Asphaltierte Nebenstraße (0,2 km), Alpstraße (1,2 km), Natur- und Wanderweg (5,3 km); Schwierigkeit: T2; beste Zeit Mai bis Ende Oktober

HIN & WEG:
Auto: Parkplatz Jägerstübli (ganzjährig erreichbar), Itramenstrasse 29, 3818 Grindelwald (GPS: 46.61969, 8.00270).
ÖPNV: Ab Bf Grindelwald Postauto B 123 bis Grindelwald, Jägerstübli

ESSEN & ENTSPANNEN:
Restaurant Jägerstübli ❶ Itramenstrasse 29, 3818 Grindelwald, Tel. +41 (33) 8 53 11 31, www.jaegerstuebli.com
Aspen Alpin Lifestyle Hotel ❹ Aspen 1, 3818 Grindelwald, Tel. +41 (33) 8 54 40 00, hotel-aspen.ch

Entspannung ★★★★★
Genuss ★★★★☆
Romantik ★★★★★

Stallbeizli ❺ Itramenstrasse 2a, 3818 Grindelwald, Tel. +41 (79) 3 71 67 44, www.stallbeizli-heuboden.ch

ENTDECKEN & ERLEBEN:
Öpfelchüechliweg ❷
Blaue Glunte ❸

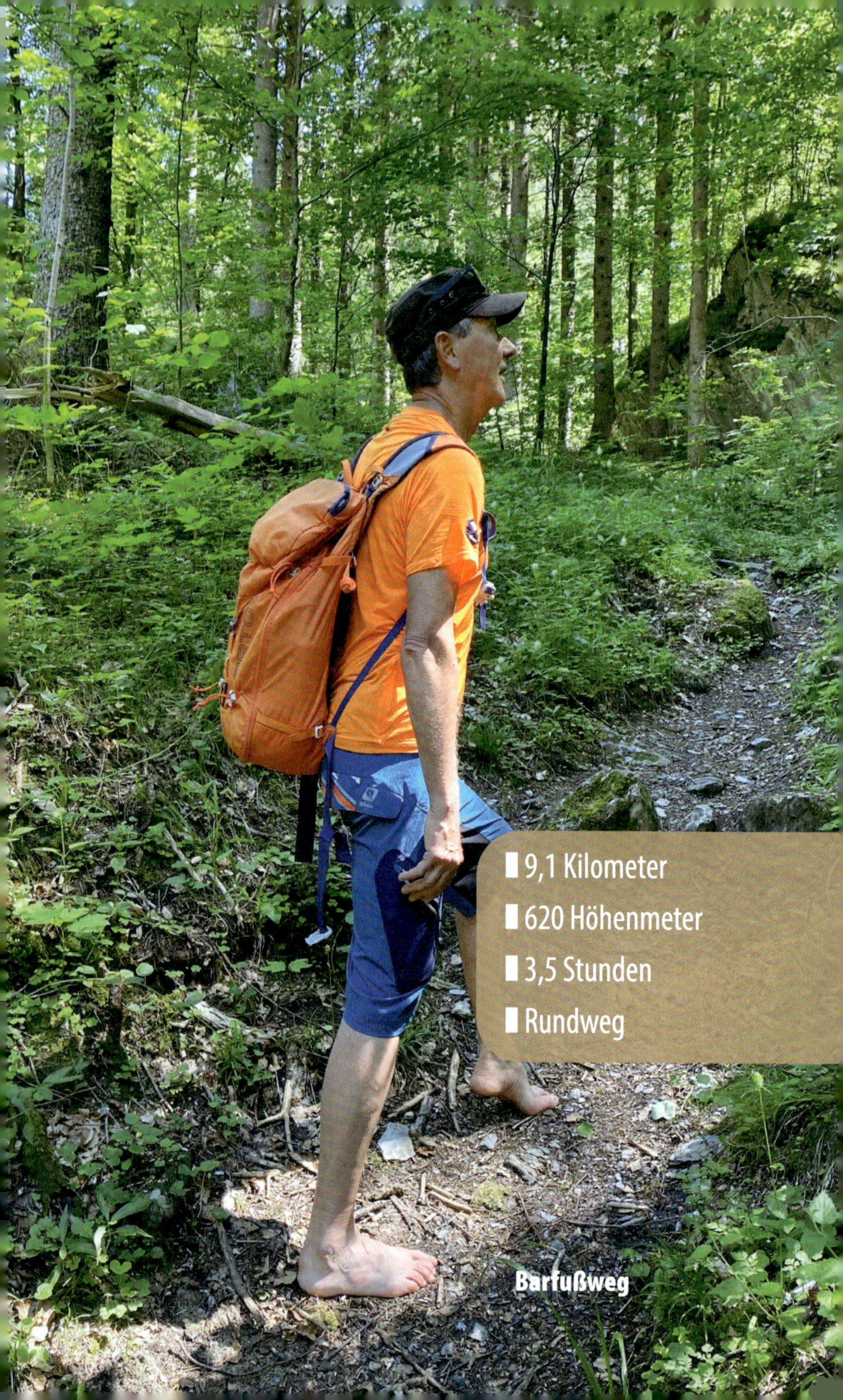

- 9,1 Kilometer
- 620 Höhenmeter
- 3,5 Stunden
- Rundweg

Barfußweg

Das Urbachtal ist sehr lang – allein der Weg hinauf zur Gaulihütte am Talende beträgt sechs Stunden. Es wird aber niemand gezwungen, auf jeden Berg hinaufzusteigen und jede Hütte aufzusuchen! Auch wir nicht.

Bei der Bushaltestelle KWO beginnt unsere heutige Wanderung. Und sie ist etwas anders. Wir wollen nicht nur entschleunigen – wir wollen das barfuß tun. Dazu überqueren wir die Hasliaare. Am anderen Ende der breiten Brücke beginnt der **Barfußweg ❶**. Wir schlüpfen aus den Schuhen, streifen die Socken von den Füßen und packen alles in den Rucksack. Erst viel weiter oben werden wir unsere Schuhe wieder anziehen. Die ersten 1360 Meter jedoch werden wir heute barfuß gehen. Der Pfad führt uns zunächst zehn Minuten lang zum Angewöhnen über einen sanft planierten Naturweg die Aare entlang durch die Ebene. Wir spüren Sand und Kiesel unter den Füßen, nehmen jeden Schritt bewusst wahr.

Bald biegt der Barfußweg ab und führt uns über eine Wiese. Die Grashalme kitzeln uns zwischen den Zehen. Wir gelangen zu einem romantischen **Sandsträndchen am Ufer des Urbachwassers ❷**, das geradezu einlädt zum Kneippen oder Wassertreten.

Pfarrer Sebastian Kneipp *(1821–1897) hat ein Behandlungsverfahren insbesondere für Bronchialpatienten entwickelt. Es beinhaltet Wasseranwendungen, Pflanzenwirkstoffe, Turnübungen und Vollwertkost. Am bekanntesten sind das Wassertreten und das Barfußlaufen.*

Barfuß-Erlebnis

Vom Urbachtal zur Loibalp

Wir nehmen uns vor, am Ende der Tour noch einmal den winzigen Abstecher hierher zu machen und ausgiebig die Füße im kühlen Nass zu erfrischen. Jetzt aber wartet erst einmal ein interessanter Anstieg auf uns. Nach etwa 300 Meter Asphaltstraße führt uns der Barfußweg in einen kühlen Wald hinein. Wir spüren feuchten Waldboden unter den Füßen. Wurzeln und Steine wechseln sich ab mit Moospolstern und feuchten Stellen, die sich kalt und glatt anfühlen. Wir nehmen jeden Schritt bewusst wahr, als hätten unsere Fußsohlen Augen. Wenn man barfuß über Stock und Stein geht, wird alles gefühlt etwas langsamer, die Wahrnehmung intensiviert sich. Eine kurze Steilpassage lang fordert uns der Barfußweg sogar ein T3 mit eingebautem, 20 Meter langem Fixseil ab. Die Stufen sind aber gut proportioniert und diese Passage ist auch ohne Schuhe erstaunlich leicht zu begehen. Das Gefühl, ein solches Wegstück ohne Bergschuhe zu meistern, ist recht aufregend, obwohl es überhaupt nicht gefährlich ist – wir empfinden es als spannende neue Erfahrung. Eigentlich sollten wir öfters mal barfuß wandern, man hat viel mehr vom Weg so ganz ohne schützendes Schuhwerk.

Am Waldrand begegnen wir einem hübschen **Bächlein ❸,** das über einen Wiesenvorsprung hinabplät-

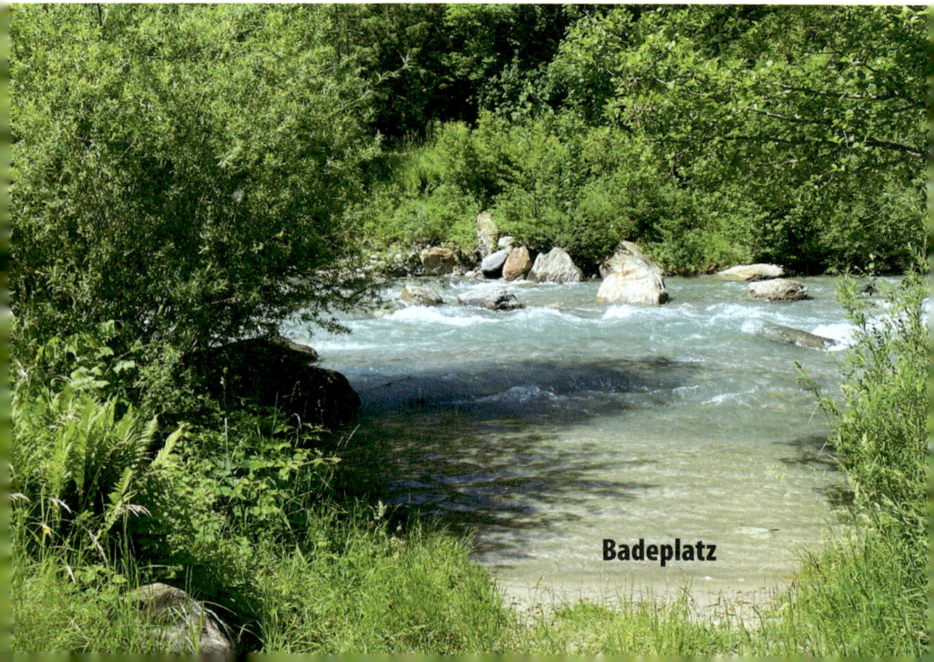

schert und wie gemacht scheint für eine willkommene Fußabkühlung. Es ist uns an diesem heißen Junitag mehr als willkommen. Erfrischt treten wir alsbald aus dem Wald heraus – und reißen staunend die Augen auf. Vor uns erheben sich mächtig die Felswände der Engelhörner. Das eindrucksvolle Panorama erscheint an dieser Stelle so unerwartet, dass wir einen Moment innehalten und uns in Ruhe sattsehen.

Der Barfußweg würde von dem Weiler **Unterstock** auf der anderen Seite wieder hinabführen nach Innertkirchen. Wir aber schnüren unsere Wanderschuhe, denn wir wollen noch ein gutes Stück weiter hinauf. Nachdem wir Schafe, Esel und weiße Geißen begrüßt und die hübschen Bauerngärten von Unterstock bewundert haben, setzen wir uns etwas oberhalb auf der terrassenartigen Ebene von **Hubelschwendi** ❹ (910 m) auf ein Bänkli. Wir genießen die Rundsicht von der Engelhorn-

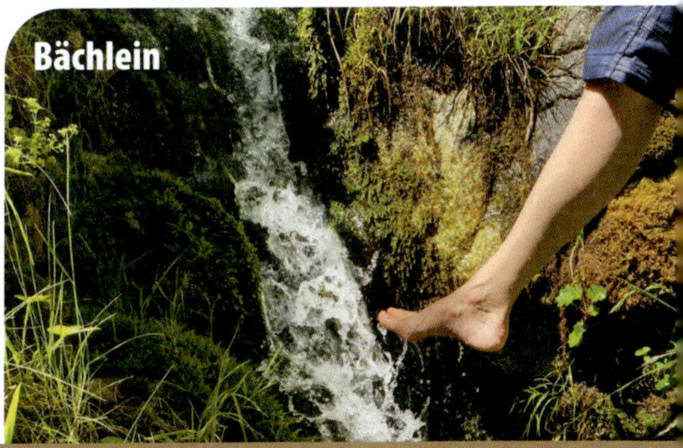
Bächlein

Für die Seele

Der idyllische Schwemmboden im Talgrund lädt dazu ein, sich Zeit zu nehmen und die Ursprünglichkeit der Gegend in sich aufzusaugen.

kette über den Hasliberg bis hinüber zum Tällistock und lassen diesen wunderbar entschleunigten, ja geradezu idyllischen Ort auf uns wirken. Wie harmonisch hier die Landschaft strukturiert ist von Felsblöcken und Steinhaufen, Streuobst, Weiden und Tümpeln! Und über allem ragen die schroffen grauen Felsen in den Himmel, die wie Beschützer diese Insel der Biodi-

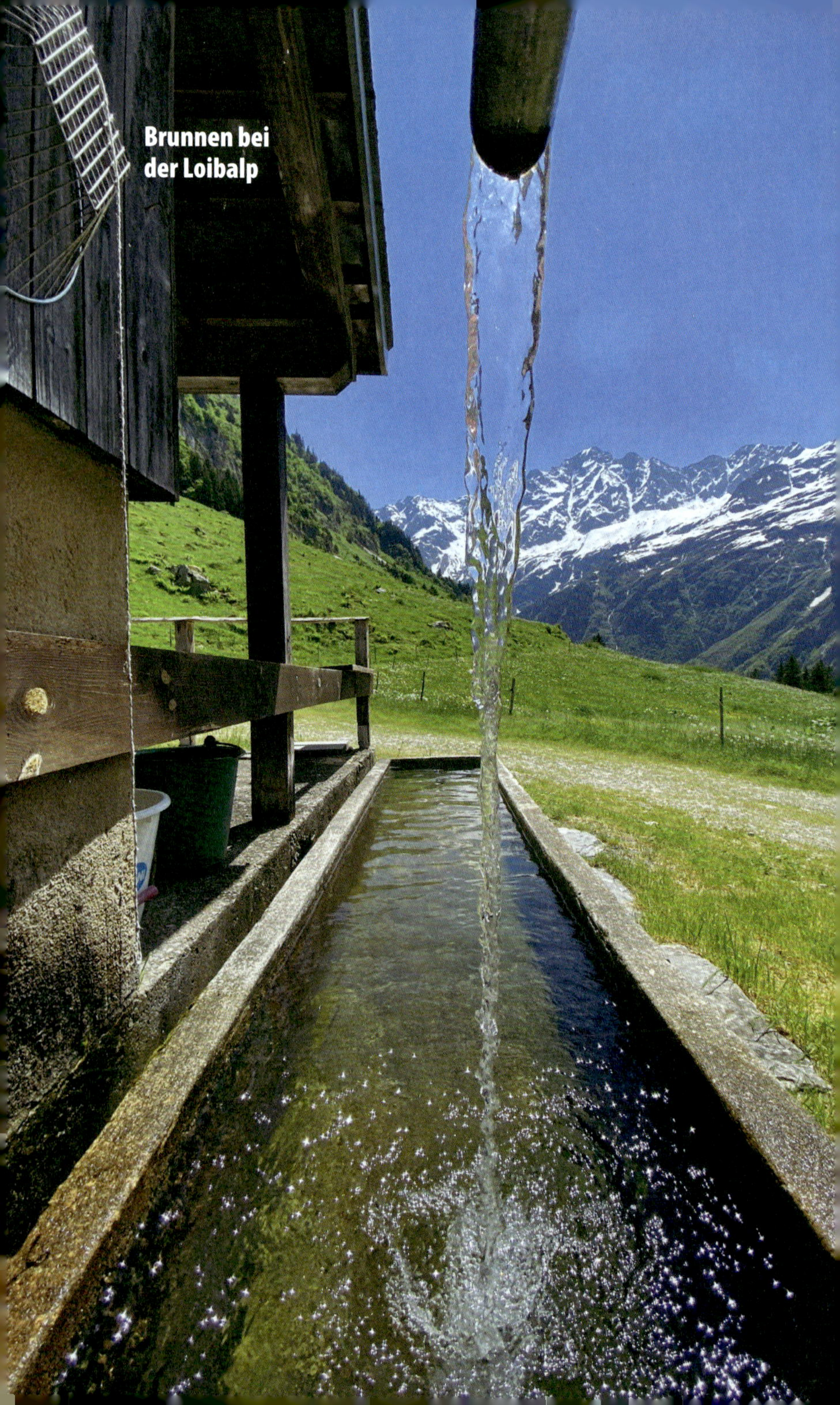

Brunnen bei der Loibalp

versität und des beschaulichen Berglebens einrahmen. Nebst Holunderbäumen und Birken gedeihen verschiedene Orchideenarten und Waldhyazinthen. Dieser idyllische Fleck Erde mit seiner großen Artenvielfalt wurde im Jahr 2017 mit dem Kulturlandschaftspreis der Region Oberland-Ost ausgezeichnet.

Wir folgen ein Stück der asphaltierten Straße. Bei **Geissgädmer** (948 m), am Parkplatz für die Besucher der bekannten Gaulihütte des SAC, führt ein Bergweg direkt in den schattig kühlen Mischwald hinein. Die nächste knappe Stunde folgen wir ihm und steigen stetig an der Flanke des Loibstocks in die Höhe. Zwischendurch gibt der Wald an lichten Stellen den Blick frei auf die Engelhörner, und alsbald sehen wir vor uns auch den mächtigen, im Juni noch mit viel Schnee bedeckten Dossen sowie die stattliche Pyramide des Hangendgletscherhorns, die das urwüchsige Tal mit ihrer felsigen, von Eis und Schnee bedeckten Masse prägnant abschließen.

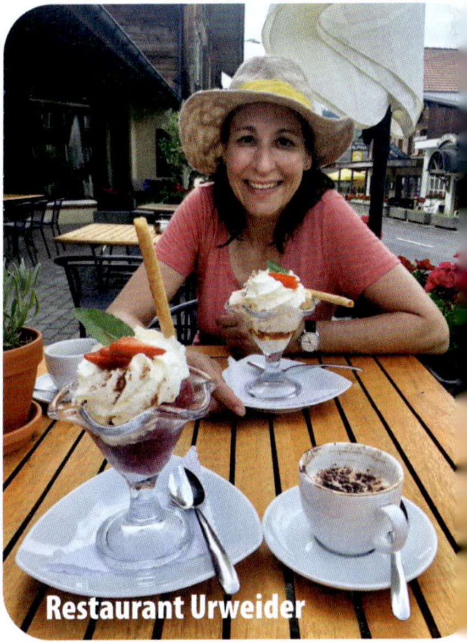
Restaurant Urweider

Auf der **Loibalp** 5 auf 1224 Metern legen wir uns in die Wiese, lassen die Aussicht und die Stille auf uns wirken. Aus dem Tal tönt das Rauschen der Gletscherbäche zu uns herauf. Wir können praktisch zuschauen, wie die letzten Schneefelder in den gegenüberliegenden Felsnischen der Engelhörner schmelzen und als Wasserfälle ins Tal hinunterschießen. Wir trinken von dem frischen Quellwasser beim Brunnen hinter dem Haus und genießen diese einsame Oase inmitten des eindrucksvollen Bergpanoramas.

Zurück gehen wir erst einmal ein Stück auf der gleichen Route den Bergweg hinunter bis nach **Unterstock** (865 m). Nach einer kurzen Wegstrecke auf einer Straße, die uns Richtung Westen führt, zweigt ein kleiner, hübscher Wiesenpfad nach Nor-

*Das **Hotel Restaurant Urweider** besteht seit 1920 und wird mittlerweile in der fünften Generation als Familienbetrieb geführt. Es ist bekannt für sein „feinheimisches" Essen.*

den. Am Talboden des Urbachtals angekommen, folgt nochmals eine Viertelstunde auf einer Asphaltstraße. Nach der Brücke bei **Pfengli** geht es die Straße wieder hinauf und weiter bis **Bim Chäppeli** auf 780 Metern. Dort biegen wir von der Straße auf einen Wanderweg ein. Über große Steintritte und abgewetzte Wurzeln führt er recht steil den urwüchsigen Wald hinunter. Die Kühle unter dem Blätterdach ist uns mehr als willkommen, und so kehren wir entspannt und von der reichen Landschaft beglückt nach **Innertkirchen** zurück. Bevor wir uns im **Hotel Restaurant Urweider** 6 ein Glacé mit hausgemachten Meringues und Alpenrahm gönnen, baden wir noch ausgiebig die Füße in der Hasliaare.

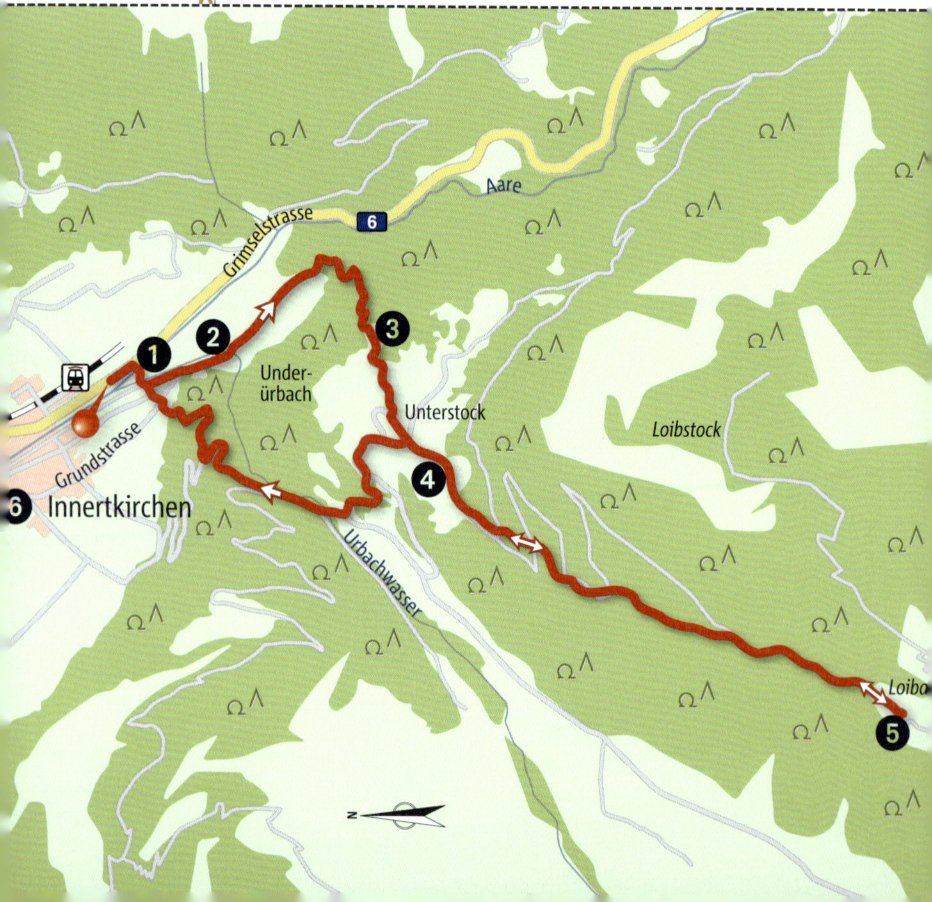

Alles auf einen Blick

WIE & WANN:
Bergwanderung T2; asphaltierte Nebenstraße (1,7 km), Naturweg (1,4 km), Pfad (6,0 km); beste Zeit Anfang Mai bis Mitte November

HIN & WEG:
Auto: Parkplatz beim Bahnhof Innertkirchen/Grimseltor (MIB) oder beim Kraftwerk Oberhasli (GPS: 46.70100, 8.23331)
ÖPNV: Von Meiringen Regio-Zug bis Innertkirchen Kraftwerk (Bahn)

ESSEN & ENTSPANNEN:
Keine Einkehrmöglichkeiten unterwegs, bitte an Rucksackverpflegung denken!
Nach der Tour empfehlenswert:
Hotel Restaurant Urweider ❻ Dorfstrasse 11, 3862 Innertkirchen, Tel. +41 (33) 9 71 38 88, www.urweider.ch

ENTDECKEN & ERLEBEN:
Barfußweg ❶
Sandsträndchen am Ufer des Urbachwassers ❷
Waldrand mit Bächlein ❸
Hubelschwendi, Bank ❹
Loibalp ❺

Entspannung ✱✱✱✱✱
Genuss ✱✱✱
Romantik ✱✱✱✱

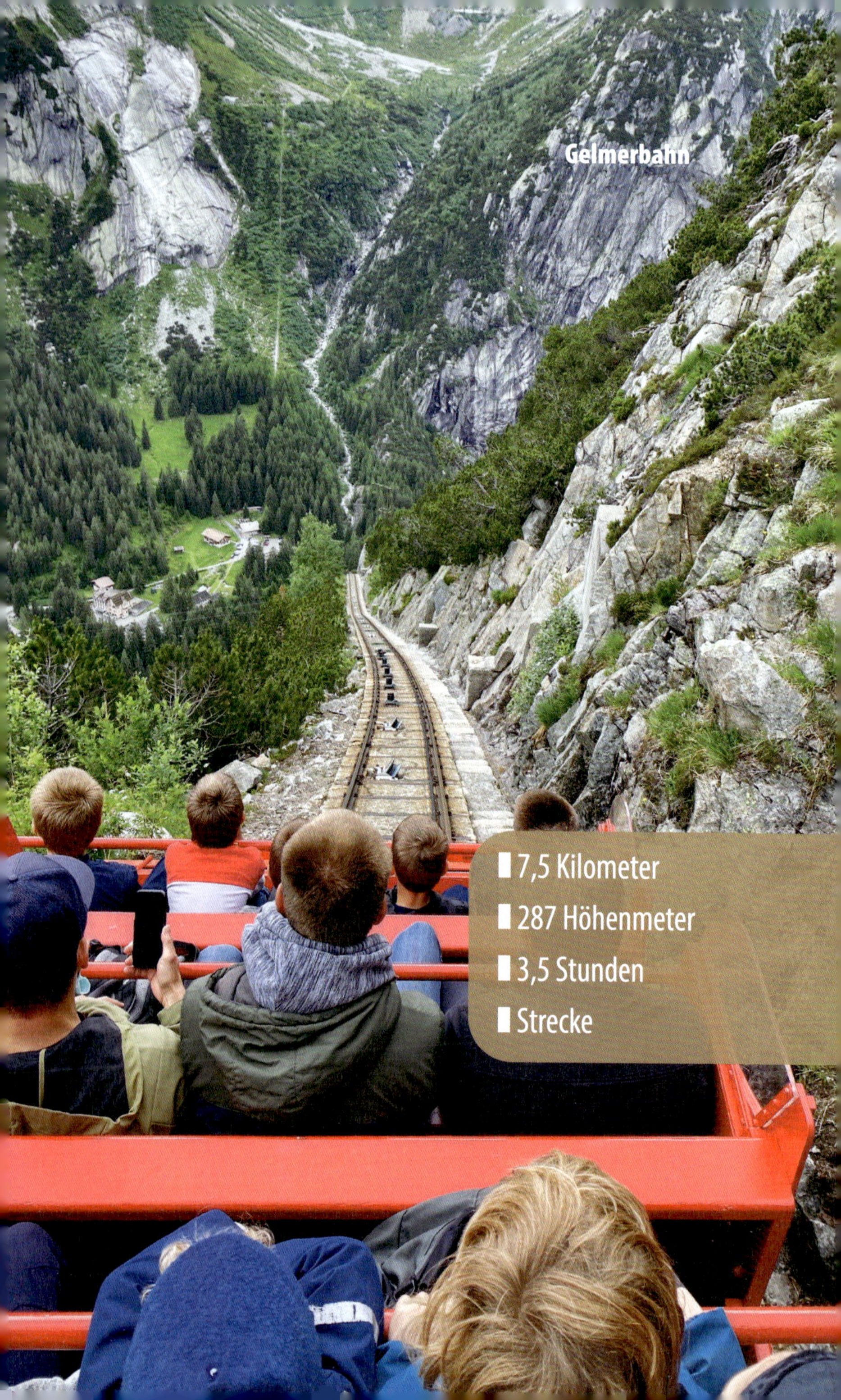

- 7,5 Kilometer
- 287 Höhenmeter
- 3,5 Stunden
- Strecke

Wir starten unsere heutige Wanderung beim **Hotel und Naturresort Handeck ❶.** Von dort fahren wir eine Postautohaltestelle hinauf bis zur Station **Kunzentännlein.** Auf der Berghangseite führt uns ein Steinplattenweg durch Heidelbeerbüsche und Alpenrosen. Als gingen wir durch einen japanischen Zen-Garten, so harmonisch und sorgfältig sind die Wegtritte angelegt: rundlich geformte, große, flache Granitplatten, so schön, dass sie uns staunende Ahs und Ohs entlocken. Zu gern möchte man solche Platten daheim im Garten haben. Hier liegen sie, wie von Gottes Hand hingelegt, in harmonisch unregelmäßigen Abständen, die beim Gehen genau dieses gewisse Maß an Aufmerksamkeit erfordern: Wir sind komplett im Hier und Jetzt, alle abschweifenden Gedanken fallen von uns ab, denn dieser Weg verlangt Konzentration bei jedem Schritt. Und alsbald umgibt uns eine Ruhe, die wir bei der Haltestelle Kunzentännlein

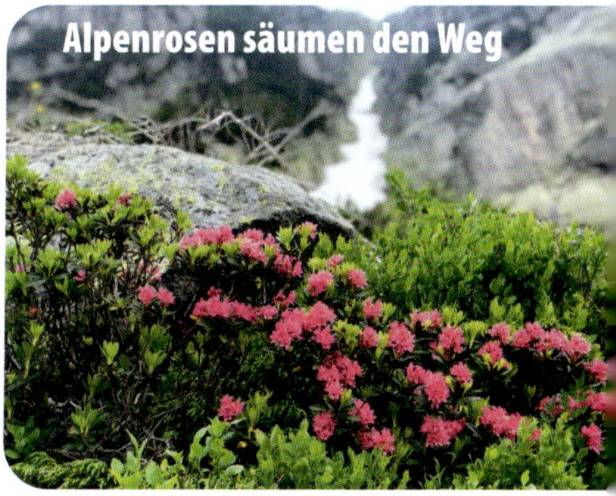

Alpenrosen säumen den Weg

Flechten & Wasser

Von der Handegg zum Gelmersee

an der viel befahrenen Grimselpassstraße unten niemals erwartet hätten. Bereits nach einer Viertelstunde des Weges hören wir rein gar nichts mehr vom Verkehr. Als würde die üppige Vegetation hier oben allen Motorenlärm und die Abgase gleich mitsamt verschlucken.

Die Hochgebirgslandschaft im Grimselgebiet ist einmalig. Die vom Gletscher geschliffene und geformte Granitlandschaft ist mit Flechten überzogen, Heidelbeeren und Alpenrosen wuchern allenthalben und scheinen es mit ihren knorrig verholzten Zweigen und den zähen ledrigen Blättchen dem uralten Gestein gleichtun zu wollen, das den Untergrund bildet. Ein Dialog aus Gegensätzen und Harmonie, der uns ob so viel natürlicher Schönheit atemlos staunen und leicht beschwingt den Weg hinansteigen lässt. Der Strauchbewuchs ist durchsetzt von malerisch angeordneten Bergföhren, und an feuchten Stellen finden wir auch Birken, die hier oben recht knorrig wachsen. Die Granitfelsen sind stellenweise rund und prall wie große Backen, von Gletschern früherer Zeiten zu Rundbuckeln geschliffen. Wie wir höher steigen, sind diese Buckel immer dichter mit den allgegenwärtigen gelbgrünen Flechten überzogen. Diese bilden faszinierende Muster, als wollten sie ganze Weltkarten auf die Granitsteine schreiben. Es lohnt sich, innezuhalten

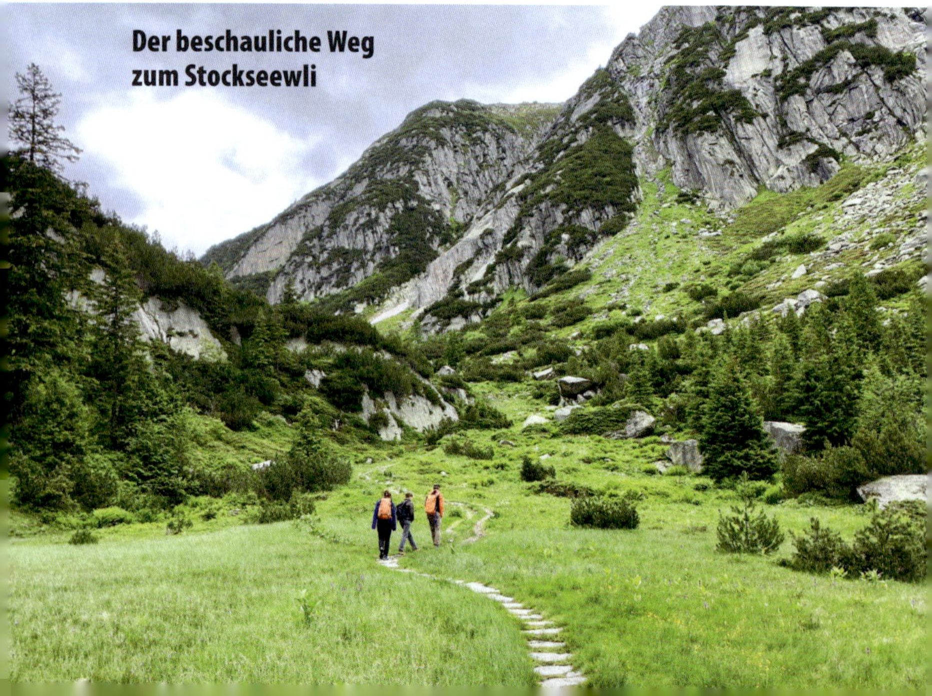

Der beschauliche Weg zum Stockseewli

und die Seele eintauchen zu lassen in diese Welt der Flechtenmuster.

Auf der gegenüberliegenden Talseite sehen wir die ausgefransten Zacken am Grat des Kleinen Diamantstocks. Wir folgen den kunstvoll angelegten, aus dem heimischen Granit gehauenen Steintreppen, die uns steil und steiler hinaufführen. An exponierten Stellen laden Fixseile als Handläufe ein, uns festzuhalten, wo es uns zu abschüssig wird.

Alsbald erreichen wir eine kleine Ebene. Hier hat sich ein Hochmoor gebildet, in dem ganze Kolonien von Wollgras gedeihen. Am **Stockseewli** ❷ (1619 m) vorbei führt uns der „Zen-Weg" hinauf zu herrlichen Rastplätzen, wo von der Sonne gewärmte Granitplatten uns zum Sitzen einladen. Frisch gestärkt steigen wir weitere gut 200 Höhenmeter hinauf, und schon sind wir bei

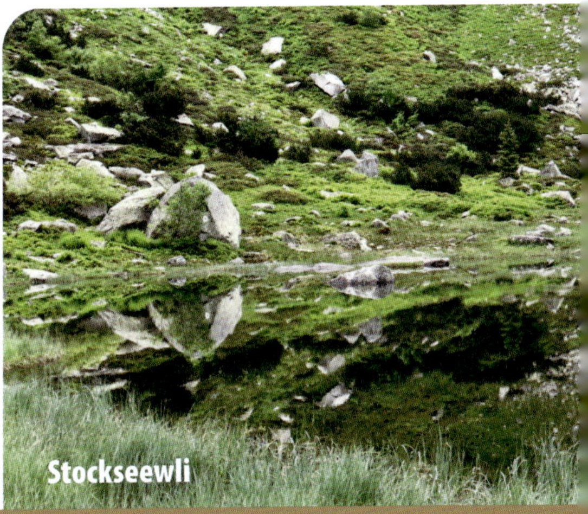

Stockseewli

Für die Seele

Auf diesem japanisch anmutenden Meditationsweg zum Kraftort Gelmersee findet die Seele inspirierende Nahrung in der Landschaft.

der großen **Staumauer** ❸ des Kraftwerks Handegg. Dieses gigantische Bauwerk staut den Gelmersee auf 1848 Meter Höhe. Graublau und eiskalt liegt er unter uns und reflektiert gar nichts außer sich selbst.

Wir überqueren die Staumauer und nehmen den hübsch angelegten und gut ausgebauten Bergweg, der uns abwechslungsreich um den See herumführt. Bei den teilweise steil abfallenden Felspartien helfen Tritt-

*Das **Grimselgebiet** gilt als Europas Wasserschloss. Hier entspringt die Aare. Die Kraftwerke Oberhasli AG (KWO) betreiben ein Technologiezentrum und eine imposante Anlage aus acht Stauseen und 13 Kraftwerken, die Strom für über eine Million Menschen erzeugt.*

sicherheit und Schwindelfreiheit, die Aussicht hinunter auf das türkisblaue Wasser zu genießen. Wer solch exponierten Wegen nicht traut, könnte auf der großen Staumauer verweilen und die landschaftlichen Eindrücke von dort aus sicherer Warte in sich aufsaugen. Wir aber freuen uns, den Weg um den See herum zu begehen, der etwa 2 Stunden in Anspruch nimmt. Die hochalpine Bergwelt lässt sich auf dieser Wanderung aus den verschiedensten Blickwinkeln bestaunen. Entlang des Sees laden ursprüngliche Bachläufe und riesige, von den schwefelgelbgrünen Flechten überzogene Felsplatten zum Verweilen ein.

Danach sind wir sehr geerdet und ruhen allertiefstens in uns selbst. Derart eingetaucht in die hochalpine Bergwelt, fühlen sich unsere Nerven stark an wie Stahlseile.

Gelmersee

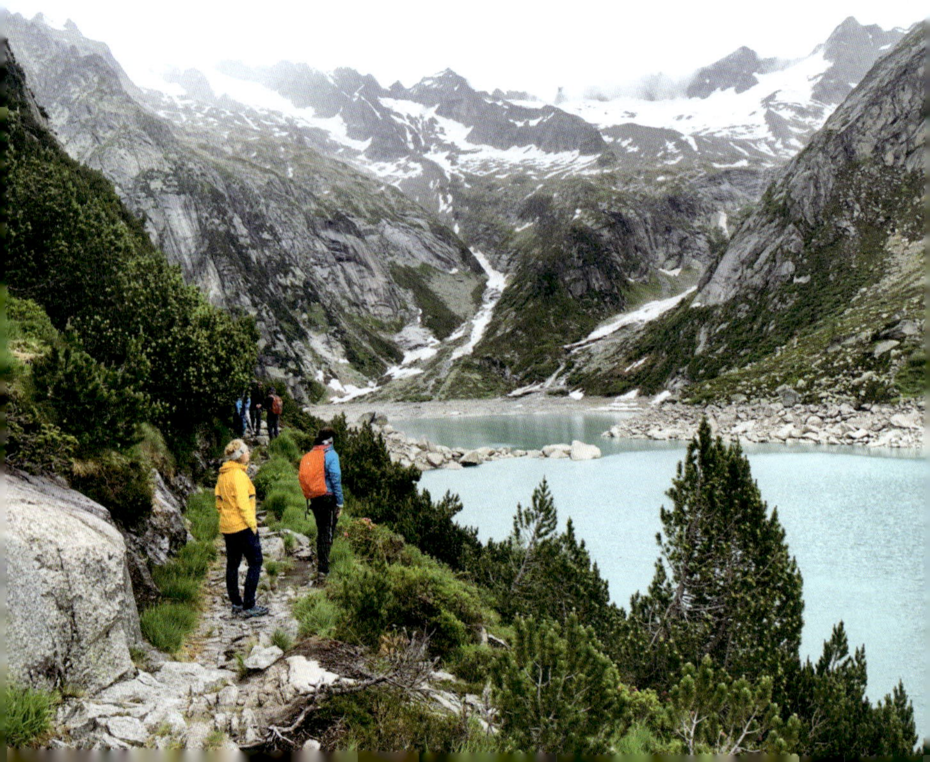

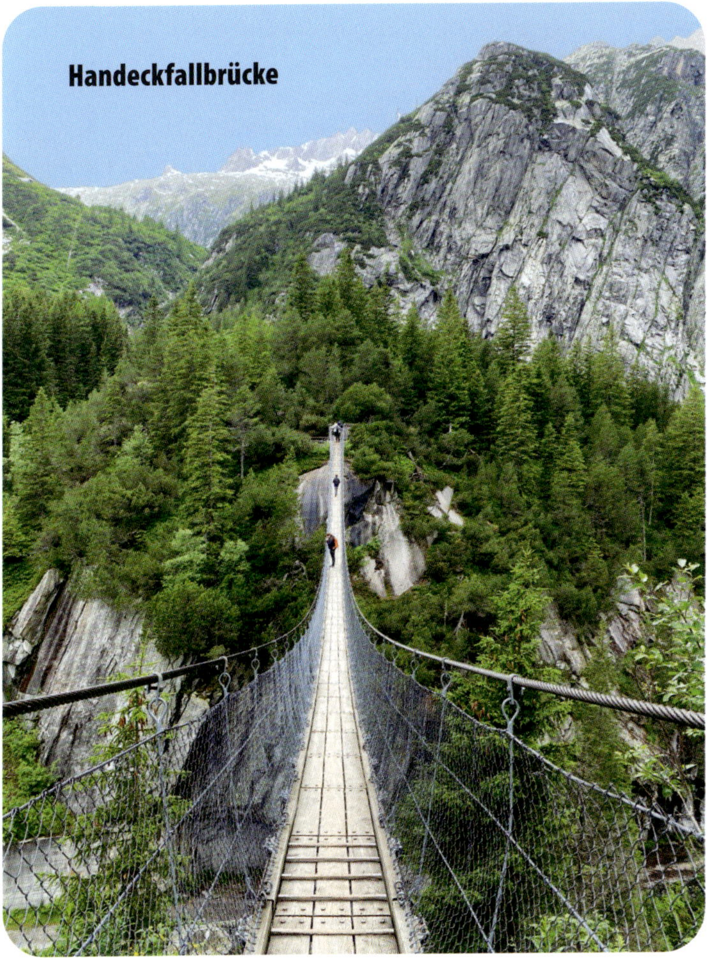

Und so ist es ein Leichtes, dass wir uns zum Ende des Tages auch noch auf die **Gelmerbahn** ❹ wagen – wir ersparen damit unseren müden Kniegelenken den steilen Abstieg. Wer will, kann auch zu Fuß ins Tal hinunterwandern.

Die feuerrote Bahn mit den offenen Wagen allerdings bietet ein Spektakel.

Den Fahrtwind im Haar und den einen oder anderen Schreckensschrei der anderen Fahrgäste im Ohr,

*Die **Gelmerbahn** ist die steilste Standseilbahn Europas und führt mit einer maximalen Steigung von krassen 106 Prozent vom Gelmersee hinab zur Station Handegg im Haslital.*

*In **Nepal** wurden mehr als 8000 Hängebrücken mit Unterstützung der Schweizer Entwicklungsorganisation Helvetas gebaut, meist im Auftrag der nepalesischen Regierung. Nach dem Bau einer neuen Hängebrücke nehmen signifikant mehr Kinder den Schulweg unter die Füße.*

stürzen wir uns über die Felsen hinab – stets bestens gesichert durch einen Bügel, der an die Achterbahnen auf einem Jahrmarkt erinnert.

Nach diesem Nervenkitzel sind wir parat für die **Hängebrücke 5,** die uns bei der Talstation Handegg erwartet. Im Vergleich zur Triftbrücke (siehe Tour 3, Seite 32) ist diese kleinere Schwester freilich ein Leichtes – ihre Überquerung dient dem sanften Übergang zurück in die Realität außerhalb des Hochgebirges. Und hiermit schließt sich auch der Kreis zum asiatischen Zen – schließlich stammen die ursprünglichen Hängebrücken aus Nepal, und diejenigen im Haslital wurden nach ähnlicher Bauweise gebaut wie diejenigen der Schweizer-Nepalesischen Entwicklungshilfe.

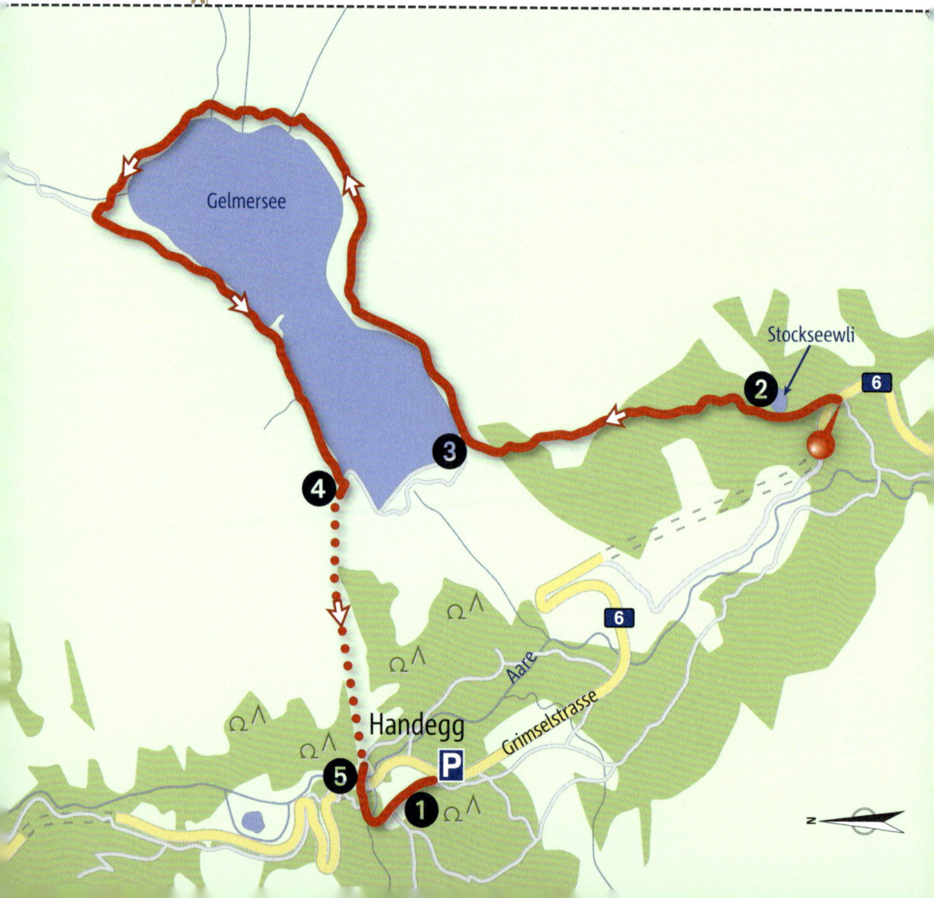

Alles auf einen Blick

WIE & WANN:
Bergwandern T2/T3; Berg- und Naturwege; exponierte Stellen am Rundweg um den Gelmersee, dort Trittsicherheit und Schwindelfreiheit erforderlich; beste Zeit Juni bis Oktober

HIN & WEG:
Auto: Parkplatz Gelmerbahn, 3864 Guttannen (GPS: 46.611970, 8.309077) oder beim Hotel und Naturresort Handeck, Grimselstrasse, 3864 Guttannen
ÖPNV: Von Meiringen Bf Bus B 161 bis Handegg, Kunzentännlein; Abreise mit Bus B 161 ab Handegg, Gelmerbahn
Anreise zum Ausgangspunkt: Von Handegg, Gelmerbahn Bus B 161 bis Handegg, Kunzentännlein
Rückkehr zum Ausgangspunkt: Gelmerbahn, www.grimselwelt.ch/bahnen/gelmerbahn

ESSEN & ENTSPANNEN:
Hotel und Naturresort Handeck ❶ Grimselstrasse, 3864 Guttannen, Tel. +41 (33) 9 82 36 11, www.grimselwelt.ch

ENTDECKEN & ERLEBEN:
Stockseewli ❷ **Gelmersee, Staumauer** ❸
Gelmerbahn, Bergstation ❹
Hängebrücke ❺

Entspannung ★★★★☆
Genuss ★★★★☆
Romantik ★★☆☆☆

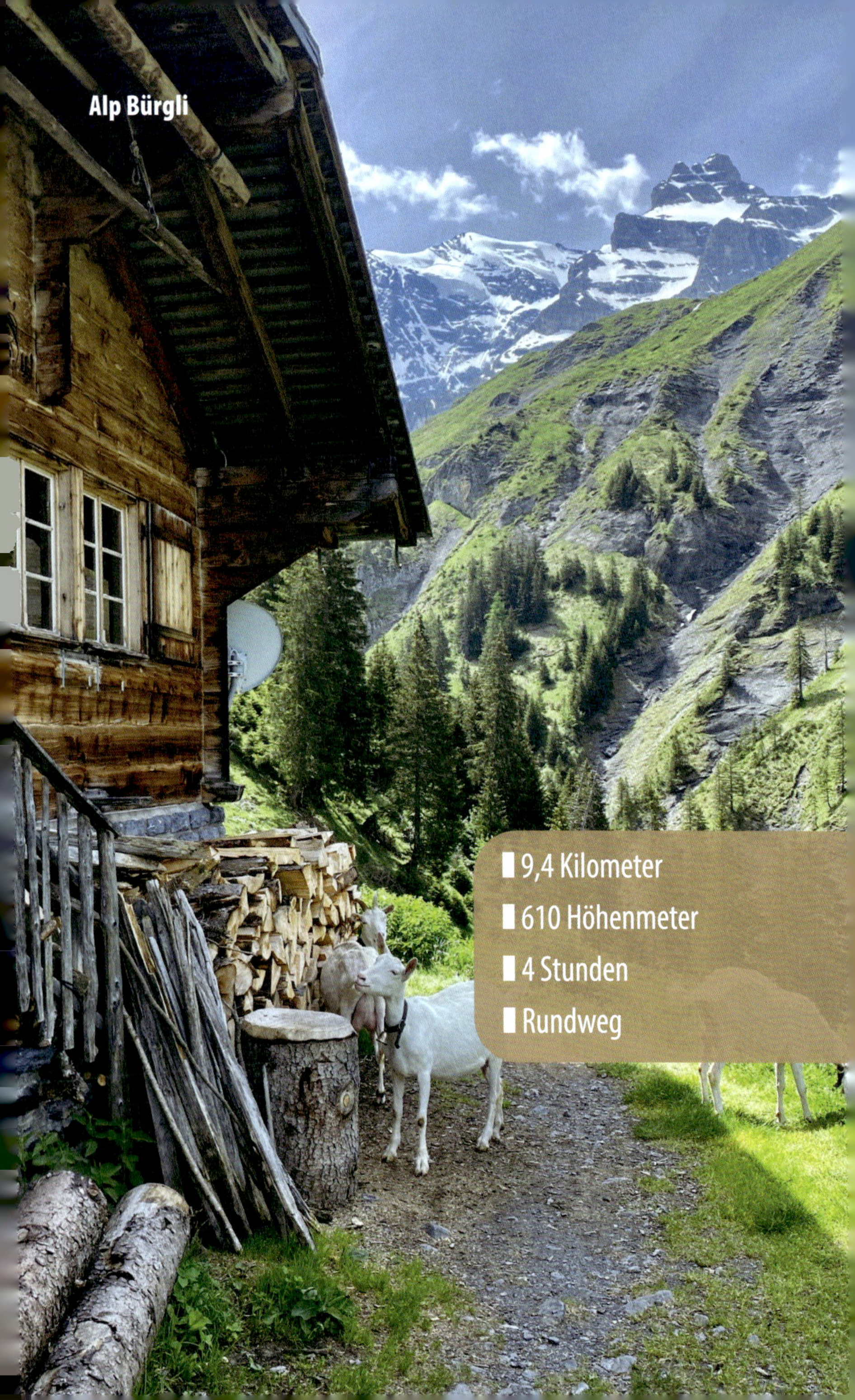
Alp Bürgli
9,4 Kilometer
610 Höhenmeter
4 Stunden
Rundweg

Auch wenn sie in der zweiten Junihälfte noch frisch verschneit am Horizont schlummert, so trägt die Blüemlisalp ihren Namen doch zu Recht. Denn wer im Juni vom Kraftort Kiental aus zur Alp Gamchi und dann an der Seitenmoräne in Richtung Blüemlisalphütte hinaufsteigt, wird nicht nur ein faszinierendes Alpenpanorama, sondern auch eine Bergblumenpracht sondergleichen antreffen. Aurikeln und Mehlprimeln blühen hier um die Wette mit lapislazuliblauen Kalkenzianen, violetten Kugelblumen, magenta leuchtenden Esparsetten, süß duftenden Maiglöckchen und Hufeisenklee. Weiter oben bilden Silberwurz und Mannschild dichte Blütenteppiche, und der Alpenlein zieht seinen violett-orangen Blütenschleier über die Geröllhalden. Und über allem thronen die Weiße Frau und die Wilde Frau, die zwei bekanntesten der Blüemlisalp-Gipfel. Und ja, diese Gegend von Kiental hinauf Richtung Blüemlisalp ist zweifellos ein Kraftort – jeder, der in diese karge Landschaft aus großzügigen Schwemmlanddeltas, schroffen Flühen und mächtigen Felsformationen eintaucht,

*Im April 1916 wurde in Kiental Weltgeschichte geschrieben. Im **Restaurant Bären** fand die zweite Internationale Sozialistische Konferenz statt. Mit von der Partie waren unter anderem Lenin und seine Geliebte Inès Armand. Ein Museums-Zimmer im Hotel erinnert daran.*

Kraft finden

Von Gorneren zur Bundalp

wird fasziniert sein von der urtümlichen Energie, die hier auf Schritt und Tritt zu spüren ist.

Aber von vorne. Denn ganz so einfach gelangt man nicht in dieses Paradies der spröden alpinen Reize. Von Kiental aus fahren wir mit einem winzigen Postauto eine abenteuerliche Straße hinauf. Es ist die steils-

Das **Kiental** gilt als spiritueller Ort der Heilung. Ein Wasserfall auf der Griesalp weist 40.000 Bovis-Einheiten auf (ein Maß für die Lebenskraft, die dem Menschen zugeführt wird). Zwischen Griesalp und Gspaltenhornhütte hat eine Quelle sensationelle 500.000 Bovis-Einheiten.

te Postautostrecke in ganz Europa! Vorbei an grasenden Kühen in der Kiental-Ebene, windet sich das gelbe Postautöli alsbald durch waghalsig enge Kurven, über schmalste Brücklein, um Millimeter an schroffen Felswänden vorbei, durch Schluchten, angesichts deren Tiefe einem anders wird. Auf der Griesalp angekommen, möchte man sich am liebsten bekreuzigen – so aufregend ist diese Anfahrt. Wir schultern unsere Rucksäcke und gehen zehn Minuten die Straße hinauf zum **Naturfreundehaus Gorneren** ❶ (1471 m), wo wir unser Lager für die kommende Nacht beziehen.

Von der Gorneren aus machen wir uns auf die geplante Wanderung, zuerst die schmale Asphaltstraße hinunter zum recht bekannten **Restaurant Golderli** ❷ und dann weiter zur Kapelle und zur Alp **Steineberg** (1467 m). Ab hier ist Fahrverbot. Nach etwa 20 Minuten kommt eine geschotterte Alpstraße. Dieser folgen wir bis zur **Alp Bürgli,** wo gerade die Kühe mit Anhängern hinaufgekarrt werden. Wir treffen außerdem einige Ziegen mit drei Jungtieren.

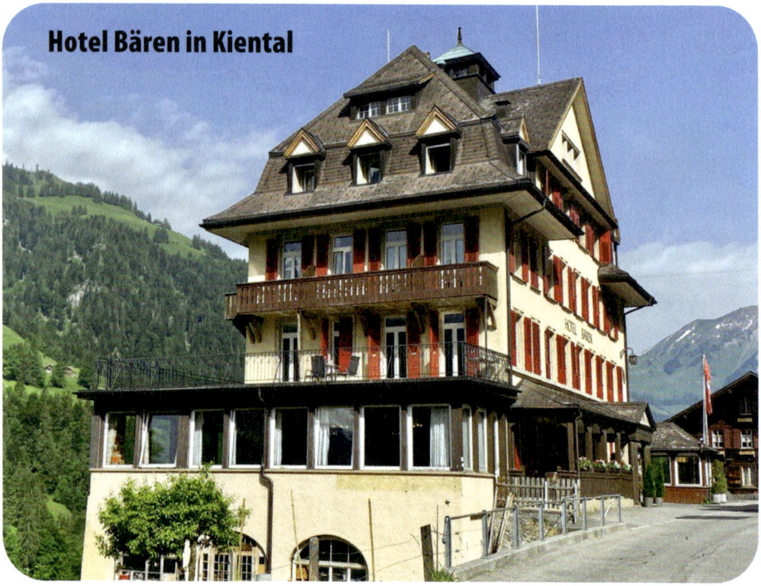

Hotel Bären in Kiental

Ab hier führt ein angenehm breiter Schotterpfad an eindrucksvollen Felsformationen und Wasserfällen vorbei. Hier sieht man richtiggehend, wie die Alpen über die Jahrmillionen durch Urgewalten gefaltet und geformt wurden! Wir gehen bequem nebeneinander und bewundern die geologischen Formen im Gestein, die große Vielfalt der Alpenblumen. So gelangen wir in das weite, als großer Kessel geformte Hochtal hinauf und tauchen ein in diese weitgehend unberührte Landschaft. Vor uns erhebt sich imposant das Blüemlisalp-Massiv, und wir sehen in der Mittagssonne den Gamchi-Gletscher leuchten.

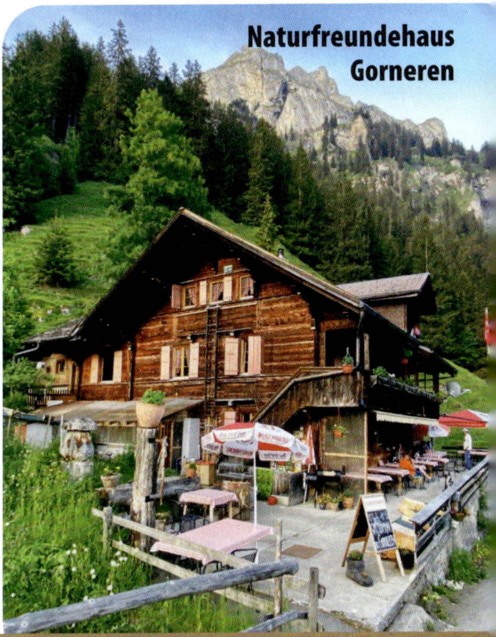

Naturfreundehaus Gorneren

Angesichts des hier prächtig gedeihenden Wundklees wundern wir uns, wo wohl die Murmeltiere sind. Wundklee ist nämlich eines ihrer Lieblingsfressen. Bald sehen wir die **Alp Gamchi** ③ (1672 m) vor uns, die hübsch in der Hochebene liegt, und an den grasigen Hängen hinter der Alp, da stehen sie und pfeifen: Es ist das reinste Murmeltierparadies hier im Tal. Auch für hungrige Wanderer ist die Alp Gamchi ein Paradies, denn hier gibt es verschiedene Alpkäsesorten, Wurst, regionale

Für die Seele

Das Kiental gilt als Ort, der seelisch und körperlich gesund macht. Plätze der Spiritualität laden zur Einkehr und Besinnung auf die eigenen Kräfte ein.

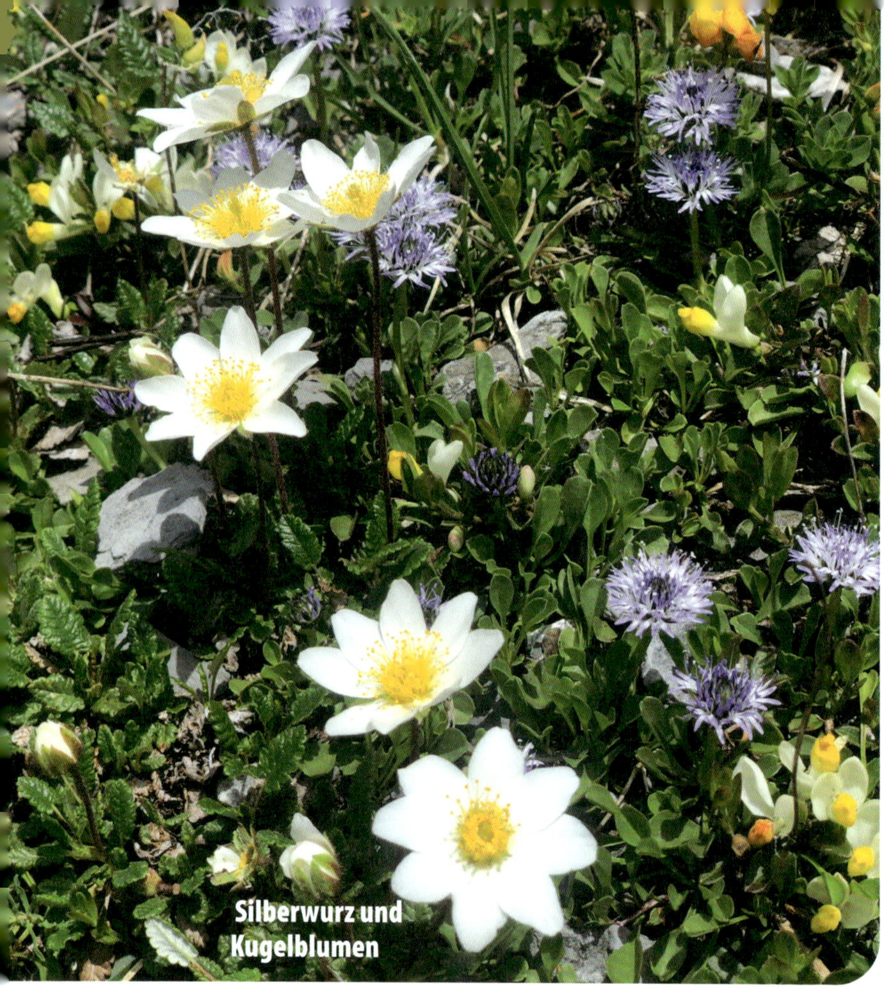

Silberwurz und Kugelblumen

Fleischprodukte und anderes feines Essen. Die Älpler haben sogar extra einen kleinen Gemüse- und Kräutergarten angelegt, um die Familie und die Gäste mit frischem Grünzeug zu versorgen.

Von hier wählen wir nicht den klassischen Weg Richtung Gspaltenhornhütte, sondern gehen rechts über ein Brücklein und dann steil die Seitenmoräne hinauf. Ein hübscher, gut ausgebauter Bergweg führt uns durch prächtigst blühende Bergwiesen mit viel Schweizer Mannsschild, dessen Polster neonpink aus den kargen Bergwiesen leuchten. Nach etwa einer Stunde erreichen wir den **höchsten Punkt der Seitenmoräne** **4** (2030 m). Hier oben gibt es zwei Bänkli und

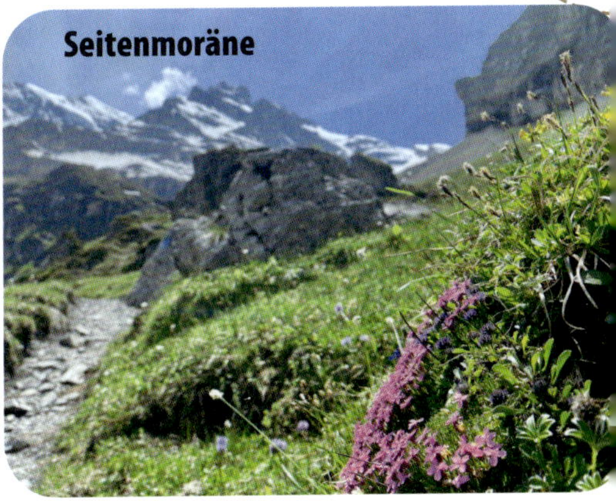

einen imposanten Felsvorsprung, der wie ein Haifischzahn ins Tal hineinfasst. Das 360-Grad-Panorama ist atemberaubend. Hinter uns erhebt sich riesig die Wilde Frau. Vor uns zeichnet sich fern im Nordwesten die markante Pyramide des Niesens ab. Außerdem sehen wir den Zahm Andrist, den Wild Andrist und das Hundshorn, sowie, prominent im Süden, das Gspaltenhorn mit seinen imposanten Schrunden und Zacken, derweil sich im Norden das Schwarzhorn am Himmel erhebt. Viel mehr Panorama als hier geht fast nicht!

Sattgesehen, steigen wir ab in Richtung **Bundläger.** Auf dieser Strecke werden wir abermals von einer schier unglaublich reichen Blütenpracht begleitet. Die Bergwiesen sind mit Tausenden von in intensiven Farben leuchtenden Alpenaurikeln, Mehlprimeln und Enzian so dicht bewachsen wie ein kunstvoll gewebter

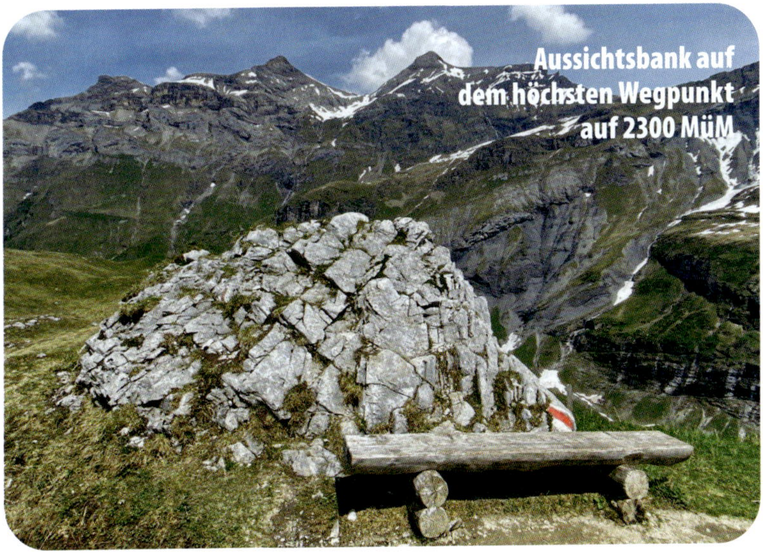

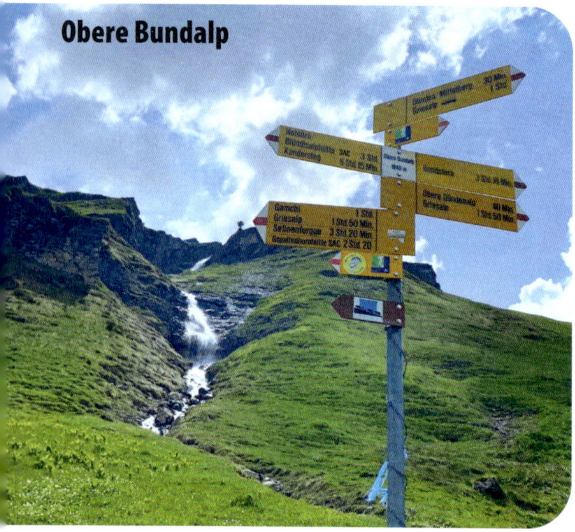

Obere Bundalp

Blumenteppich. Beim Bundläger könnte man einkehren oder auch ein Nachtlager finden, aber der große asphaltierte Platz wirkt nicht sehr einladend. Darum gehen wir ein Stück weiter die geschotterte Alpstraße hinunter und finden an einem schiefrigen Abhang große Mengen von blühendem Alpenhahnenfuß, den wir gebührlich bewundern.

Vor uns beim **Berghaus Bundalp** ⑤ sind die Wiesen voll mit anderen weiß blühenden Ranunkelgewächsen – dem eisenhutblättrigen Hahnenfuß.

Auf der Terrasse laden schwere alte Holzstühle mit rot lackierten Holz-Scheieli zum Ausruhen auf der prächtigen Aussichtsterrasse. Wir gönnen uns hausgemachten Kuchen und saugen noch einmal das Bergpanorama in uns auf – mit der Blüemlisalp und dem Gspaltenhorngrat, der von hier aus vor dem Spätnachmittagshimmel besonders eindrucksvoll zerklüftet wirkt. Was für ein anspruchsvoller Kletterberg! Auch wenn wir uns da wohl nicht hinaufwagen werden, brennt die Fantasie ein bisschen mit uns durch, und beim zweiten Bier malen wir uns die wildesten Bergabenteuer aus. Immerhin, bis zur Gspaltenhornhütte SAC zu gelangen, das läge für einigermaßen fitte und trittsichere Bergwanderer durchaus drin. Von dort ginge es dann über steile Treppen, exponierte Traversen und Fixseilpassagen weiter zur Sefinenfurgge – eine lohnen-

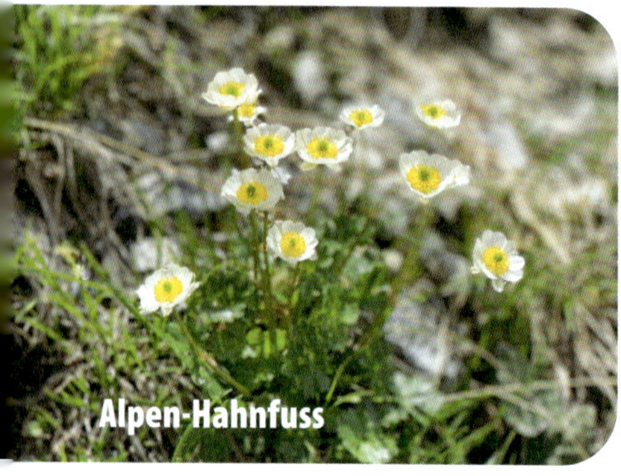
Alpen-Hahnfuss

de und spannende Tour. Aber heute legen wir diesen Pfad nur von der Terrasse aus in Gedanken zurück.

Frisch gestärkt machen wir uns auf den Rückweg, der uns auf einem Wanderweg über Bergbäche und durch weitere blühende Wiesen stetig hinabführt. Ein Stück weit gehen wir auf einem geschotterten Alpsträßchen. Dieses verlassen wir oberhalb des Bundstägs und biegen in einen schmalen Pfad ab, der uns direkt zum Gamchibach hinunterführt. Entlang des Wassers kehren wir zurück nach **Steineberg,** von wo uns die kleine asphaltierte Alpstraße zurück zum **Golderli** und hinauf in die **Gorneren** führt.

Nun sind wir so auf Panorama eingestellt, dass wir auf der Terrasse des historischen Naturfreundehauses

*Vom **eisenhutblättrigen Hahnenfuß** sagt man, er gedeihe nur auf silberhaltigen Böden – deshalb wird er auch Silberhahnenfuß genannt. Meist wächst er aber einfach an feuchten Stellen. Dem Vernehmen nach ist auf der Bundalp noch niemand mit Silberfunden reich geworden.*

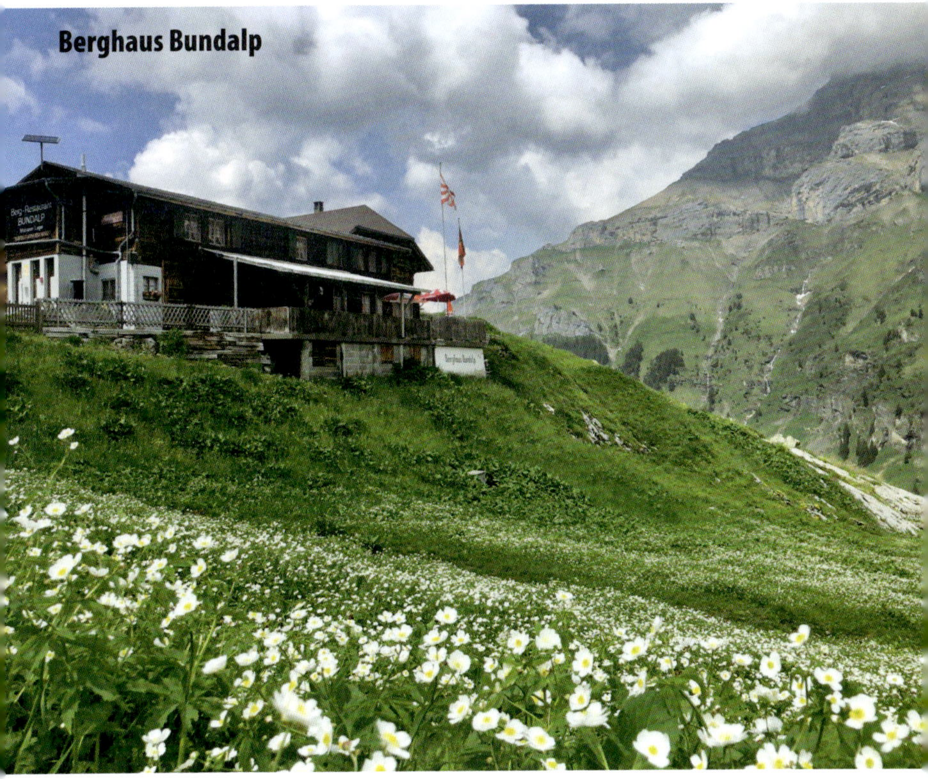

Berghaus Bundalp

Entschleunigungstour 15

Ein **Alpwirtschafts- und Naturlehrpfad** startet bei der Griesalp im Kiental. Die Themenvielfalt dieses Lehrpfades ist im ganzen Alpenraum einmalig – ein Erlebnis für Jung und Alt. Es gibt eine kürzere und eine längere Variante.

gleich nochmals eintauchen in die imposante Bergwelt mit den verschneiten Dreitausendern. Wir bereuen fast ein wenig, dass wir die Skier nicht mitgebracht haben – obwohl wir schon in der zweiten Junihälfte sind. Vor unseren sonnengebräunten Nasen erheben sich, noch immer von viel Schnee bedeckt, das Hohtürli (2778 m) und der Bundstock (2756 m), darüber steht das Morgenhorn (3623 m). Im Osten lockt die Bütlasse (3192 m), die in einer recht anspruchsvollen Tour von der Sefinenfurgge (2612 m) her zu erreichen ist. Mit dem Fernrohr suchen wir das eindrucksvolle Panorama nach späten Skispuren ab. Ach, auf der Terrasse in der langen Juniabendsonne sitzen und ein bisschen träumen ist auch sehr schön!

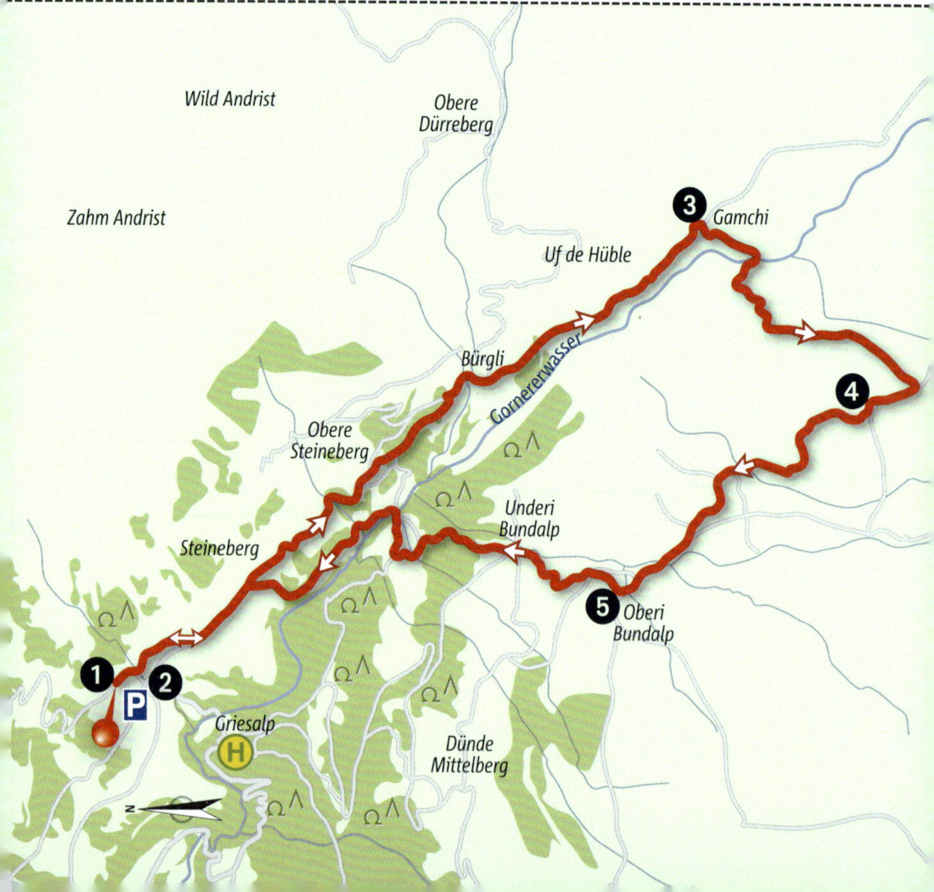

Alles auf einen Blick

WIE & WANN:
Asphaltierte Nebenstraße (1,5 km), Naturstraße (1,3 km), Wanderweg (6,6 km); beste Zeit Mai bis Oktober

HIN & WEG:
Auto: Über Reichenbach im Kandertal ins Kiental nach Tschingel, dort gebührenpflichtige Parkplätze (nur Münzgeld) (GPS 46.54956, 7.75608).
Ab Tschingel extrem enge und steile Straße bis Griesalp (gebührenpflichtige Parkplätze, GPS 46.54760, 7.76187). Achtung, Einbahnverkehr, Kreuzen unmöglich! Keinesfalls dann fahren, wenn das Postauto entgegenkommt! Mutige fahren selbst, die anderen steigen aufs Postauto B 220 um.
ÖPNV: Zug bis Reichenbach im Kandertal; ab dort Postauto B 220 zur Griesalp

ESSEN & ENTSPANNEN:
Naturfreundehaus Gorneren ❶ Daniel Bösch, Tel. +41 (33) 6 76 11 40, https://gorneren.nfh.ch
Berggasthaus und Pension Golderli ❷ 3723 Kiental, Tel. +41 (33) 6 76 21 92, www.golderli.ch
Alphütte Gamchi, Beizli mit Hoflade ❸ Fam. Bühler, 3723 Kiental, Tel. +41 (33) 676 24 57
Berghaus Bundalp ❺ Tel. +41 (33) 676 11 92, www.bundalp.ch

Entspannung ✱✱✱✱✱
Genuss ✱✱✱✱✱
Romantik ✱✱✱✱✱

Außerdem interessant:
Griesalp Hotels, 3723 Kiental, Tel. +41 (33) 6 76 71 71, www.griesalp-hotels.ch
Hotel Waldrand-Pochtenalp, 3723 Kiental, Tel. +41 (33) 6 76 12 08, www.nostalgiehotel.ch

ENTDECKEN & ERLEBEN:
Höchster Punkt der Seitenmoräne, Bänkli und Panoramablick ❹

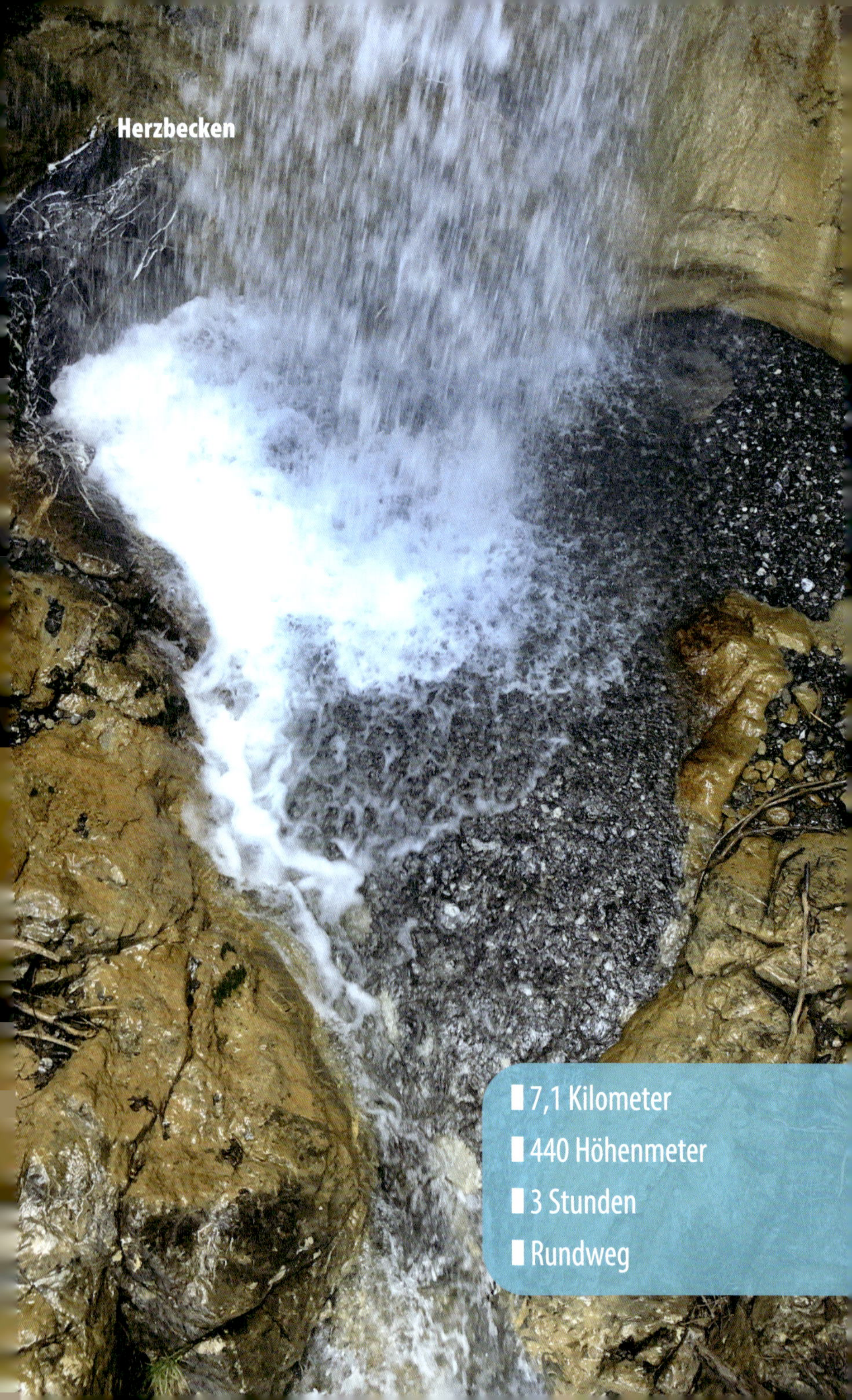
Herzbecken
7,1 Kilometer
440 Höhenmeter
3 Stunden
Rundweg

„Über sieben Brücken musst du gehn …" Mit dem durch Peter Maffay bekannt gewordenen Song im Ohr beginnen wir unsere Wanderung beim **Hotel Restaurant Bären** ① im Dörfchen Gsteig in der Nähe von Gstaad. Denn heute wird es über viele Brücken gehen, davon führen mehrere hintereinander über die spektakuläre Schlucht der Burgfälle.

Die ersten Kilometer führt uns eine kaum befahrene Straße entlang der Saane, die neben uns friedlich durch flache Wiesen plätschert, zum **Wasserkraftwerk Sanetsch.** Wer gleich zu Beginn der Wanderung eine größere Rast einlegen und sich von der Anreise erholen möchte, findet in dem stellenweise recht breiten Bett der Saane einen großen, aus dem Fluss herausragenden Baumstamm, auf dem sich wunderbar sitzen, die Füße im Wasser und die Seele in sanften Träumen baumeln lässt. Hier gibt es auch eine schöne **Feuerstelle** ②.

Auf der Höhe des Parkplatzes am Kraftwerk bringt uns der Wanderweg über eine Brücke in den malerischen, urtümlichen Wald hinein. Die nächsten 500 Meter schlendern wir gemütlich über den weichen, von Wurzeln durchzogenen Boden, saugen die kühle, vom plätschernden Burgfallbach mit Feuchtigkeit geschwängerte Luft ein. Wir lassen uns auf einem der Moospolster nieder, die sich einladend über Steine und alte Baumstümpfe legen, und trinken einen Schluck Tee. Feuerstellen und schöne Rastplätzchen finden sich überall in diesem lichten, im Sommer erfrischend kühlen **Waldstück** ③, wo die Einheimischen

*Das Dörfchen **Gsteig** war einst bedeutender als der heute weltberühmte Nobelkurort Gstaad. Die Walliser brachten Wein über den Sanetschpass und tauschten mit den Saanenländern gegen Rahm und Käse. Der Grat oberhalb von Gsteig trägt noch heute den Namen „Walliser Wispile".*

Sieben Brücken

Von Gsteig zu den Burgfällen

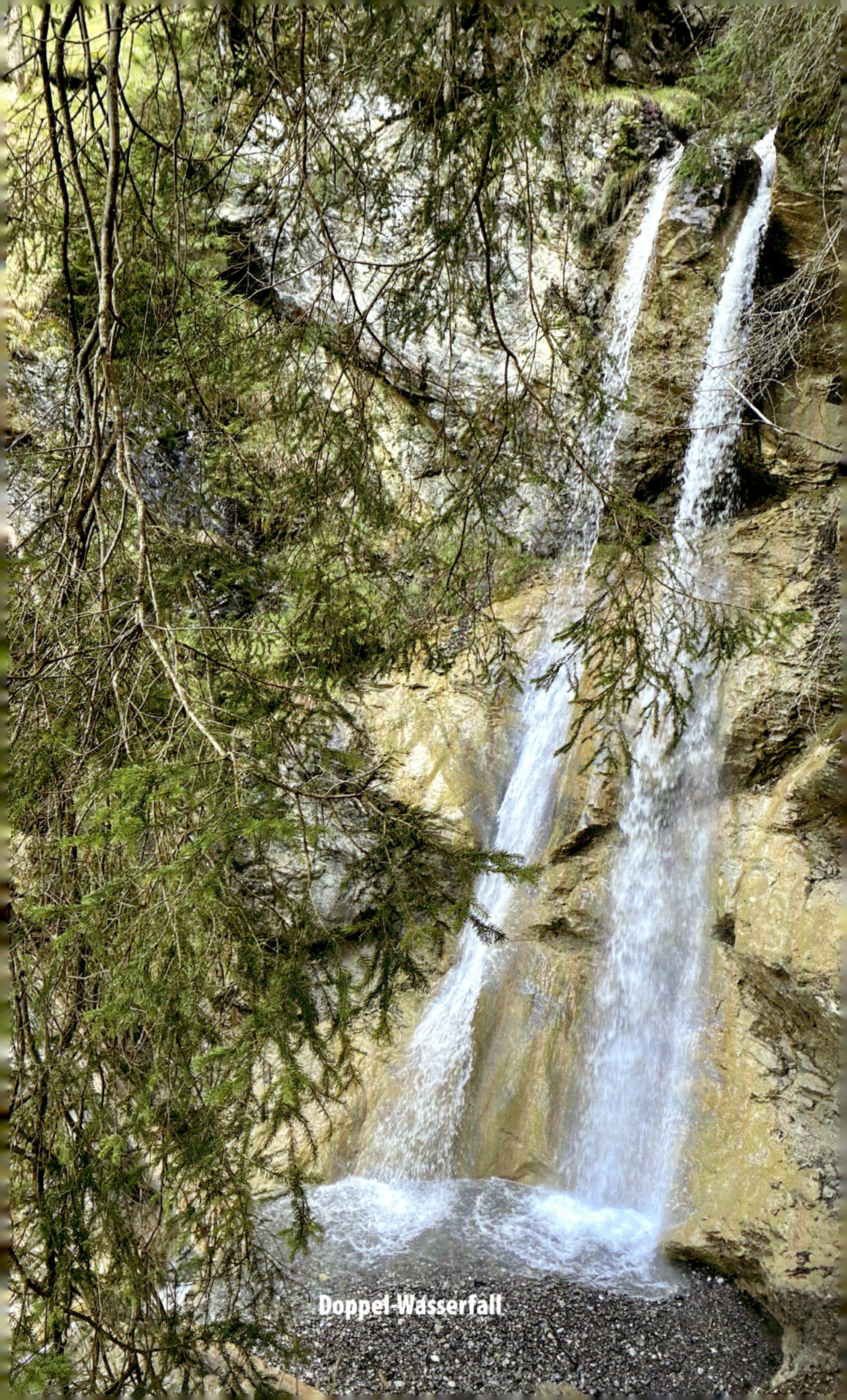
Doppel-Wasserfall

gerne spazieren gehen. Bei Touristen ist diese Ecke hingegen noch kaum bekannt, und die Wanderung zu den Burgfällen gilt eher als Geheimtipp. Kurz nach der Schneeschmelze im Frühling ist der Wald voller Leberblümchen, sodass die Moospolster mitunter über und über in Lila leuchten. Später blühen hier viele Schlüsselblumen, Seidelbast, Pestwurz und Besenheide. Im Sommer treten die Heidelbeeren mit ihrem sattgrünen Dickicht und den matt bemehlten Beeren in den Vordergrund.

Frisch gestärkt, tauchen wir tiefer in den Wald hinein. Wir folgen einem Pfad, der uns über Wurzeln und Steine stetig den Bach entlang in die Höhe führt, das friedliche Plätschern stets im Ohr. Und schon sehen wir den ersten, noch recht kleinen Wasserfall. Der Weg geht nun steil hinauf, und über uns tost bereits der **Doppelwasserfall ④.** Das ist der bekannteste und auch der romantischste von allen **Burgfällen.** Denn der doppelte Wasserstrahl hat über die Jahrhunderte ein herzförmiges Becken in den Stein geschliffen. Eine hübsche Treppe mit Holzgeländer führt uns zu einer **Holzbrücke über die Schlucht ⑤.** Fünf weitere Brücken werden uns bis zuoberst mal von der einen, dann wieder von der anderen Seite über den hier laut tosenden, wild rauschenden Burgfallbach und seine stellenweise imposant tiefe Schlucht und an den diversen Wasserfällen vorbei geleiten.

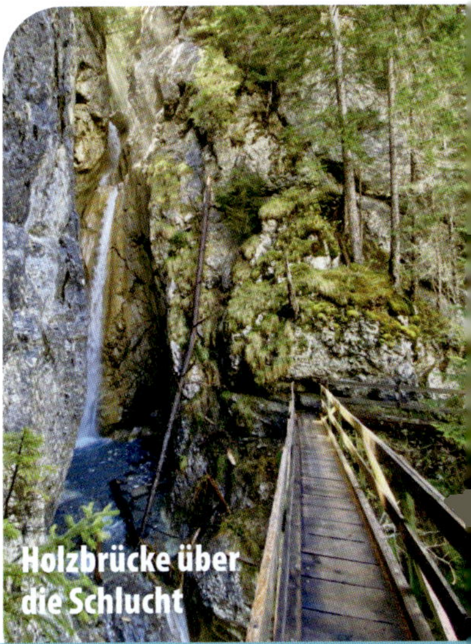
Holzbrücke über die Schlucht

Für die Seele

Wir meditieren beim herzförmigen Becken eines doppelten Wasserfalls. Dieses einmalige Naturschauspiel inspiriert Herz und Geist.

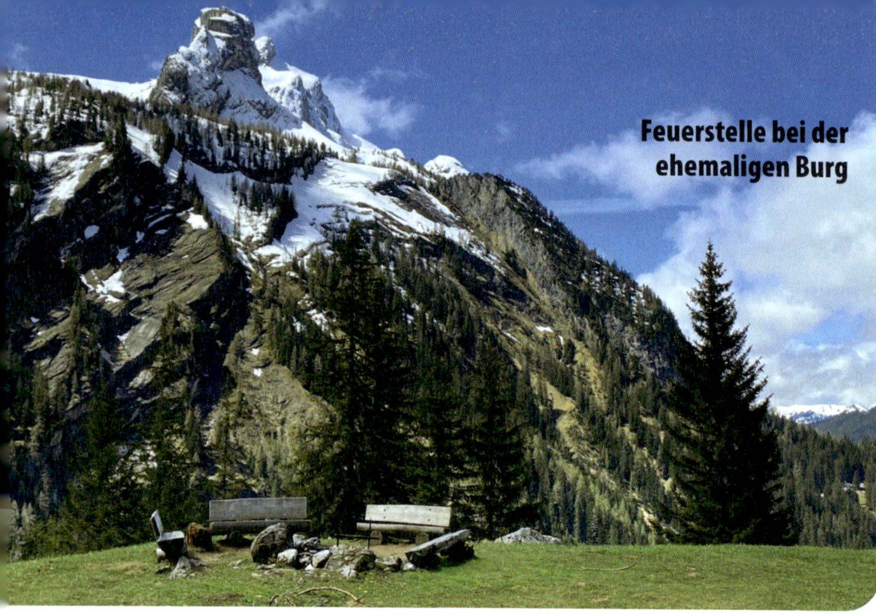

Feuerstelle bei der ehemaligen Burg

Der oberste Wasserfall verdient eine besondere Erwähnung. Dieser spritzt nämlich wie eine Fontäne aus einem Felsloch, wobei sich das Wasser auffächert und je nach Sonneneinstrahlung schimmert wie die Federn eines Pfaus. Was für ein erfrischendes Naturschauspiel! Und was für eine Wohltat, die erfrischende Gischt auf der Haut zu spüren.

Weiter und weiter in die Schlucht hinauf führt uns der Bergweg, der stellenweise recht steil und schmal, aber immer gut ausgebaut und an den abschüssigen Stellen mit sicheren Geländern versehen ist. An besonders schönen Aussichtspunkten stehen hölzerne Sitzbänke bereit. Einige der Aussichtsplätze erlauben durch den Wald hindurch den Blick auf das gegenüberliegende Walighürli, einen beliebten Bergwander- und Skitourenberg hoch über dem Arnensee.

Weiter und weiter hinauf führt uns der wurzelreiche Pfad. Schroff ragen die Felsen in den Himmel, und wir staunen über die Bergtannen, die hier wacker aus den kargsten Rissen im Gestein sprießen und jeder Witterung trotzen. Welche Kraft, welcher Mut diesen Bäumen innewohnt! Wir bewundern eine besonders verwegene Bergföhre, die über dem Abgrund wurzelt, als könnte ihr kein Sturm jemals etwas anhaben.

Als wir fast zuoberst angelangt sind, rennen fünf Gämsen an uns vorbei. Wir stehen still und lassen sie passieren. Sobald die Luft rein ist, folgen wir ihnen und treten aus dem Wald hinaus auf eine Alpweide. Nun erhebt sich vor uns in atemberaubender Pracht das Ende Mai nochmals frisch verschneite Arpeli, rechts davon im Sattel sehen wir die Masten der Kraftwerksbahn, die für die Arbeiter gebaut wurde und im Sommer auch für Touristen geöffnet ist.

Nun geht es noch einige Hundert Meter gemütlich über eine Alpweide hinauf, und schon gelangen wir zur **Burg ⑥.** Wobei von der Burg selbst nicht mehr viel zu sehen ist. Es ist nur noch der traditionelle Name des Ortes überliefert.

*Nur eine Geländewelle mit Fundamentresten deutet auf den Standort der im Jahr 1312 erstmals urkundlich erwähnten **Burg** hin. Vermutlich entstand sie aber schon um das Jahr 1000, ebenso wie eine romanische Kapelle, deren Überreste unter der heutigen Kirche von Gsteig liegen.*

Dafür gibt es hier oben eine große Feuerstelle mit gemütlichen Sitzbänken. Und die Aussicht auf Arpelihorn, Les Montons, Schluchhorn, Palette, Seeberghorn, Stüdelistand, Walighürli und bis zum Staldenhorn hinüber sucht ihresgleichen!

Zurück gehen wir über einen gut ausgebauten Weg Richtung **Längmatte** und **Dürivorschess,** über Alpweiden und durch hübsche, lichte Waldstücke, die von

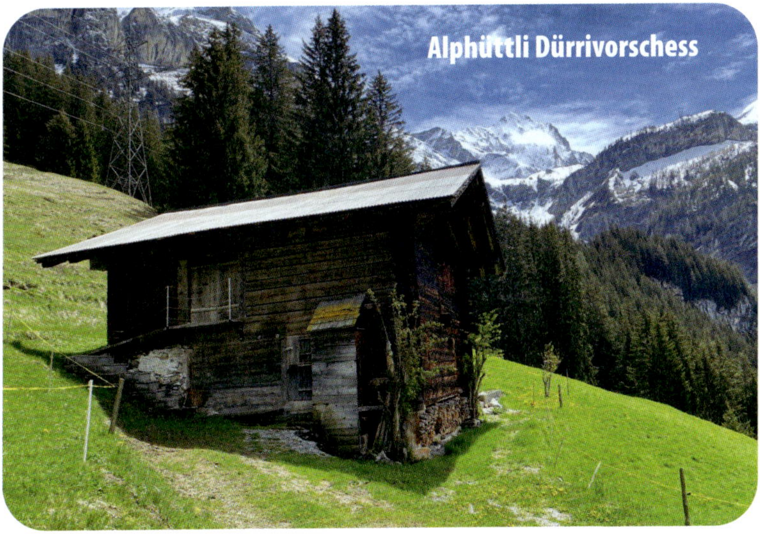
Alphüttli Dürrivorschess

Auf einer ***Vorsass-Hütte*** *weiden die Kühe zu Beginn des Sommers eine kurze Zeit, bevor sie auf die höhere Alp hinaufgeführt werden.*

kleinen Bächen durchzogen sind. Mit etwas Glück findet das geübte Auge an den Steilgrashängen die eine oder andere Orchidee. Auch hübsche Sitzbänke mit Aussicht finden sich auf dieser Strecke. Über das Dürivorschess, eine kleine Vorsass-Hütte, gelangen wir zum **Rohr.**

Hier gibt es im Winter ein Beizli, weil die beliebte Schlittelpiste von Gstaad über die Wispile nach Gsteig hier vorbeiführt. Vom Rohr gehen wir das letzte Stück auf der asphaltierten Straße ins Dorf zurück und gönnen uns einen Nussgipfel und einen Kaffee auf der Terrasse von **Peters Cheslade 7**, einem kleinen Dorfladen mit Kaffeebar, wo auch Sandwiches angeboten werden.

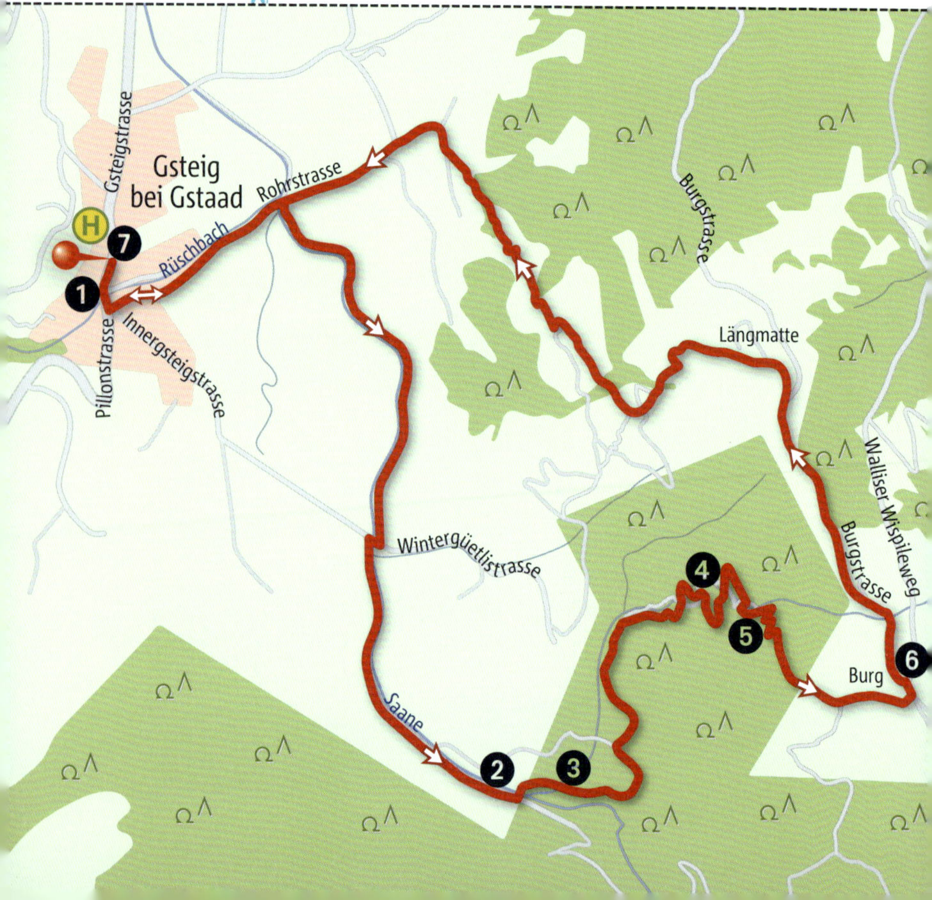

Alles auf einen Blick

WIE & WANN:
Asphaltierte Nebenstraße (1,9 km), Pfad (3,8 km), Naturweg (0,9 km), viele Holzbrücken und Stege; auch für Familien geeignet; ganzjährig möglich, außer bei viel Eis und Schnee; im Hochsommer angenehm, da meist im Schatten; vereiste Burgfälle im Winter sind schön, dann Trittsicherheit erforderlich

HIN & WEG:
Auto: Parkplatz beim Kraftwerk EG Gsteig, Rohrstrasse 10, 3785 Gsteig (GPS 46.37667, 7.27805) oder bei der Talstation Sanetschbahn in Innergsteig (GPS 46.37608, 7.28060)
ÖPNV: Von Gstaad oder Les Diablerets Postauto B 180 bis Gsteig b. Gstaad, Post

ESSEN & ENTSPANNEN:
Hotel Restaurant Bären ❶ Gsteigstrasse 1, 3785 Gsteig b. Gstaad, Tel. +41 (33) 7 55 10 33, www.bären-gsteig.ch
Peters Cheslade ❼ Gsteigstrasse 10, 3785 Gsteig b. Gstaad, Tel.+41 (33) 7 55 10 50

ENTDECKEN & ERLEBEN:
Rastplatz an der Saane mit Feuerstelle ❷
Urtümliches Waldstück mit Moospolstern ❸
Burgfälle mit Doppelwasserfall ❹
Holzbrücke ❺
Burg und Grillplatz ❻

Entspannung ✱✱✱✱✱
Genuss ✱✱✱✱
Romantik ✱✱✱

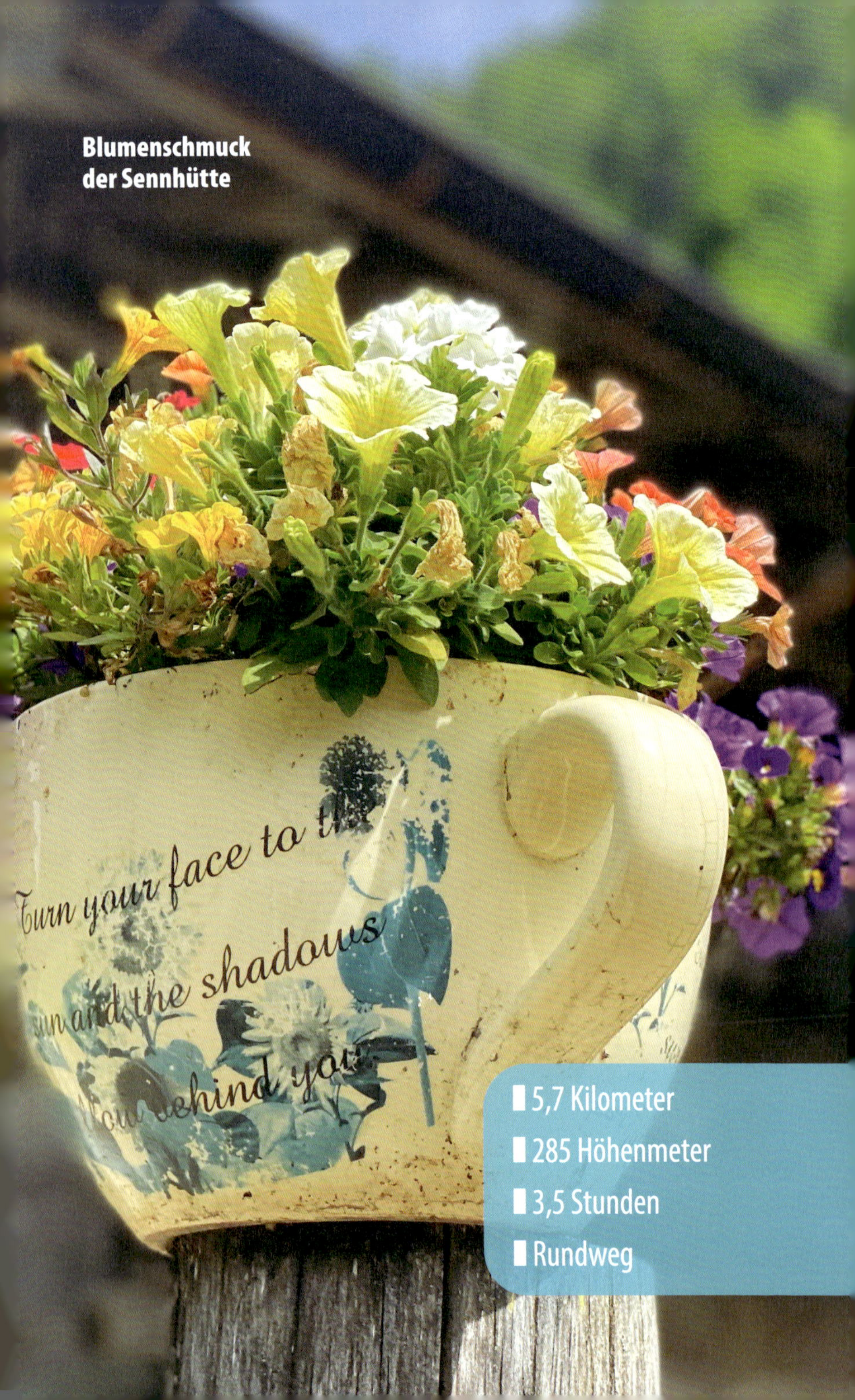

Blumenschmuck der Sennhütte

- 5,7 Kilometer
- 285 Höhenmeter
- 3,5 Stunden
- Rundweg

Das Suldtal ist ein botanisches Paradies – und der perfekte Ort, um sich an einem heißen Sommertag zu erfrischen. Die Suld plätschert einladend durch das Tal, es gibt unzählige gut zugängliche Badestellen, um die Beine abzukühlen und im Bergbach zu plantschen. Als Highlight dieser Wanderung lockt der Pochtenfall, der sich zuhinterst im Tal 81 Meter in die Tiefe stürzt – ein eindrucksvolles Spektakel. Mit etwas Glück zeigt sich im Sprühwasser sogar ein Regenbogen. Ein schöner, gut ausgebauter Bergweg führt uns in einer guten Stunde rund um den Wasserfall herum und erlaubt verschiedene interessante Blicke hinunter in das tosende Spektakel. An manchen Stellen sind die Stufen recht steil, aber es gibt immer Geländer oder Seile, an denen man sich sicher festhalten kann. Und das ist mitunter auch nötig für alle, die nicht schwindelfrei sind: Es geht hier nämlich mächtig das Loch herunter! An einigen Stellen bekommen wir weiche Knie, zumal das Reißen des Pochtenfalls uns noch mehr nach unten zu ziehen scheint und man von den strudelnden Wassermassen fast schwindlig werden kann. Aber eben, die Wege sind bestens ausgebaut. Es lohnt sich trotzdem, einigermaßen solide Schuhe mit

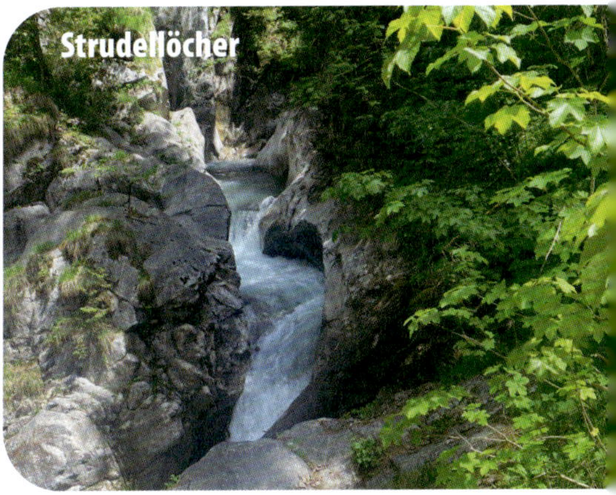
Strudellöcher

Kühler Katarakt

Durchs Suldtal zum Pochtenfall

guten Sohlen zu tragen, da einige Passagen stellenweise nass und rutschig sein können.

Praktisch die ganze Wanderung führt durch den Wald, und die Luft ist im Suldtal von dem vielen Wasser angenehm kühl und feucht. Ein wirklich spezielles, wohltuendes Klima. Und das haben auch die Pflanzen gemerkt. Hier blühen über zwanzig Orchideenarten, ein Dutzend verschiedene Enziane, aber auch andere seltene Blumen wie Paradieslilien, Edelweiß und Türkenbundlilien. Die Fauna ist ebenso interessant: Es gibt im Suldtal viel Birkwild, ein Adlerpaar, Luchse und sogar Waschbären. Aber fangen wir von vorn an.

Im Sommer an den Wochenenden fährt ein Postauto ab Aeschiried ins Suldtal. Die übrige Zeit geht man entweder von dort zu Fuß, oder man fährt mit dem Privatauto direkt bis ins Suldtal. Zuvorderst im Tal ist eine Zahlstelle, dort lösen wir unser Parkticket für den ganzen Tag. Danach sind wir frei, bequem noch ein Stück weiter mit dem Auto zu fahren. Der Anfang des Tals scheint uns nicht so attraktiv, und wir

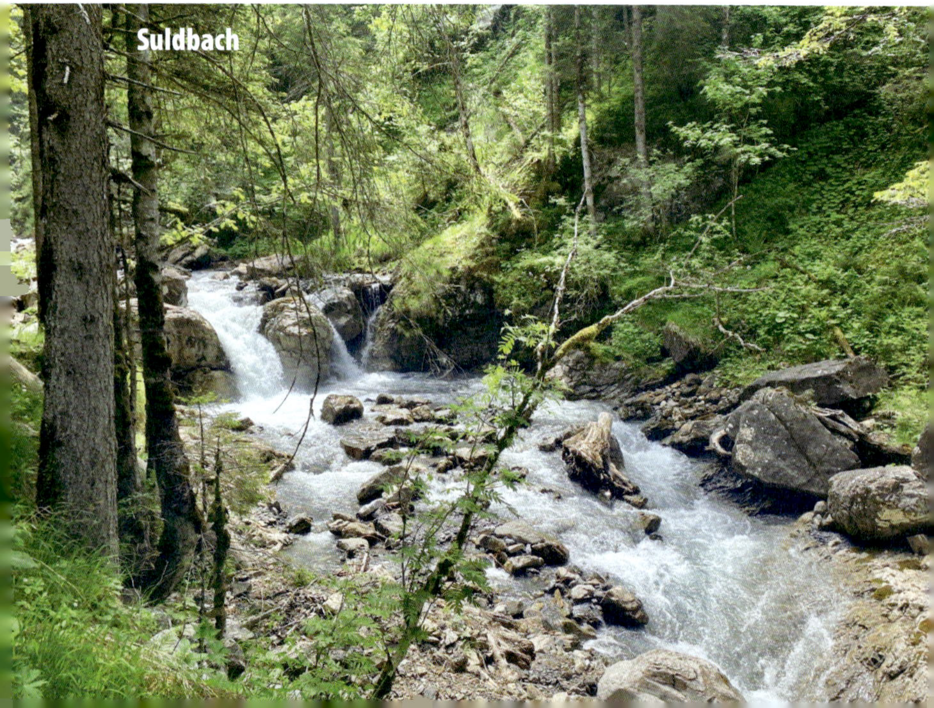
Suldbach

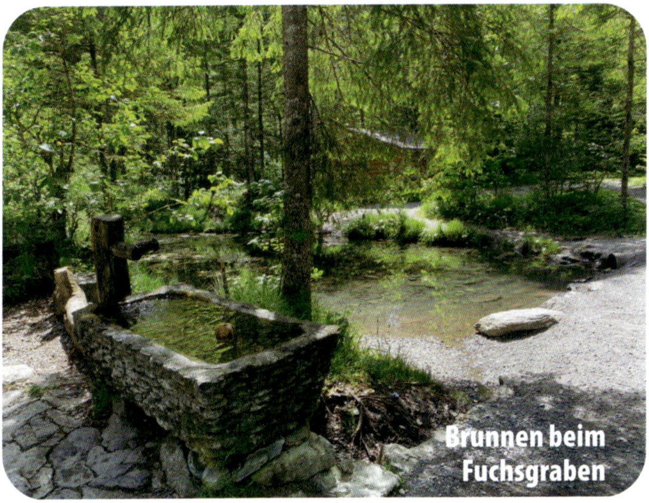

sind müde von der brütenden Hitze. Also fahren wir noch ein Stück und wählen dann den Parkplatz Kalchofen (1011 m), wo wir einen der begehrten Schattenplätze für unser Auto finden.

Wir gehen direkt an den Fluss hinunter und kühlen erst einmal unsere Füße. Dann spazieren wir gemütlich im Schatten der Bäume bis zum **Fuchsgraben** **1** (980 m). Das ist einer der wohl am besten ausgebauten Picknickplätze der Schweiz! Es gibt mehrere Feuerstellen, einen Pizzaofen, ein WC-Häuschen, einen Brunnen mit Trinkwasser und zahlreiche Bänke im Schatten. Sogar ein Unterstand mit fertig gehacktem Feuerholz steht parat. Aber wer hier grillieren will, hat es nicht leicht: Er muss sich vorgängig in einer

!

*Man unternimmt die Wanderung am besten an einem Wochentag. Das **Suldtal** ist leicht zugänglich, das erfrischende Mikroklima, die zahlreichen schönen Feuerstellen und Badeplätze sind nicht unbekannt, sodass an heißen Sommerwochenenden viele Menschen unterwegs sind.*

Für die Seele

Das rauschende, zischende, tosende Spiel des Pochten-Wasserfalls nährt Geist und Seele mit seiner Kraft, die feuchte Luft erfrischt den erhitzten Körper.

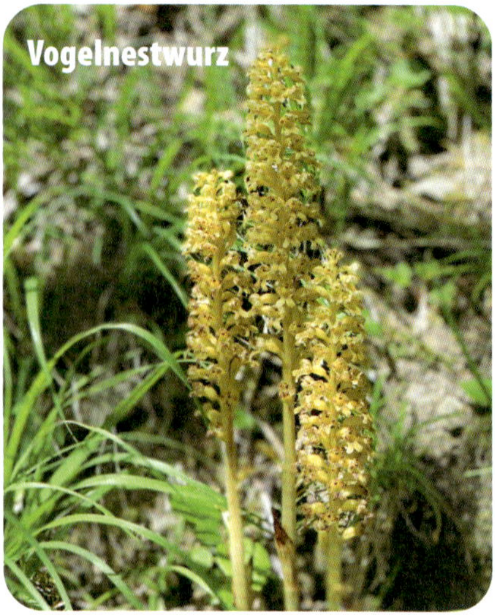
Vogelnestwurz

Onlineliste eintragen und sich einen Zeitslot reservieren. Wir begnügen uns damit, die topsaubere Toilette aufzusuchen und am Brunnen unsere Trinkflaschen aufzufüllen. Das mit der Toilette mag ein bisschen übertrieben scheinen, aber das Suldtal ist ein so kostbares Naturschutzgebiet, dass man eigentlich nur froh sein kann, wenn die Besucher möglichst wenig Spuren hinterlassen.

Dann haben wir die Qual der Wahl, ob wir eine Brücke überqueren oder auf der gleichen Bachseite bleiben. Wir entscheiden uns für Letzteres und heben uns das andere Ufer für den Rückweg auf – dafür werden wir mit spannenden Aus- und Einblicken auf Bach und Wasserfall belohnt.

*Die **Vogel-Nestwurz** ist ein seltener Vollschmarotzer. Sie bildet selbst kein Chlorophyll, vielmehr lebt sie von einem Pilz, der wiederum seine Nahrung aus den Wurzeln der Buchen bezieht.*

Auf einem Waldweg schlendern wir weiter ins Tal hinein und bewundern die schönen Wiesenrauten (Talictrum aquilegifolium), die sich mit gelben Taubnesseln und violettem Wald-Storchschnabel, mit Lichtnelken und Vergissmeinnicht abwechseln. Was für eine Blumenpracht sich hier im Juni zeigt! Und dann sehen wir plötzlich eine hellbraune Pflanze. Wir müssen zweimal hinschauen – ist es ein verdorrter Trieb? Unser Herz schlägt höher. Wir haben tatsächlich am Wegesrand eine der über 20 Orchideenarten gefunden. Es ist eine Vogel-Nestwurz.

Etwas weiter oben sollen auch Frauenschuhorchideen blühen, sagt uns später die Wirtin des Restaurants Pochtenfall. Leider, leider finden wir aber keine einzige. Dafür begegnen uns noch weiße Waldvögelein und recht zahlreich Türkenbundlilien, die Mitte Juni noch nicht ganz aufgeblüht sind.

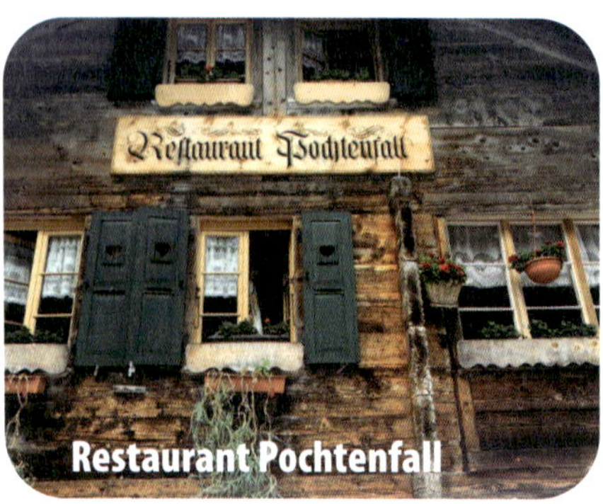

Restaurant Pochtenfall

Wir kommen zu einer großen Sennhütte (1060 m), die einfach nur

Sennhütte ② heißt, und bewundern den hübschen Blumentopf oben auf dem Brunnen. Und dann sehen wir die Schweine, die sich genüsslich auf einem ehemaligen Parkplatz im Schlamm suhlen – oh, auch sie wissen sich hier im Suldtal wohlig zu erfrischen!

Alsbald hören wir vor uns schon das Mühlrad des **Restaurant Pochtenfall ③** rauschen und rattern. Das Haus stammt aus dem 16. Jahrhundert.

Von dem liebevoll erhaltenen und gepflegten historischen Restaurant kommen wir zum **Käsespycher ④** (1085 m), auch dies ein prachtvolles historisches Gebäude, wo am Nachmittag verschiedene Käsesorten aus der Region feilgeboten werden. Neben dem Spycher steht ein prächtiger Bergahorn, und dahinter ragt der Gipfel des Morgenberghorns auf. Wer die große Anstrengung nicht scheut, kann von hier aus in vier bis fünf Stunden auf einem schönen T3-Bergweg hinaufgelangen – die Rundsicht auf dem Gipfel ist fantastisch, jedoch ist es uns an diesem heißen Tag viel zu anstrengend, diese Tour auf uns zu nehmen.

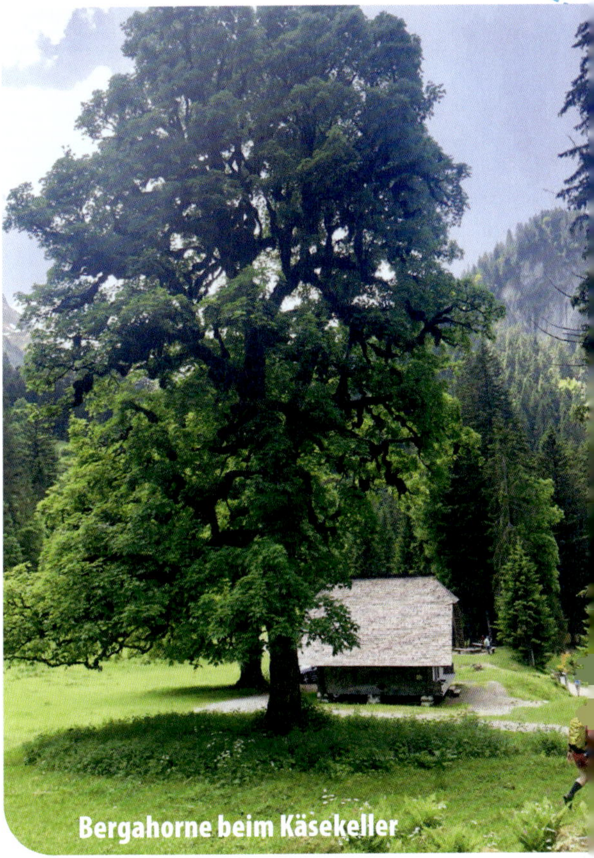

Bergahorne beim Käsekeller

*Das historische Mühlrad des **Restaurant Pochtenfall** diente früher zum Betreiben einer Tannenrindenstampfe sowie einer Sägerei. Heute wird die Kraft des Wassers zur Stromerzeugung für 50 Lampen des Restaurants verwendet.*

So wählen wir stattdessen den beschaulichen Bergweg, der uns links vom Käsespycher zum **Pochtenfall ⑤** hinaufführt. Man könnte den **Rundweg** auch in

Erfrischungstour 17

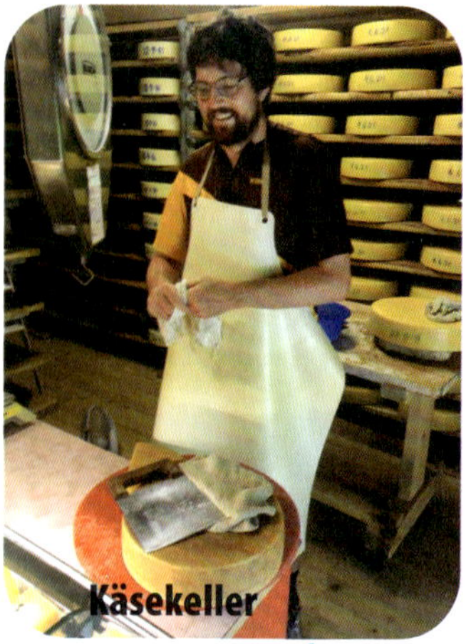
Käsekeller

die andere Richtung begehen. Aber uns dünkt es schöner, wenn man zuerst nur wenig sieht vom Wasserfall und dann im Lauf der Tour an immer dramatischeren Aussichtspunkten vorbeikommt. Da wir uns Zeit nehmen, an den verschiedenen Ausgucken das wilde Wasser auf uns wirken zu lassen, kommen wir erst etwa zwei Stunden später zurück zum **Restaurant Pochtenfall –** genau richtig, um uns zum Zvieri einen feinen hausgemachten Apfelkuchen zu gönnen.

Nun erwartet uns noch eine genüssliche Wanderung am anderen Bachufer zurück bis zum Fuchsgraben, von wo wir bald unseren Ausgangspunkt erreichen.

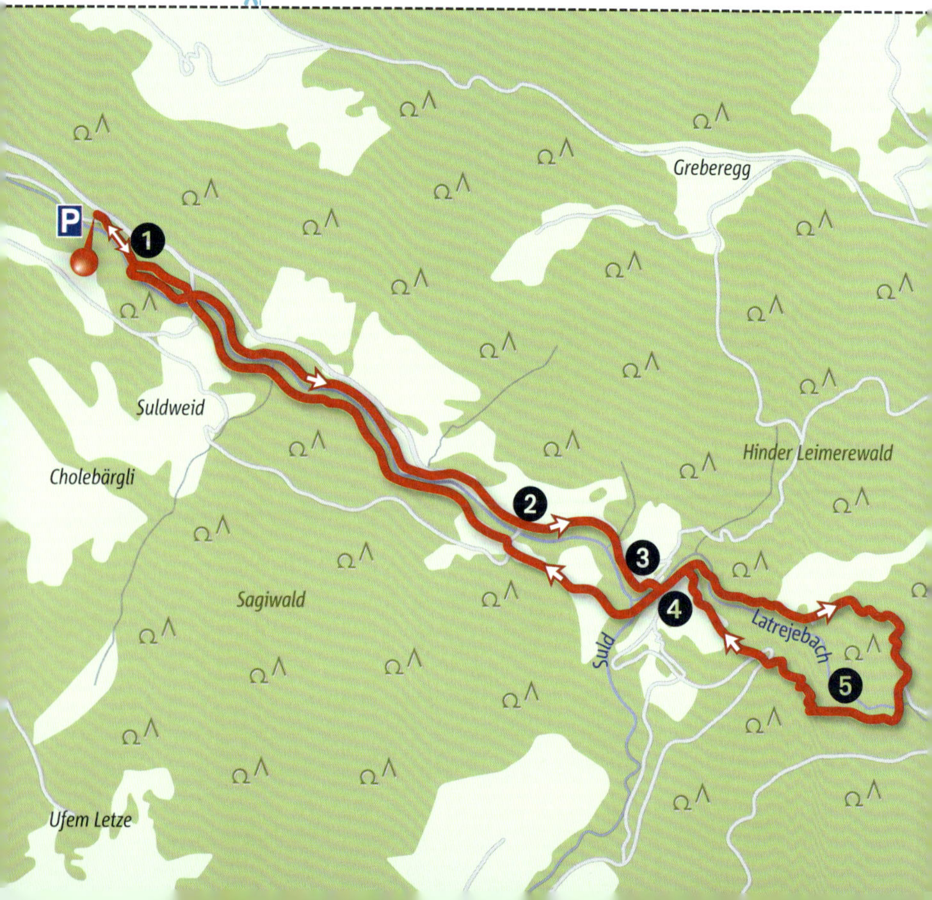

Alles auf einen Blick

WIE & WANN:
Naturstraße (0,8 km), Naturweg (3,2 km) und Pfad (1,7 km); Suldtal ab 1. Mai bis Ende Oktober zugänglich; Abkürzungsmöglichkeit mit Postauto B 67 ab Restaurant Pochtenfall (nur Juli bis Oktober an Sa., So)

HIN & WEG:
Auto: Von Aeschi bei Spiez nach Aeschiried zum Restaurant Panorama, weiter ins Suldtal bis zum Parkplatz Kalchofen (GPS 46.63039, 7.74580)
ÖPNV: Von Spiez Postbus B 62 bis Aeschiried Schulhaus, von dort B 67 bis Aeschiried, Fuchsgraben (nur Juli bis Oktober an Sa., So.)

ESSEN & ENTSPANNEN:
Restaurant Pochtenfall ❸ Barbara Hari, 3703 Aeschi bei Spiez, Tel. +41 (33) 6 54 18 66, www.restaurant-pochtenfall.ch
Käsespycher mit Käseverkauf ❹ Rudolf Zenger, +41 (79) 3 80 23 61
Außerdem interessant:
Restaurant Panorama, Aeschiriedstrasse 36, 3703 Aeschiried, Tel. +41 (33) 6 54 29 73, www.restaurantpanorama.ch

ENTDECKEN & ERLEBEN:
Fuchsgraben ❶ Grillplatz und Badestelle am Fluss
Sennhütte ❷
Pochtenfall ❺

Entspannung ★★★★★
Genuss ★★★★☆
Romantik ★★☆☆☆

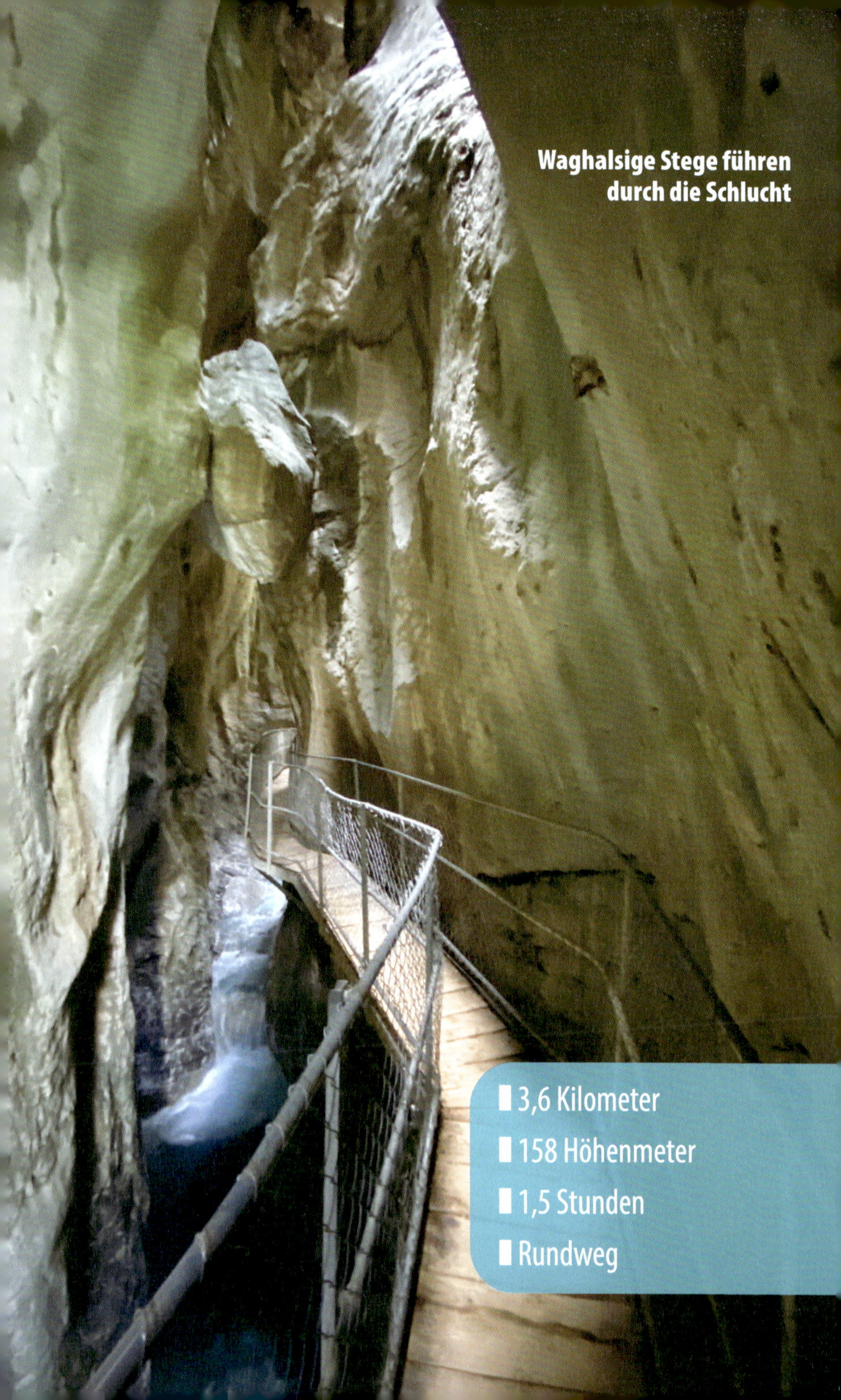

Waghalsige Stege führen durch die Schlucht

- 3,6 Kilometer
- 158 Höhenmeter
- 1,5 Stunden
- Rundweg

Ein imposantes und erfrischendes Wasserschauspiel bietet die Cholerenschlucht. Die 100 Meter lange Felsschlucht ist eine der wildesten im Berner Oberland und durchgehend mit Treppen und Brücken ausgebaut. Hier präsentiert der Tschentbach eindrucksvolle Wasserfälle, Windungen, Wassermühlen und imposante geschliffene Felsen, wo sich seine Wassermassen über die Jahrtausende ins Gestein gefressen haben. Von der Erosion blank gefeilte Felsformationen verstecken sich in einem verwunschenen, urtümlichen Wald. Im Innern der Schlucht ist es immer schön schattig und kühl. Eine wunderbare leichte Wanderung für einen heißen Sommertag also. Im Winter und bei ungünstiger Witterung ist der Weg durch die Schlucht gesperrt.

*Der Name der **Cholerenschlucht** hat nichts mit der gefürchteten Cholera zu tun. Vielmehr wurde hier einst Holzkohle hergestellt. Auch Familiennamen wie Köhler und Kohli erinnern daran, dass früher an vielen Orten im Berner Oberland geköhlert wurde.*

Wir beginnen unsere Wanderung bei der **Bushaltestelle Tregel in Achseten** (1085 m), etwa fünf Kilometer vor Adelboden. Dort sind auch wenige Parkplätze vorhanden. Die kleine **Bächenstrasse** führt uns bis zum Fluss Engstlige. Wir halten uns links und gelangen nach etwa 500 Metern auf einen Wanderweg, der uns in 15 Minuten an den Schluchteingang führt. Der untere Teil der Schlucht besteht aus einem wildromantischen Bachbett, in dem eisblaue Wasserbecken im Sommer zu einem erfrischenden Bad einladen. Gemütliche, wildromantische Picknickplätze gibt es ebenfalls zuhauf. Und wer Freude hat, auf den Steinen herumzukraxeln, kann sich hier richtig austoben. Vor lauter Aufregung sind wir ganz verschwitzt – und gön-

Kalter Jungbrunnen

Durch die Cholerenschlucht

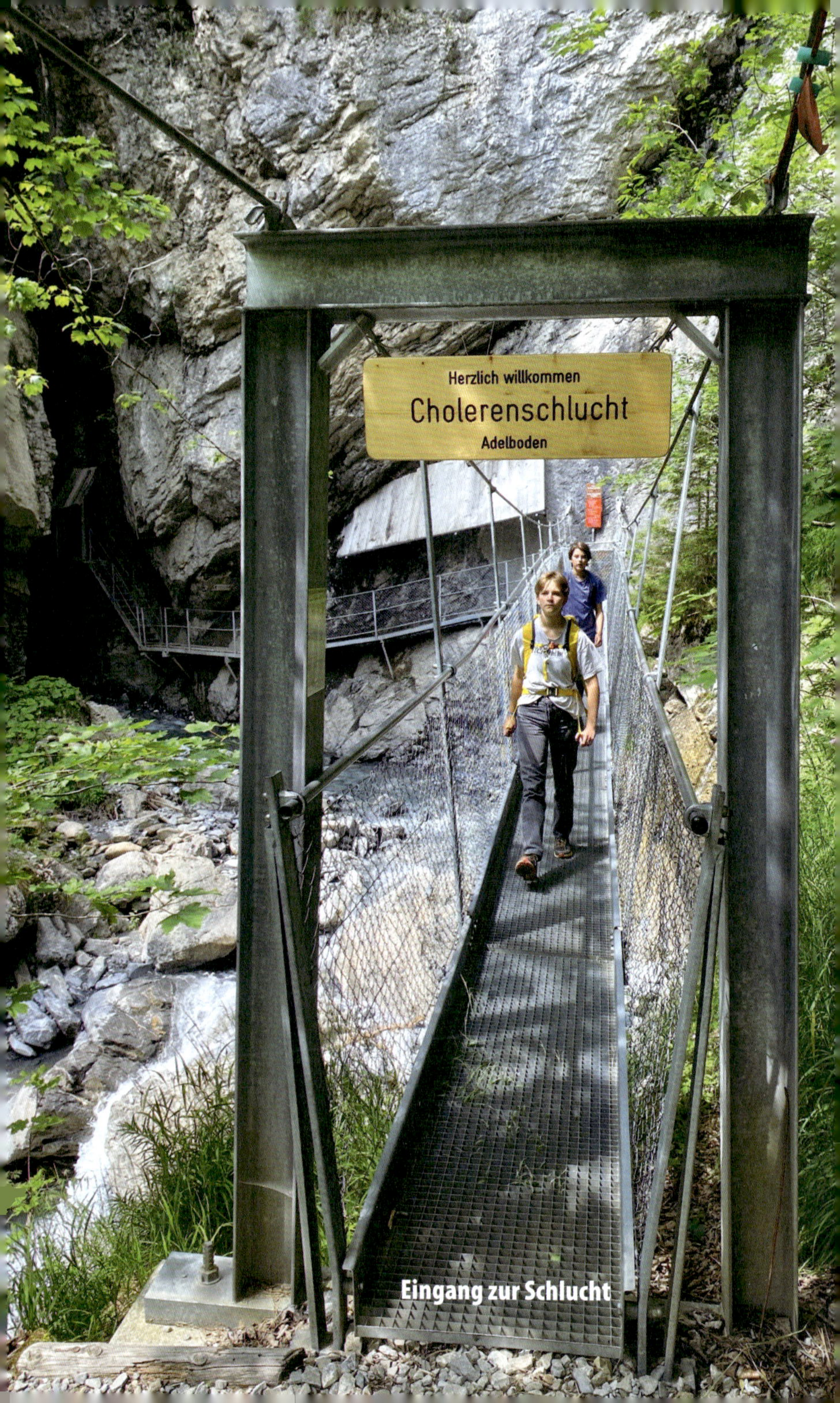

Eingang zur Schlucht

nen uns ein erfrischendes Bad im **Jungbrunnen 1**. So heißt das lauschige Badeplätzchen, das etwas unterhalb der Schlucht liegt. Der Pfad dorthin ist gut ausgeschildert. Wir tauchen in das eiskalte Wasser ein und lassen alle Sorgen den Tschentbach hinabfließen. Derart erfrischt, fühlen wir uns glatt ein paar Jahre jünger!

Eine **Hängebrücke 2** bringt uns nun zum **Eingang der eigentlichen Schlucht** (1140 m). Von hier führt ein gesicherter Weg über Stege und Treppen durch die imposanten Felsformationen hinauf. An der engsten Stelle der Schlucht hängen zwei riesige Gesteinsbrocken über dem Weg, die sich dramatisch zwischen Himmel und Abgrund verkeilt haben. Ehrfürchtig blicken wir nach oben – und beschleunigen unsere Schritte. An einigen Stellen sind die Passagen etwas

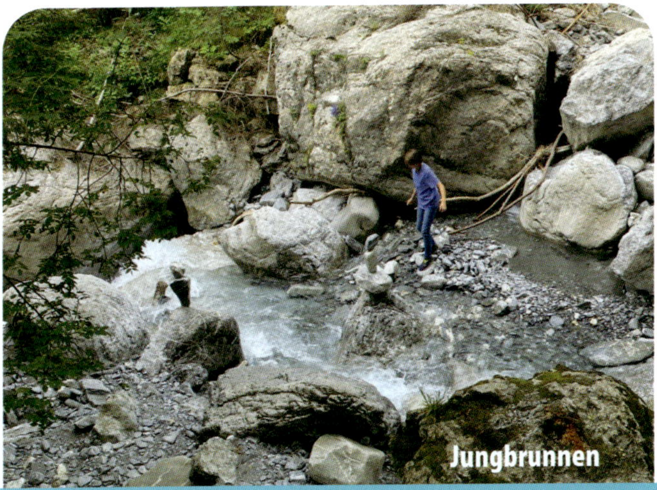

Jungbrunnen

Für die Seele

Das Wasser schneidet über die Jahrtausende tiefe Schluchten in die Landschaft. Wenn die Wände zu steil werden, stürzen Felsbrocken herab: Schaffen und Vergehen.

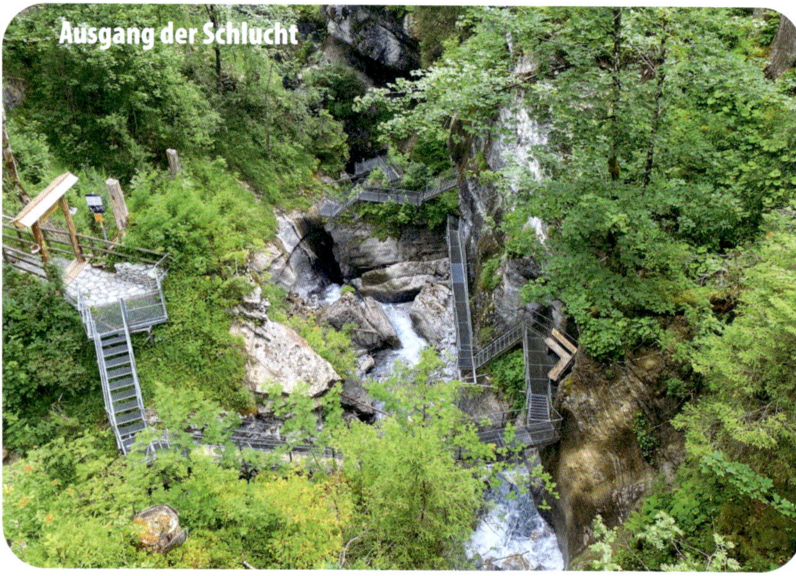

wackelig, hier und dort fehlen ein Brett oder eine Schraube, und die Passerellen mit den Gitterböden, die einen schwindelerregenden Blick in die Tiefe erlauben, sind abenteuerlich. Zuoberst in der Schlucht treffen wir auf eine nicht enden wollende, recht wacklige Wendeltreppe, die sich über den tosenden Wassermassen in die Höhe schraubt. Die schroffen Felsen und das Spektakel des Wassers wirken viel eindrucksvoller, wenn der Weg von unten nach oben begangen wird. Außerdem ist die Schlucht so eng, dass sowieso Einbahnverkehr herrscht.

Dann stehen wir auf der **oberen Brücke** ❸ (1180 m), die hoch über den Tschentbach führt. Wir nehmen die kleine Straße über **Mittelschwand** nach **Blatti** (1180 m). Sie bringt uns nach 800 Metern zum **Holzschnitzer Trummer** ❹, einem Adelbodner Original. Er steht in seinem Atelier, und während wir mit ihm einen Schwatz halten, fliegen die Späne nur so durch den Raum. Ums Haus herum sind allerhand Skulpturen und lustige Figuren zu bewundern. Sogar eine Jodel-

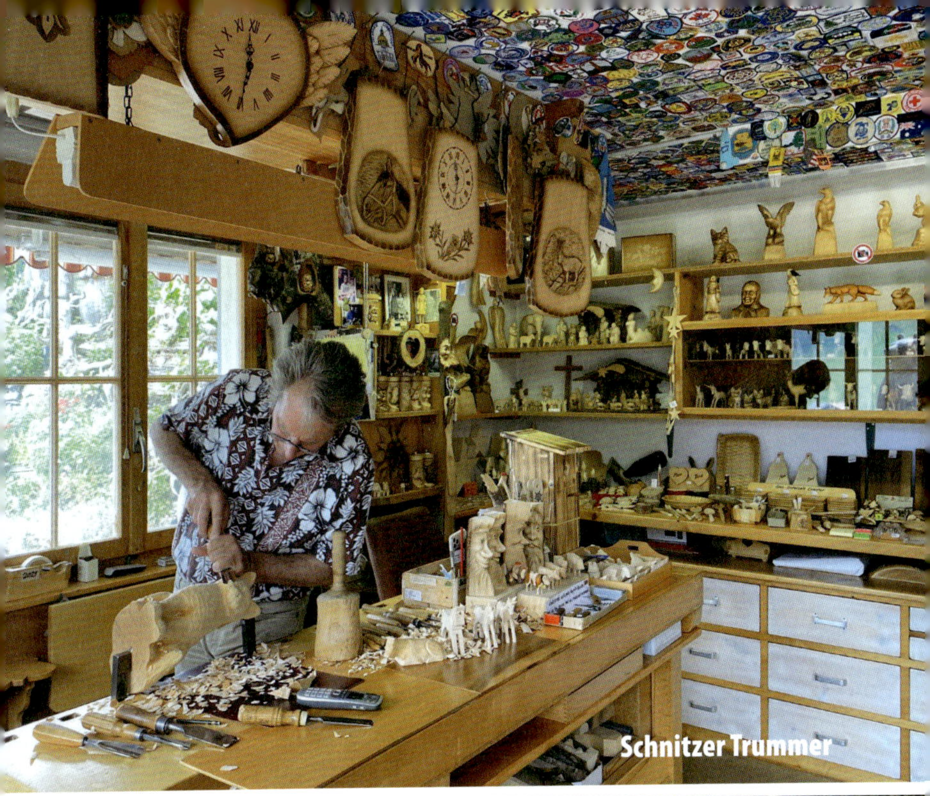

Schnitzer Trummer

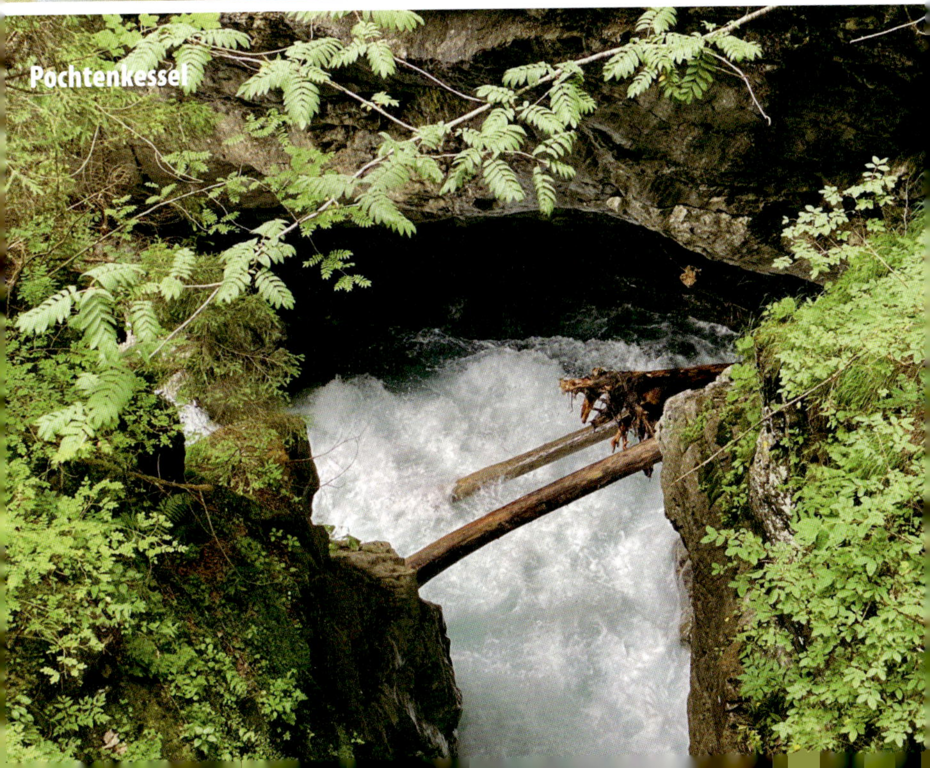

Pochtenkessel

maschine gibt es, mit einer Figur, die singt, sobald wir eine Münze in den Schlitz werfen.

Vom Holzschnitzer führt ein Sträßchen tief hinunter in die Schlucht zum **Pochtekessel 5**. Dort fließen die Engstlige und der Otterbach in einem tosenden Wasserspektakel zusammen. „Pochten" ist das alte berndeutsche Wort für „Bottich", wir haben es also praktisch mit einem Kessel-Kessel zu tun.

An der Bächenstrasse stoßen wir wieder auf die Strecke vom Hinweg. Ein schmaler Steg führt uns hoch über dem reißenden Gewässer auf die andere Seite, und bald haben wir wieder unseren Ausgangspunkt erreicht.

*Der **Holzschnitzer Trummer** verkauft seine von Hand hergestellten Souvenirs wie Kühe, Masken oder Serviettenringe. Auch Eis und Getränke gibt es in seinem urtümlichen Atelier-Laden.*

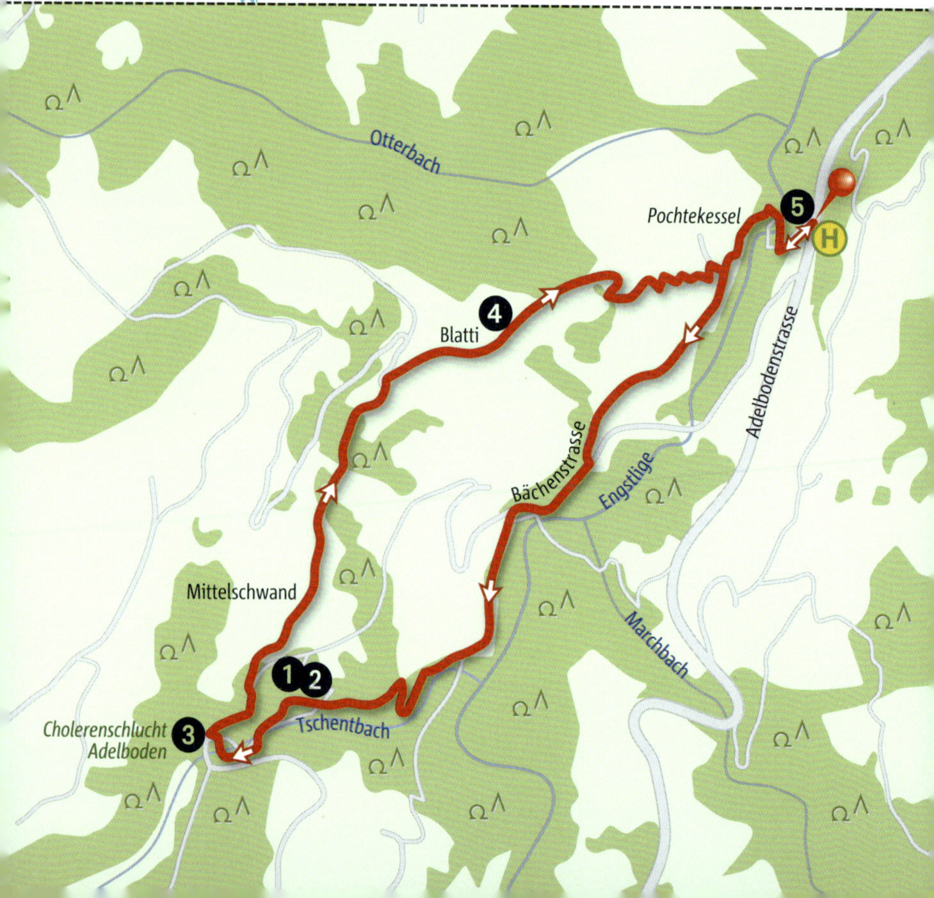

Alles auf einen Blick

WIE & WANN:
Bergweg T1; asphaltierte Nebenstraße (1,0 km), Pfad (0,6 km), Naturweg (2,0 km); Cholerenschlucht nur ca. Mai bis November zugänglich, sie ist gesperrt, wenn der Weg eisig wird (Auskunft beim Tourist Center Adelboden, Tel. +41 (33) 6 73 80 80)

HIN & WEG:
Auto: Von Frutigen Richtung Adelboden bis zur Bushaltestelle Achseten Tregel; nur wenige Parkplätze entlang der Bächenstrasse vorhanden (GPS 46.51926, 7.58780)
ÖPNV: Von Frutigen Bus B 230 Richtung bis Achseten Tregel (Rundfahrtenbillett für An- und Wegfahrt in der Nähe der Schlucht erhältlich, https://afabus.ch)

ESSEN & ENTSPANNEN:
Keine Einkehrmöglichkeit unterwegs; Kiosk in der Holzschnitzerei Trummer (siehe ENTDECKEN & ERLEBEN)
Außerdem interessant:
Bellevue Parkhotel & Spa, Bellevuestrasse 15, 3715 Adelboden, Tel. +41 (33) 6 73 80 00, www.bellevue-parkhotel.ch

ENTDECKEN & ERLEBEN:
Jungbrunnen ❶
Eingang Cholerenschlucht mit Hängebrücke ❷
Obere Brücke der Cholerenschlucht ❸
Holzschnitzerei Trummer ❹ Atelier und Souvenirladen mit Kiosk, Blattiweg 11, 3715 Adelboden, Tel. +41 (33) 6 73 43 06, www.trummerwoodcarving.com
Pochtekessel ❺

Entspannung ✱✱✱✱✱
Genuss ✱✱✱✱✱
Romantik ✱✱✱✱✱

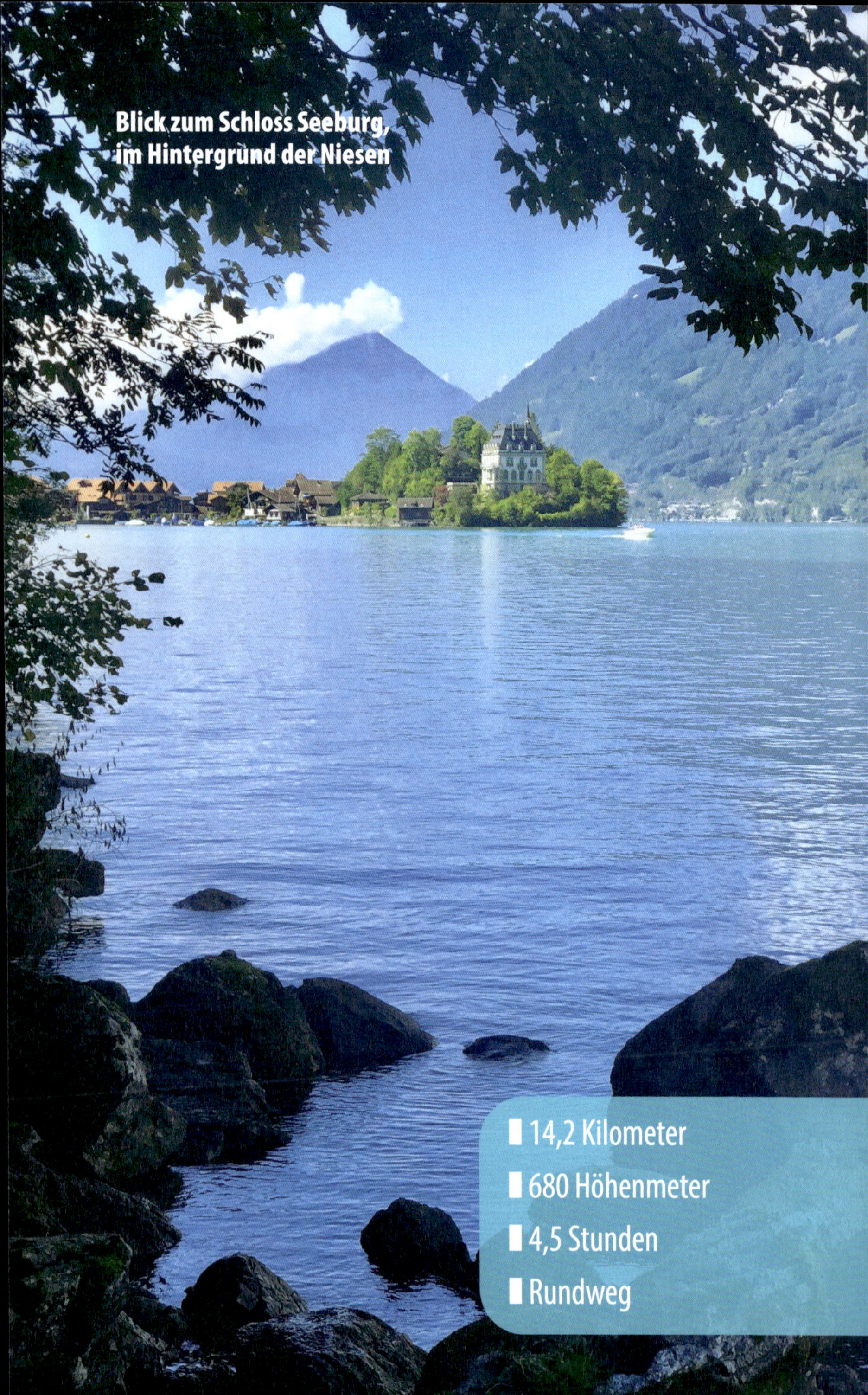

Blick zum Schloss Seeburg, im Hintergrund der Niesen

- 14,2 Kilometer
- 680 Höhenmeter
- 4,5 Stunden
- Rundweg

Wer mit dem Auto den Brienzersee entlangfährt, kommt nicht unbedingt auf die Idee, an diesem Ort wandern zu gehen. Die Straße ist viel befahren, am Wochenende stauen sich die Kolonnen. Wir aber werden unsere heutige Genusswanderung genau hier starten.

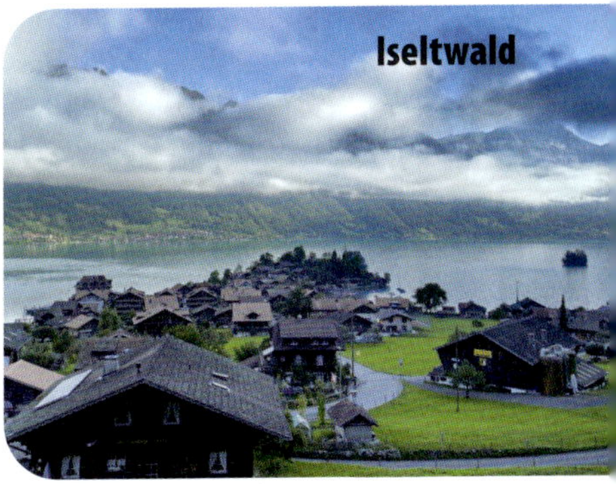

Sie eignet sich prächtig für einen heißen Sommertag. Eigentlich wäre das auch eine Verwöhntour – das Kulinarische, das uns auf diesem Weg begegnet, ist dermaßen hervorragend, dass das Essen dem Erfrischungsfaktor das Wasser reicht. Am besten sollte man am Morgen losgehen, und zwar zuerst hinauf zum Wasserfall und durch den schattigen Wald. Hier ist es wunderbar kühl, und der nicht zu steile Anstieg ist auch an einem heißen Sommertag ohne allzu viel Schweißtreiben zu schaffen, denn diese Seeseite liegt morgens im tiefen Schatten. Sehr angenehm!

Unser Startpunkt ist bei der **Bushaltestelle Dorfplatz** in **Iseltwald** am Brienzersee (566 m). Von dort führt uns der Weg zunächst einige Schritte Richtung Bönigen nach Westen zum Ufer des Brienzersees (Wegweiser Richtung **Isch**). Dann verlassen wir das Ufer und wandern bergwärts. Nun wird es ein paar Hundert Meter lang etwas laut, weil wir die Autostraße durch eine Unterführung queren müssen. Also Ohren zu und durch. Schon sind wir auf der anderen Sei-

Märchenschlösser

Zu den Giessbachfällen

te. Wir treten durch ein Drehkreuz, folgen dem Wegweiser Richtung **Giessbach-Brienz** und tauchen ein in den dichten Wald. Alsbald frisst das Rauschen des Mülibachs den Straßenlärm. Wir entspannen uns – obwohl nur wenige hundert Meter Luftlinie von der Hauptstraße entfernt, befinden wir uns mit einem Mal in einer anderen Welt.

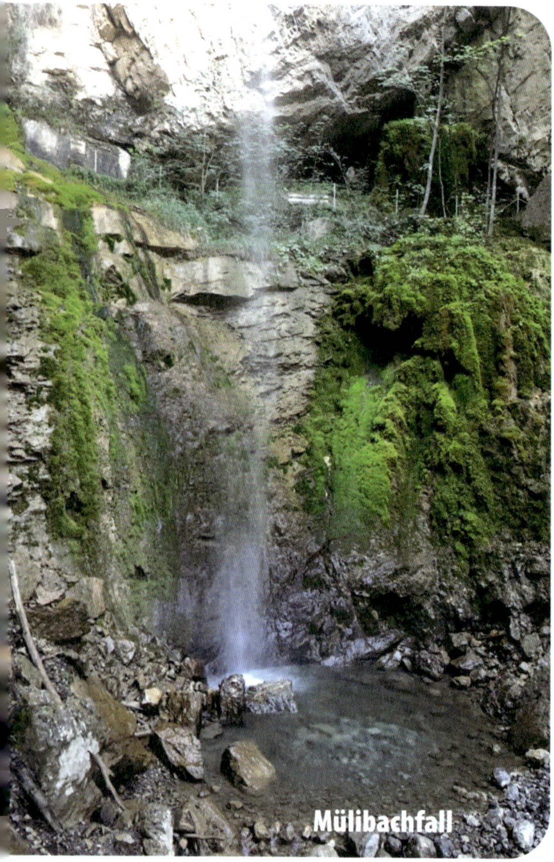
Mülibachfall

Der Weg führt uns eine Viertelstunde lang den Bach entlang, und dann stehen wir vor einem enormen Wasserfall. Der **Mülibachfall** **1** (680 m) stürzt eindrucksvoll aus einer überhängenden Felswand senkrecht in ein rundes Becken hinab.

Spätestens hier fallen alle Alltagssorgen von uns ab. Tief atmen wir die vom Wasserstaub erfüllte Luft ein und entspannen uns. Der Boden ist weich, die Felsen sind feucht und moosig bepolstert. Alles ist hier sanft und feucht. Die Wasserfall- und Waldluft reinigt unsere Lungen und erfrischt den Geist. Direkt neben dem Wasserfall gibt es ein Bänklein, das zum Verweilen und Meditieren einlädt. Tatsächlich hat es beim Mülibachfall fast nie viele Leute – die Touristen besuchen praktisch alle den noch größeren Giessbachfall etwas weiter vorne. Also genießen wir die Ruhe beim kleineren Verwandten, in seiner reinigenden, energetisch rauschenden, von Kraft aufgeladenen Präsenz. Das ist das Faszinierende an Wasserfällen: Sie waschen mit ihrem Tosen alle Sorgen fort und holen uns ganz ins Hier und Jetzt.

Weiter führt uns ein gut ausgebauter Waldweg, der sich in steilen Spitzkehren den Hoger hinaufzieht. Oben angekommen, treten wir auf eine Waldlichtung, die den Blick auf das Furggenhorn freigibt. Nun geht es stets parallel zum Brienzersee, abwechselnd durch Wald und über Wiesen. Immer wieder genießen wir den fantastischen Ausblick auf den See und den Brienzer Rothorngrat am Horizont. Wir kommen am **Louberli** 2 (720 m) vorbei, einem Gnadenhof, ein idyl-

*Auf einem steilen Balkon hoch über dem Dorf Iseltwald liegt der Hof **Louberli** mit Qualitäts-Obstgarten, Alpenkräuter- und Gewürzanbau. Wollschweine, Lamas, Pfauen und andere Tiere sind auf diesem Gnadenhof, Gewinner des Kulturlandschaftspreises 2016 Oberland-Ost, zu Hause.*

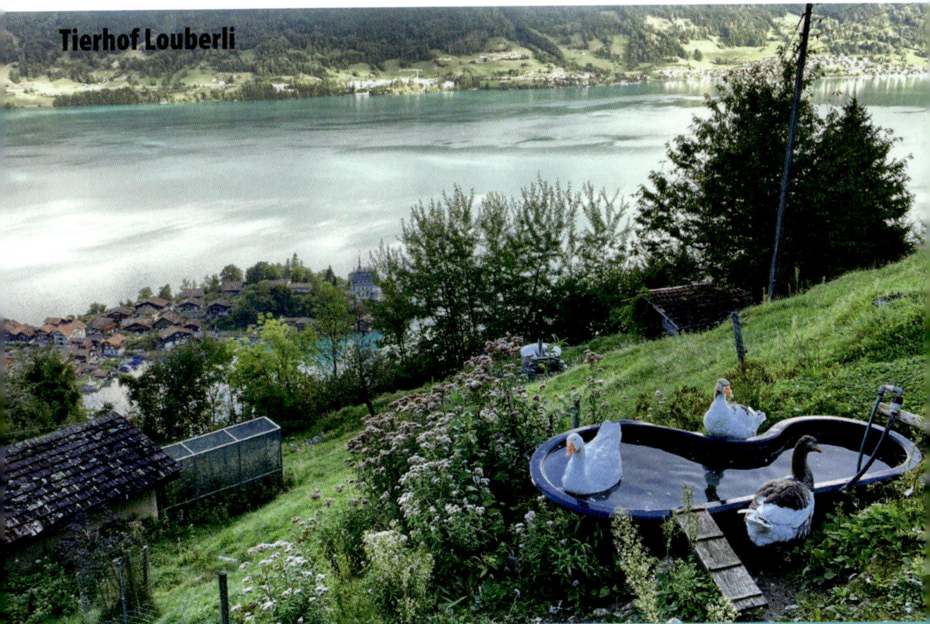
Tierhof Louberli

Für die Seele

Wir entspannen uns beim Blick auf den türkisblauen Brienzersee und staunen über die Urkraft der Wasserfälle.

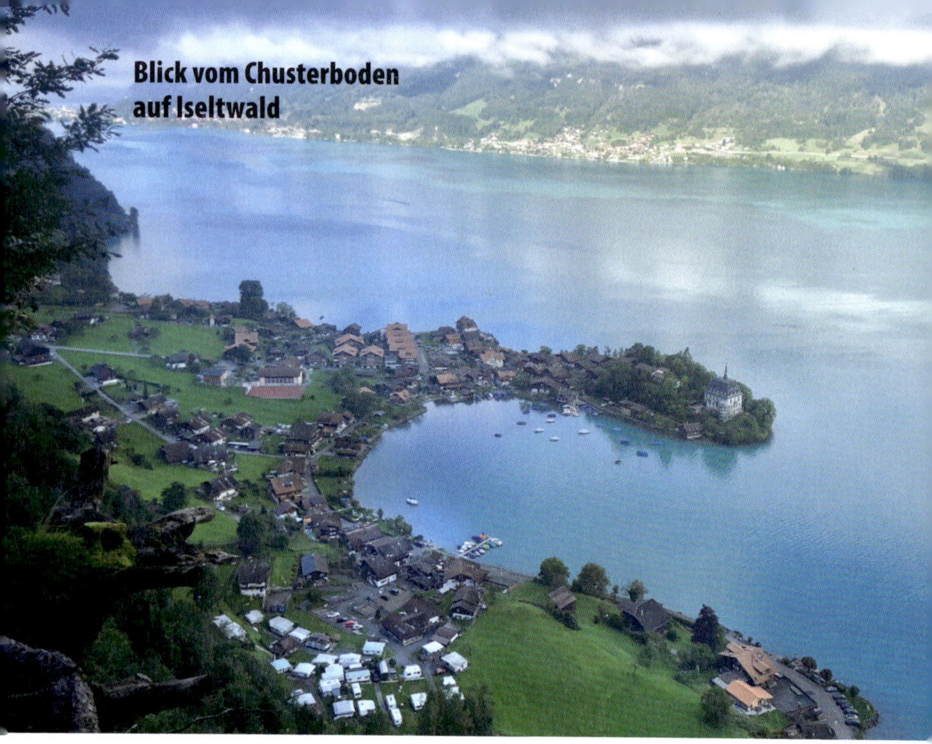

Blick vom Chusterboden auf Iseltwald

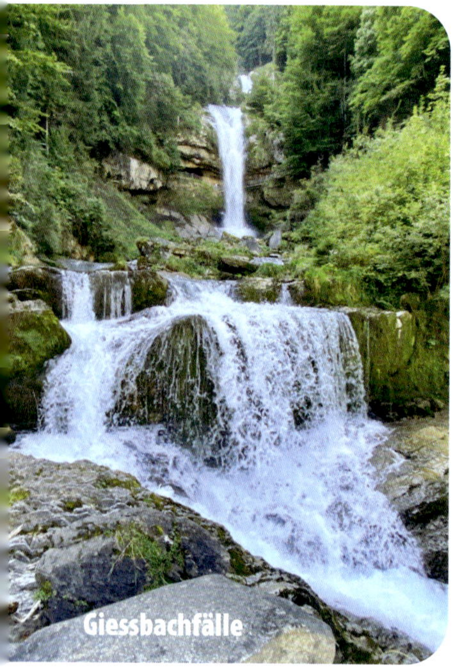

Giessbachfälle

lisches Refugium für ins Alter gekommene, vertriebene oder heimatlose Tiere.

15 Lock-Pfosten mit Sitzbank informieren auf dem Wanderweg über landwirtschaftliche Themen und locken Passanten des Weges an hinauf zu diesem Hof, den die Familie Hirschi betreibt. Im winzigen Hoflädeli kann man Diverses aus Eigenproduktion kaufen. Hier baden drei Gänse in einem Teich – ob sie den fantastischen Blick auf den See wohl ebenso genießen wie wir? Wir folgen dem Wegweiser über die Weiler **Farnihubel** und **Marchli** und gelangen durch Wald und Wiesen zum **Chusterbode** **3** (725 m), einem hübschen Hof, wo Antiquitäten aus bäuerlichem Fundus feilgeboten werden und wo man auch Honig ab Hof mitnehmen kann.

Von hier ist es nicht mehr weit zum oberen Teil der **Giessbachfälle** ❹ (710 m).

Wie ein Märchenschloss thront das **Grandhotel Giessbach** ❺ hoch über dem türkisblauen Brienzersee. Es ist einer der zauberhaftesten Kraftorte im ganzen Berner Oberland. Allgegenwärtig ist das Rauschen der mächtigen, weltberühmten Giessbachfälle gleich oberhalb des Hotels, die die Luft mit ihrer Musik und Energie aufladen. Wer hier spazieren geht, kann das erfrischende Prickeln weitherum spüren. Im Frühsommer schwellen die Giessbachfälle mit ihren 14 Kaskaden vom Gletscherwasser mächtig an, die Wassermassen stürzen tobend und rauschend zum See hinab. Später im Sommer und gegen den Herbst zu plätschert der Wasserfall friedlich über die Felstreppen hinab. Stundenlang kann man einfach sitzen – oder im Hotelpark

Das schöne alte ***Grandhotel Giessbach*** *gehört der Fondation Franz Weber. Der bekannte Umweltschützer rettete das historische Bijou vor dem Abriss. Heute ist es ein beliebtes Ausflugsziel. Es wird auch für große Anlässe, Konzerte und rauschende Feste gern genutzt.*

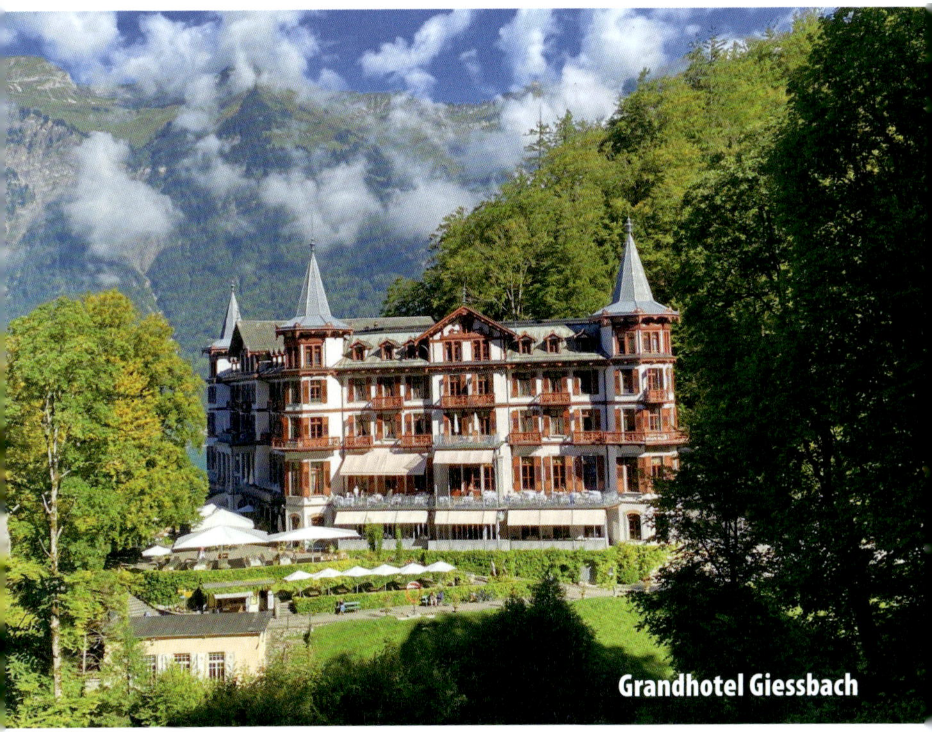

Grandhotel Giessbach

auf der Wiese liegen – und das Naturspektakel auf sich einwirken lassen. Die überschäumende Energie der Wasserfälle wirkt beruhigend und belebend zugleich.

Derart erfrischt und hungrig genießen wir unser Mittagessen in der eleganten Atmosphäre. Das ganze Haus ist mit Möbeln und Kunst aus der Gründerzeit des Hotels in der zweiten Hälfte des 19. Jahrhunderts eingerichtet, eine liebevoll und sorgfältig gepflegte historische Sammlung, die zum Staunen und zweimaligen Hinschauen einlädt. Von den 74 Zimmern und Suiten sind alle einzigartig und jedes auf seine Weise faszinierend. Das ausgesprochen liebenswürdige Personal und das feine Gourmetmenu runden den ästhetischen Eindruck ab.

Die Bäuche gefüllt und die Seele wohl genährt von der schönen Atmosphäre, machen wir uns am Nachmittag gemütlich den See entlang auf den Rückweg.

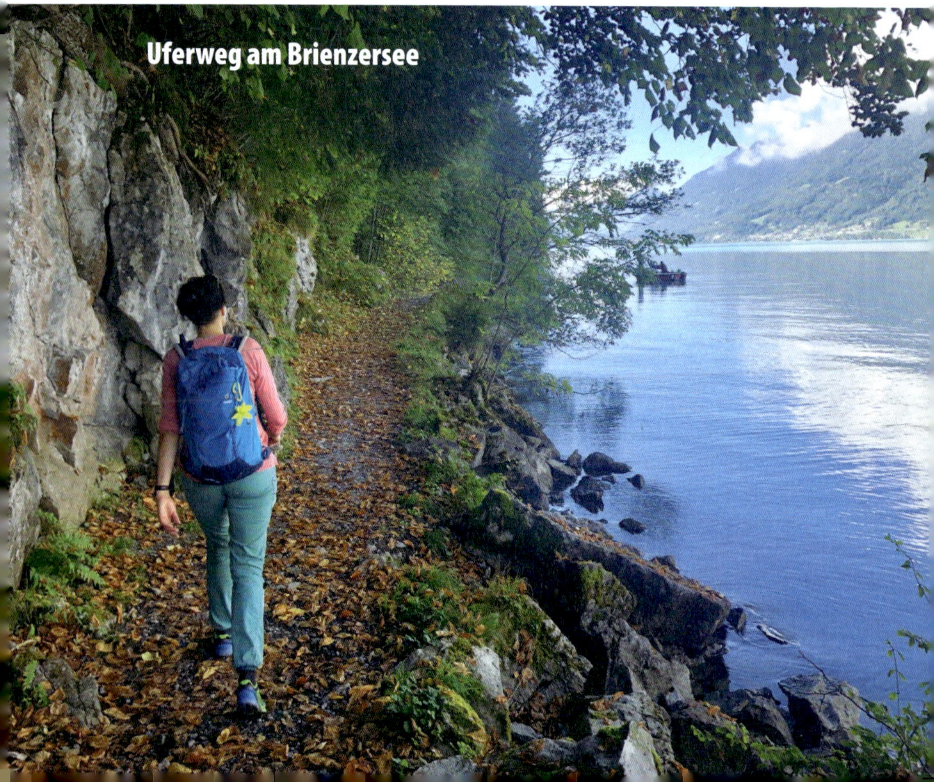
Uferweg am Brienzersee

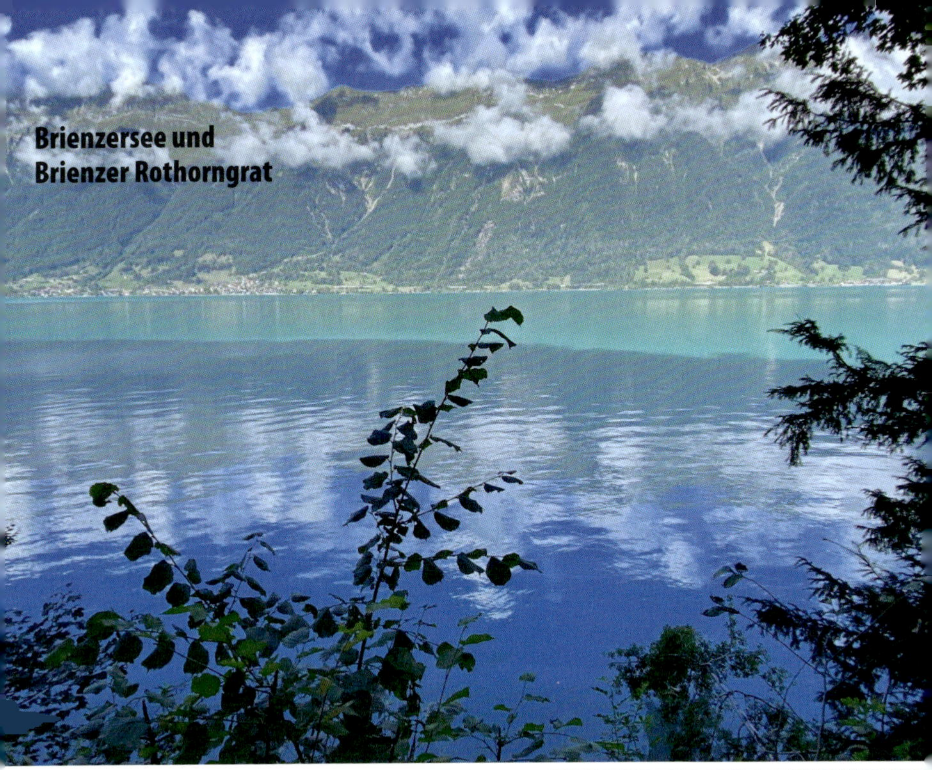
Brienzersee und Brienzer Rothorngrat

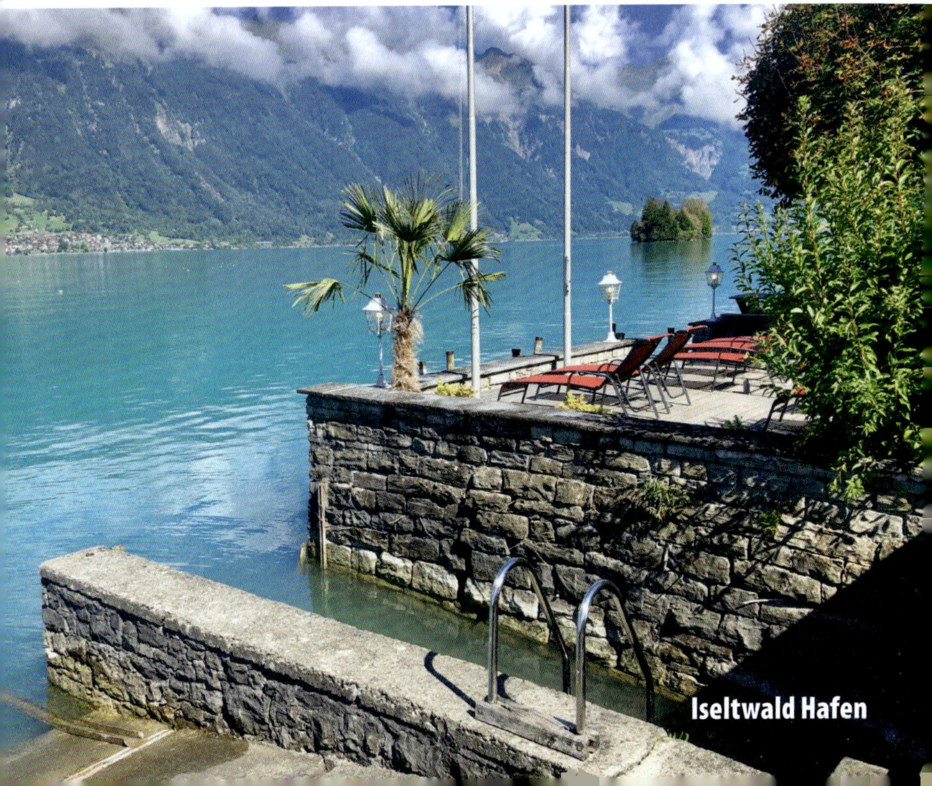
Iseltwald Hafen

Erfrischungstour 19

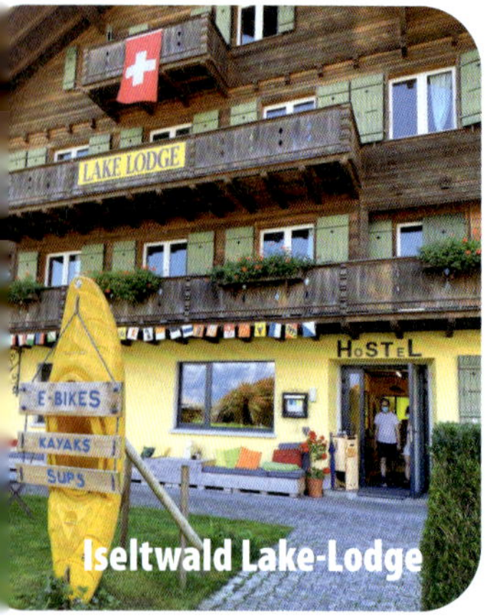

Iseltwald Lake-Lodge

Der gut ausgebaute Spazierweg führt direkt am Wasser entlang. Hier und dort laden lauschige Badeplätzchen dazu ein, die Füße im See abzukühlen.

In **Iseltwald** kommen wir **an einem der hübschesten kleinen Strandbäder** 6 der ganzen Region vorbei – unbedingt die Badesachen mitnehmen, denn hier zu schwimmen, ist wirklich eine Wohltat für die Seele. Nach dem Schwimmen im immer kalten Brienzersee sind wir wieder hungrig. Genau richtig also, um in einem der hübschen Fischrestaurants, die sich an der Seepromenade aneinanderreihen, Platz zu nehmen oder im **Strandbadbistro** direkt am See etwas Kleineres zu sich zu nehmen.

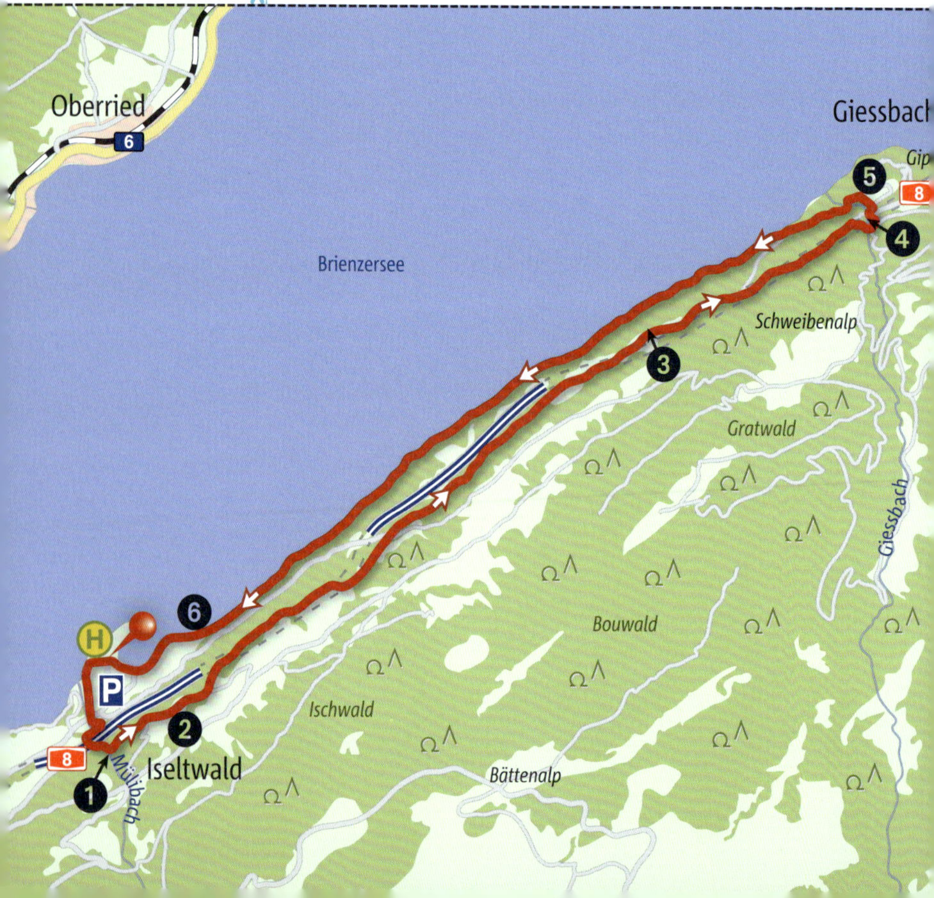

Alles auf einen Blick

WIE & WANN:
Naturweg (3,2 km), Waldweg (8,2 km), asphaltierte Nebenstraße (2,8 km); abwechslungsreiche und wenig anstrengende Wanderung, T1; ganzjährig begehbar

HIN & WEG:
Auto: Ausfahrt Iseltwald, Parkplatz vor dem Dorfeingang rechts (GPS 46.70802, 7.96200)
ÖPNV: Von Interlaken Ost Bus 103 bis Iseltwald Dorfplatz

ESSEN & ENTSPANNEN:
Grandhotel Giessbach ❺ 3855 Brienz, Tel. +41 (33) 9 52 25 25, www.giessbach.ch
Strandbad und Bistro Iseltwald ❻ Michèle Gamboni, Schoren, 3807 Iseltwald, Tel. +41 (79) 1 23 26 29, www.strandbad-iseltwald.ch
Außerdem interessant:
Strandhotel Iseltwald, 3807 Iseltwald, Tel. +41 (33) 8 45 13 13, www.strandhotel.ch
Lake Lodge Hostel mit Seegarten-Restaurant, Feld 17, 3807 Iseltwald, Tel. +41 (33) 8 45 11 20, www.lakelodge.ch

ENTDECKEN & ERLEBEN:
Mülibachfall ❶
Louberli ❷ www.tierhoflouberli.ch
Chusterbode ❸
Giessbachfälle ❹
Strandbad Iseltwald ❻ siehe ESSEN & ENTSPANNEN

Entspannung ✱✱✱✱✱
Genuss ✱✱✱✱✱
Romantik ✱✱✱✱✱

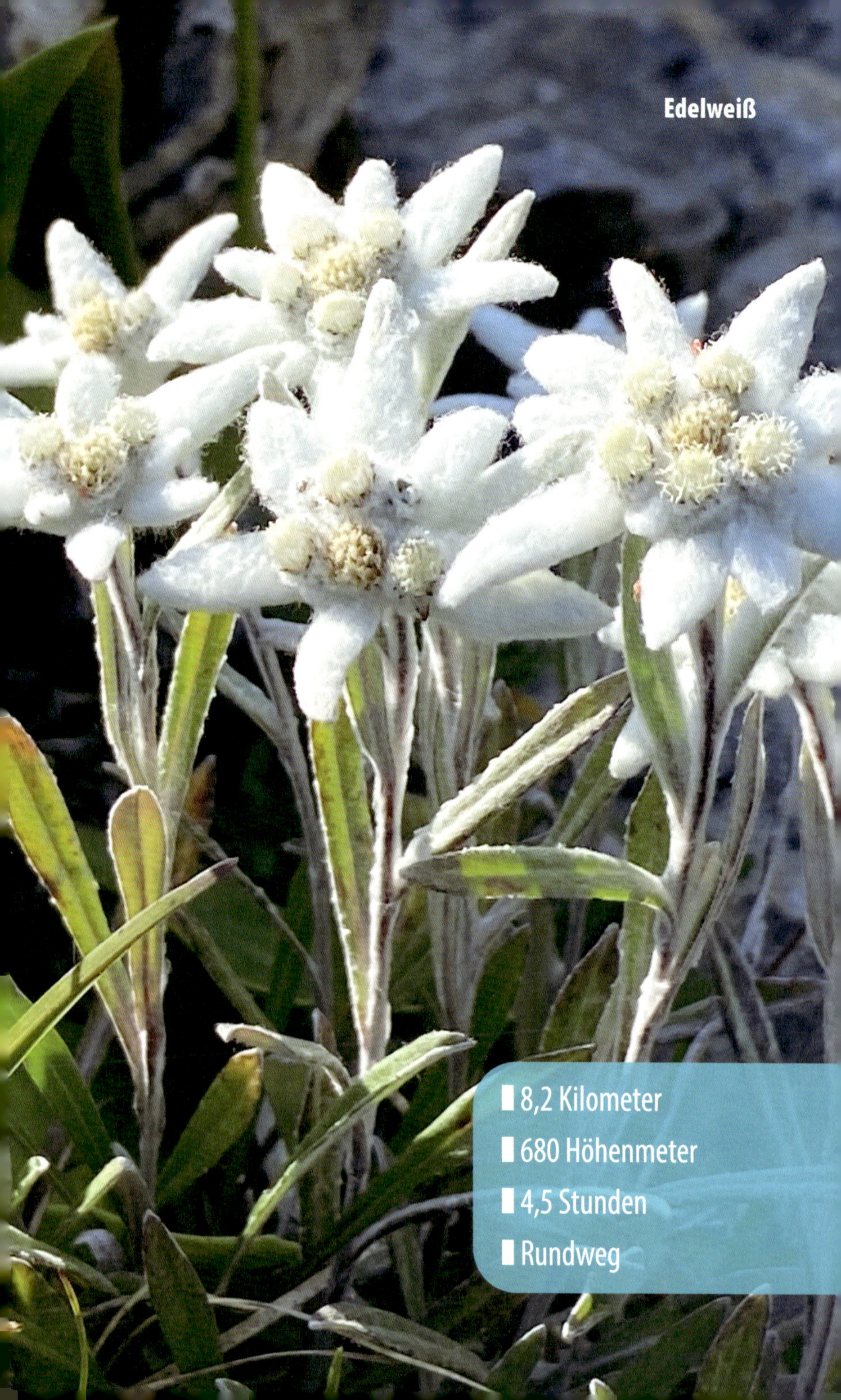

Edelweiß

- 8,2 Kilometer
- 680 Höhenmeter
- 4,5 Stunden
- Rundweg

Vom Parkplatz beim Lauenensee (1385 m) führt der gut mit „Geltenhütte“ ausgeschilderte Bergweg über eine Holzbrücke in den Wald hinein. Wir gelangen bei **Lädi** (1405 m) auf eine kleine Lichtung mit einer hübschen **Sitzbank** ❶ mit Blick auf den Geltenbach. Dann folgen wir dem Weg über **Walki** nach **In de Dole** (1510 m). Ein urtümlich verwunschener, steiler Weg führt von hier aus den Wald hinauf. Im Frühsommer blühen an den feuchten Hängen des Bergwaldes in großer Zahl Fingerblättrige Zahnwurze mit auffälligen pink-lilafarbenen Blüten. Wir begegnen dem Geltenbach, der über felsige Vorsprünge plätschert. Oben am Wald führt uns ein Brücklein in eine Hochebene, den **Undere Feisseberg.** Dies ist ein wundervoller Kraftort. Vor uns sehen wir den **Geltenschutz** ❷ (1820 m), der sich viele Meter die Felswand hinabstürzt.

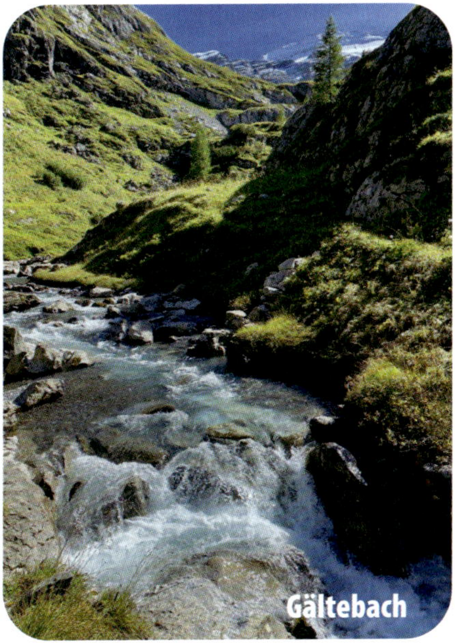
Gältebach

Hinter dem Wasserfall erhebt sich weiß verschneit das Geltenhorn, das hier mit seiner breiten Flanke das ganze Hochtal prägt. Rechter Hand werden wir vom Spitzhorn flankiert.

Wir gehen den friedlich durch die Hochebene mäandernden Geltenbach entlang, saugen die Stille und die Kraft dieser Landschaft in uns auf. Sattgrün liegt

*„**Schuss**“ ist ein schweizerischer Ausdruck für Wasserfall. Im Saanenland heißt es „Schutz“.*

Blumiger Kraftort

Vom Lauenensee zur Geltenhütte

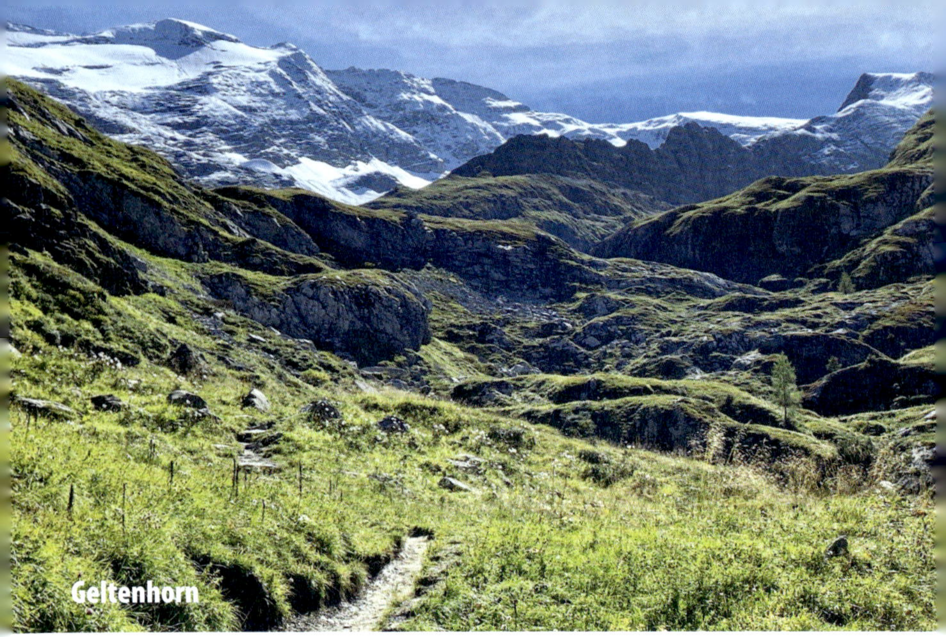

die steile Grasflanke **Uf de Büele** an den Hängen des Spitzhorns, das uns auf diesem Weg als mächtige Pyramide stets begleitet. Wir steigen in südwestlicher Richtung einen steilen Zickzackweg hinauf, durch Geröll und wilde Vegetation mit reicher Alpenflora Richtung **Nüwe Berg –** der „neue Berg" muss vor langer Zeit durch einen Felssturz entstanden sein. An den von der Schneeschmelze feuchten Hängen finden sich im Frühsommer fleischfressende Alpenfettblatt-Pflänzchen (Pinguicula).

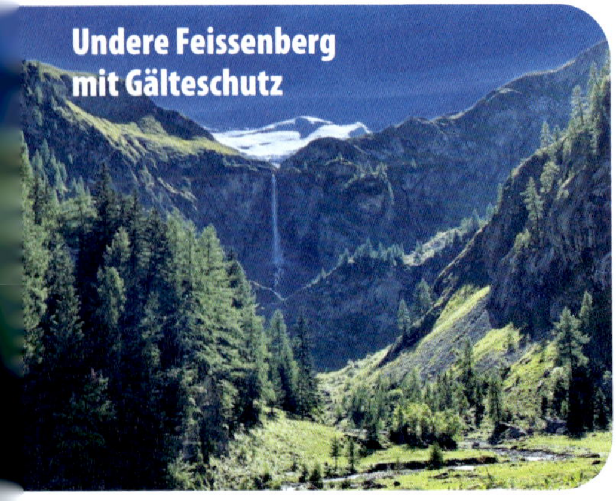

Etwas weiter drehen wir nach Südosten, wo wir einen kleinen Felsriegel auf einer Rampe überwinden. Hier teilt sich der Weg. Wir nehmen den Pfad westlich vom Geltenbach und überqueren den Bach. Alsbald vereinigen sich die Wege wieder. Ab hier führt uns der Bergweg hinauf durch Geröll und wilde Vegetation mit farbigen Mooslandschaften – ein Paradies für den Alpensalamander, die sich hier besonders nach einem

Sommerregen gut beobachten lassen. Im oberen Drittel dieser Wegpartie huschen wir unter einem kleinen Wasserfall hindurch. Danach gelangen wir über alpine Weiden und durch prächtigste Bergblumenwiesen zur **Geltenhütte** ③ (2002 m) hinauf. Hier blühen verschiedene Enziane, Türkenbundlilien, Allermannsharnisch, Aurikeln, Silberwurz, wilde Nelken und viele weitere Alpenblumen.

Vor der Hütte gackern im Sommer Hühner, die frische Frühstückseier für die Übernachtungsgäste legen. Auf der großen Terrasse genießen wir einen feinen hausgemachten Kuchen und trinken Kaffee. Der Blick schweift über die Hochebene hinunter, wo der Geltenbach durch ein graues Kiesbett mäandert. Manchmal grasen hier Yaks. Mitunter ist die Herde

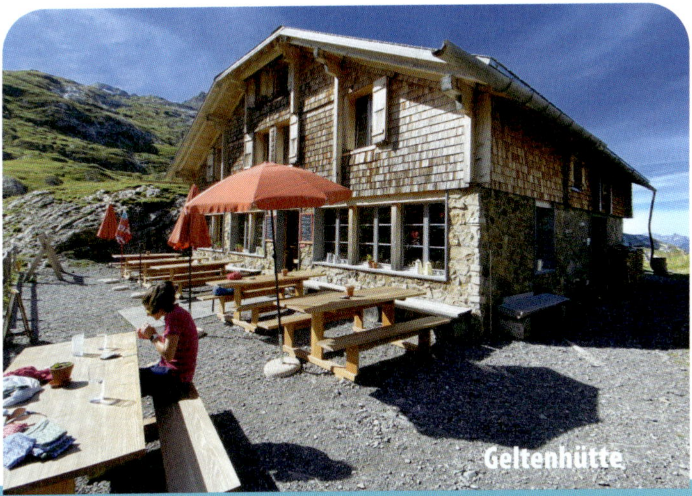

Geltenhütte

Für die Seele

Diese Wanderung vereint gleich zwei legendäre Wasserorte: den Kraftort Geltenschutz und den Lauenensee, in dem sich im Sommer vorzüglich schwimmen lässt.

aber auch weiter oben im Rottal, das vom Geltengletscher geformt wurde – die Tiere haben einen sehr großen Bewegungsradius.

Vor uns gleißt der Restgletscher am Geltenhorn im Sonnenlicht. Daneben der Arpelistock, linker Hand grad knapp nicht zu sehen das Wildhorn – von der Geltenhütte aus kann man in knapp vier Stunden auf einem recht gut begehbaren Bergweg (T3) zur Wildhornhütte hinaufsteigen.

Für den Rückweg wählen wir den Bergweg über den Chüetungel. Hinter der Hütte geht es erst mal ein Stück durch blühende Wiesen voller Edelweiß hinauf. Wer Lust hat zu kraxeln, sollte sich links oberhalb der Hütte an den schmalen Felsbändern versuchen. Dort gedeihen Edelweiß in großer Zahl. Aber man findet sie auch direkt neben dem Weg. Durch weitere prächtigst bestückte Bergblumenwiesen führt uns der Bergweg

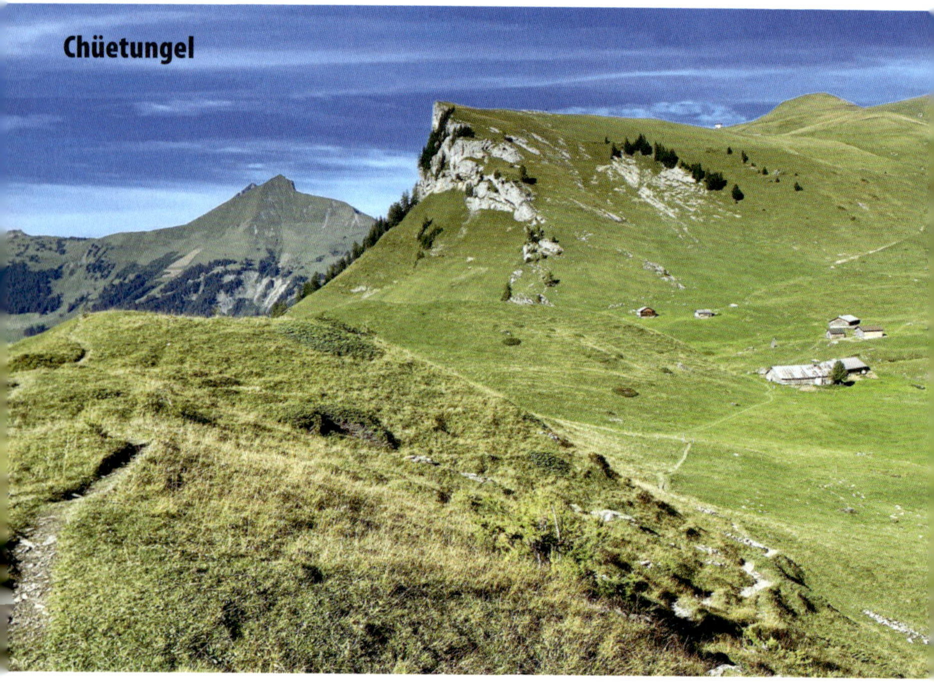

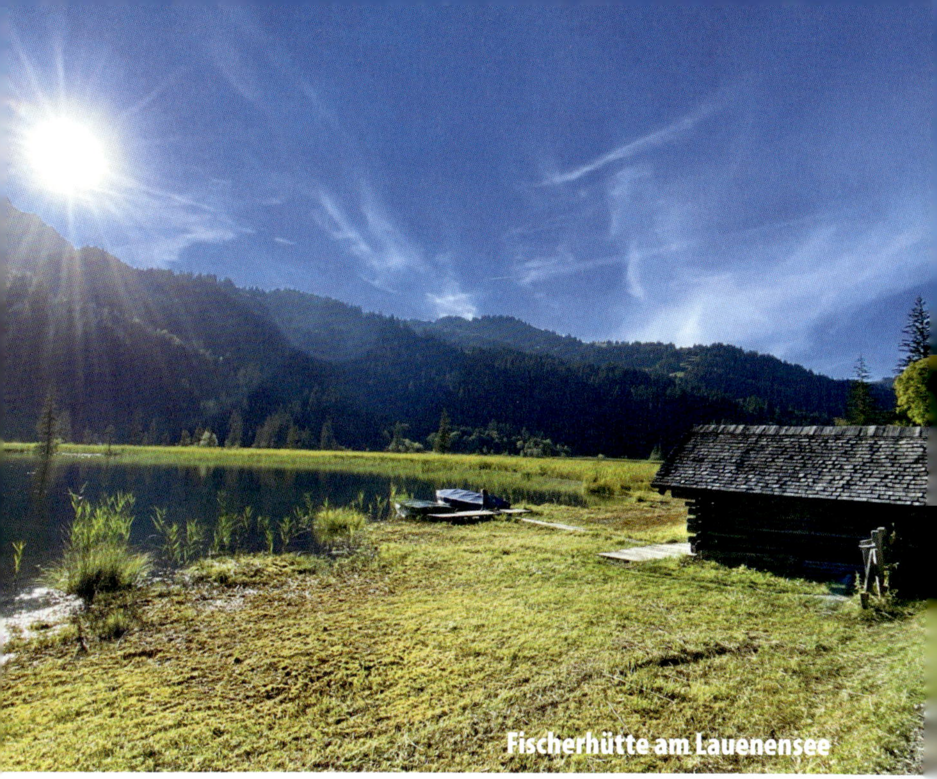
Fischerhütte am Lauenensee

durch die **Usseri Gälte.** Wir queren die Bergflanke unter dem Follhore. In diesem oberen Bereich gibt es eine steile, etwas ausgesetzte Treppe, das **Gältetrittli** 4 (1880 m), und an einigen Stellen sind sogar Seile montiert. Hier ist Vorsicht geboten. Gute Schuhe und Trittsicherheit sind ein Muss. Wer nicht schwindelfrei ist, kann sich aber jederzeit an den Seilen festhalten. Alternativ kann man auch auf dem Weg zurückgehen, auf dem man gekommen ist, falls jemandem diese Passage nicht geheuer sein sollte. Aber das wäre schade. Denn punkto Aussicht folgt nun der spektakulärste Teil der Wanderung. Auf dem Weg zum Chüetungel sehen wir nämlich den berühmten Lauenensee unter uns. Eigentlich sind es zwei kleine Seen, die wie kecke blaugrüne Augen aus dem Dickicht des Schilfes blinzeln.

Nun geht es gemütlich durch die blühenden Bergwiesen des **Naturschutzgebietes Gelten-Iffigen** über die **Almenegg** zur **Alp Chüetungel** 5 auf 1786 Metern. Auf

*Der **Lauenensee** war früher ein einziger größerer See, der aber über die Jahrzehnte immer kleiner wird und langsam verlandet. So sind mittlerweile zwei Seen entstanden, die durch einen Schilfgürtel miteinander verbunden sind.*

Erfrischungstour 20

Den Lauenensee hat ein ***Mundartlied*** *der Gruppe Span berühmt gemacht, geschrieben von Georges Müller: I weiß no guet wo'n i ar Sunne bi gsässe/ Wit awäg vom Lärm vo der Stadt/I weiß no guet wie'n i ha chönne vergässe/Dert hinger bim Louenesee …*

diesen fetten Wiesen grasen nicht nur Simmentaler Kühe, hier pfeifen einem auch recht wenig schüchterne Murmeltiere nach.

Vom Chüetungel geht es steil durch den Bergwald zum Lädi hinunter und von dort auf bekanntem Weg zurück zur Bushaltestelle und zum Parkplatz beim Lauenensee. Beim **Restaurant Lauenensee 6** gleich nebenan genießen wir auf der Terrasse die schöne Aussicht auf den See. Hier kann man auch ein Ruderboot mieten. Wer also noch Zeit findet, macht zum Ausklang des reichen Wandertags ein paar Ruderschläge auf dem blaugrünen See und lässt so seine Seele noch ein wenig baumeln beim Lauenensee.

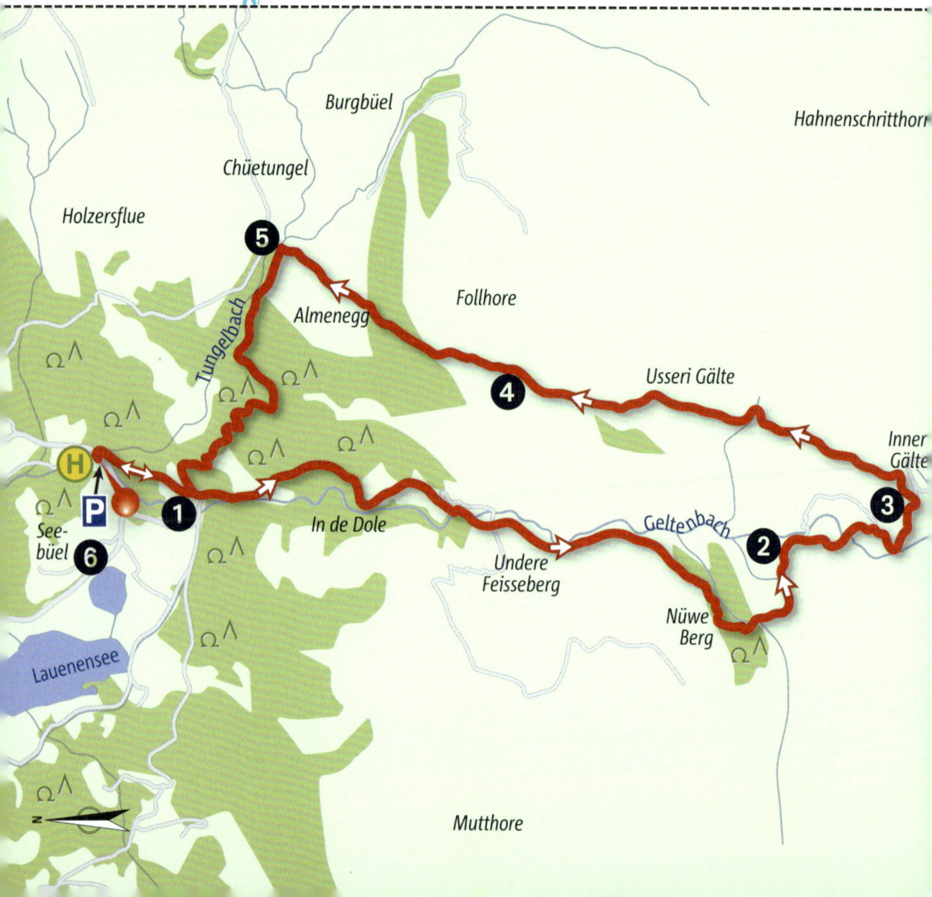

Alles auf einen Blick

WIE & WANN:
Durchwegs Berg- und Naturweg (8,2 km); Schwierigkeit: T3; beim Rückweg am Gältetrittli Trittsicherheit erforderlich; beste Zeit Mai bis Oktober, bei Frost und Schnee sollte der Bergweg nicht begangen werden

HIN & WEG:
Auto: Gebührenpflichtiger Parkplatz am Lauenensee, 3782 Lauenen b. Gstaad (GPS: 46.39367, 7.34079)
ÖPNV: Von Gstaad Bf Postauto B 181 bis Lauenensee (nur Mai bis Oktober)

ESSEN & ENTSPANNEN:
Geltenhütte SAC ❸ Tel. +41 (33) 7 65 32 20, www.gelten.ch
Restaurant Lauenensee ❻ An der Ledi, 3782 Lauenen b. Gstaad, Tel. +41 (33) 7 65 30 62, www.lauenensee.net/restaurant.php
Außerdem interessant:
Hotel Alpenland, Hinterseestrasse 5, 3782 Lauenen b. Gstaad, Tel. +41 (33) 7 65 55 66, www.alpenland.ch
Wildhorn Restaurant & Hotel, Dorfstrasse 4, 3782 Lauenen b. Gstaad, Tel. +41 (33) 7 65 30 12, www.wildhorn.ch

ENTDECKEN & ERLEBEN:
Lädi, Sitzbank ❶
Geltenschutz,Wasserfall ❷
Gältetrittli ❹
Alp Chüetungel ❺

Entspannung ✱✱✱✱✱
Genuss ✱✱✱✱✱
Romantik ✱✱✱✱✱

Die GPS-Daten zu jeder Tour gibt es auf
www.droste-verlag.de

Konzeption/Satz: Droste Verlag, Düsseldorf
Einbandgestaltung: Britta Rungwerth, Düsseldorf, unter Verwendung von Bildern von © Fotolia.com: Andrey Kuzmin, undrey, dabost, niroworld; © Sabine Reber/Pascal Stern
Fotos: Sabine Reber und Pascal Stern; außer S. 35 (unten), S. 74: Blanca Burri
Karten: Thorsten David, Bochum
Textlektorat: Bernhard Edelmann, Raubling
Druck und Bindung: LUC GmbH, Greven

FSC www.fsc.org
MIX
Papier aus verantwortungsvollen Quellen
FSC® C011279

ISBN 978-3-7700-2364-6
www.droste-verlag.de